CHARLES JORET

MEMBRE DE L'INSTITUT

AUGUSTE DUVAU

PROFESSEUR A L'INSTITUT DU BELVÉDÈRE

TRADUCTEUR

CRITIQUE, BIOGRAPHE, NATURALISTE

(1771-1831)

OUVRAGE POSTHUME PUBLIÉ PAR LES SOINS DU
COMTE A. DE LABORDE
MEMBRE DE L'INSTITUT

PARIS

LIBRAIRIE ANCIENNE HONORÉ CHAMPION
ÉDOUARD CHAMPION
5, QUAI MALAQUAIS

1921

AUGUSTE DUVAU

CHARLES JORET
MEMBRE DE L'INSTITUT

AUGUSTE DUVAU

PROFESSEUR A L'INSTITUT DU BELVÉDÈRE

TRADUCTEUR

CRITIQUE, BIOGRAPHE, NATURALISTE

(1771-1831)

OUVRAGE POSTHUME PUBLIÉ PAR LES SOINS DU
COMTE A. DE LABORDE
MEMBRE DE L'INSTITUT

PARIS

LIBRAIRIE ANCIENNE HONORÉ CHAMPION

ÉDOUARD CHAMPION

5, QUAI MALAQUAIS

1921

Ouvrage imprimé à

300 EXEMPLAIRES, DONT 10

SUR PAPIER SPÉCIAL N° 6

AVERTISSEMENT

M. Charles Joret, membre libre de l'Académie des
Inscriptions et Belles-Lettres, s'éteignit à Paris, le
29 décembre 1914, aux sombres heures de l'invasion,
à l'âge de 85 ans.

Ses confrères me firent le très grand honneur de
m'appeler à lui succéder et, pour obéir à une tradition
aussi ancienne que respectable, je prononçai (1) le
discours d'usage à la mémoire de ce savant, qui a laissé
un nom dans l'histoire de la Littérature allemande et
dans celle des Plantes.

Quoique frappé d'une cécité complète, sa volonté
tenace ne lui fit pas abdiquer ses habitudes de labeur
journalier. Secondé par M. Latouche, depuis archiviste
du Lot-et-Garonne, par un Suédois, M. Enauder et
par d'autres jeunes élèves qui lui faisaient des lectures
et qui transcrivaient ses paroles, on peut dire qu'il

---

(1). *Notice sur la Vie et les Travaux de Charles Joret*, par M.
Alexandre de Laborde, membre libre de cette Académie, lue dans la
séance du 7 mai 1919.

ne cessa pas un seul instant de se livrer à l'étude jusqu'à sa dernière heure. C'est ainsi qu'il laissa, presqu'achevé, un mémoire qu'il avait dicté sur l'essayiste, historien et naturaliste Auguste Duvau, dont il avait déjà esquissé la biographie quelques années auparavant dans un article paru dans la *Revue Germanique* de Novembre-Décembre 1907.

Il avait en effet l'habitude de signaler dans quelques périodiques l'importance d'un sujet rencontré au cours de ses recherches, puis de faire un article sur cette question et plus tard de consacrer un véritable volume à la matière dont il avait ainsi mûri l'étude. C'est en obéissant au même principe qu'il avait publié les biographies du voyageur français, Jean-Baptiste Tavernier et de l'helléniste, Ansse de Villoison.

On sait que M. Joret a légué tous ses papiers, ouvrages et correspondances à la Bibliothèque municipale de Caen, son pays d'origine. C'est dans ce dépôt que j'ai trouvé le manuscrit consacré à la vie d'Auguste Duvau que j'avais promis de publier (1). Ce n'est que maintenant que je puis offrir au public cette dernière œuvre de mon savant prédécesseur qui a dû, au moment de s'éteindre, se demander avec inquiétude si le labeur, auquel il s'était livré au milieu d'épaisses ténèbres, trouverait au jour sa juste récompense. C'est donc un hommage que je rends à la mémoire de

---

(1). *Ibidem*, p. 26 — Je prie M. le Conservateur de la dite Bibliothèque de vouloir bien agréer mes remerciements pour les facilités qu'il m'a procurées à l'occasion de cette publication.

M. Joret, convaincu que je comble, en me constituant de plein gré son exécuteur testamentaire, un désir qu'il a dû former aux approches de la mort.

La personnalité d'Auguste Duvau devait attirer l'attention de l'érudit académicien. Tous deux avaient été vivre en Allemagne, à près d'un siècle de distance, pour étudier la littérature germanique, tous deux s'étaient occupés de critique, d'histoire et de biographie, tous deux enfin avaient eu pour la botanique et l'histoire des plantes une réelle passion. Ecrire la vie de Duvau a dû être, par analogie, pour M. Joret, comme une étude de sa propre existence. C'est à cette similitude dans leur destinée réciproque que nous devons le présent livre.

A vrai dire, Auguste Duvau n'est pas un personnage de premier plan. Les travaux honorables qu'il a laissés n'ont pas résisté aux injures du temps. M. Joret lui-même dans la *Préface* qu'on va lire ne le dissimule pas. Mais les circonstances au milieu desquelles il a vécu, les personnages importants qu'il a connus en Allemagne et dont il nous trace dans ses Lettres des portraits fidèles, ses voyages, ses appréciations sur les évènements politiques et troublés de l'époque présentent un réel intérêt pour le mouvement des idées des deux côtés du Rhin entre les années 1789 et 1830.

Duvau nous montre une Allemagne animée de sentiments bien différents de ceux que nous lui connaissons aujourd'hui, alors qu'elle n'était pas encore contaminée par l'esprit de domination et d'orgueil que lui insuffla la Prusse. Il nous donne un tableau charmant de la vie menée à Weimar, cette Athènes de l'Allemagne, quand cette petite ville de la Hesse électorale était le rendez-vous des hommes les plus considérables d'Outre-Rhin sous la protection généreuse du duc Charles-Auguste qui, aidé par sa mère, la duchesse douairière Amélie, fit tous ses efforts pour adoucir les misères et les amertumes de nos compatriotes pendant les heures troublantes de l'émigration.

Ses discussions violentes, quoique courtoises, avec Madame de Staël sont amusantes. Il se montre choqué par le ton arrogant et cassant du célèbre auteur de *Corinne* et il se plaint de son intransigeance, lui qui cherchait en toute matière à être aussi impartial que possible. Toutefois, il rend un hommage sincère au talent et aux dons merveilleux de la célèbre dame.

Je ne veux pas analyser davantage l'œuvre de M. Joret qui, en utilisant les *Papiers Mounier* conservés par la Société Eduenne, a consacré son livre, avec des détails qui paraissent quelquefois un peu trop abondants, à faire connaître la vie et les ouvrages d'Auguste Duvau. Qu'il me suffise de dire que la conscience qu'a mise l'auteur dans ses recherches et dans la rédaction de son étude est d'autant plus méritoire qu'elle eut à s'exercer aux prix d'efforts pénibles que l'on ne saurait trop admirer.

Le lecteur s'en rendra compte en parcourant ces pages, les dernières qu'a laissées mon savant prédécesseur.

A. de LABORDE.

Avril 1921.

SOMMAIRE

Chapitre I. — *La famille Duvau. L'émigration*. (1771-1795). — La famille de Duvau. Auguste Duvau au collège Duplessis. Les Piquet de Melesse. Rappel d'Auguste Duvau en Touraine. L'émigration. Auguste et Alexis Duvau à l'armée de Condé. Retraite d'Auguste Duvau à Bocholt. Mariage d'Alexis. Etudes d'Auguste Duvau dans sa retraite. Voyage d'Auguste Duvau à Erfurt. La duchesse de Bouillon. Dalberg. Voyage à Weimar. Accueil reçu. Secours donné et refusé. Présent de Böttiger. Lettres de recommandation données par Böttiger. Retour à Erfurt. Lettres à Herder, Wieland, Knebel, Gœthe et Jagemann. Nouvelle lettre à Wieland. Lettre de Knebel. Réponse de Duvau. Retour à Bocholt. Lettre à Knebel. Désastre de Quiberon. Le séjour de la Westphalie interdit aux émigrés. Projet de départ. Lettre à Wieland. Arrêt à Erfurt. Arrivée à Weimar. p. 1.

Chapitre II. — *Auguste Duvau à Weimar*. (oct. 1795-sept. 1797). — Les émigrés à Weimar. Le comte Du Manoir. Baron de Fumel. Récamier. Pernay. Du Buat. Chanorier. Mounier. Liaison intime de Duvau avec ce dernier. Lettre à Wieland. Traduction projetée de « ses *Œuvres choisies*. » Les *Nouveaux dialogues des Dieux*. Compte-rendu du *Magasin encyclopédique*. Traduction de deux nouvelles d'Auguste Lafontaine. *Conte moral* dans le genre de Florian. Nouveaux projets de traduction : *Morgenbesuche* ; *Adolphe* de Mounier ; l'*Heureux divorce* de Marmontel ; lectures diverses ; traduction du *Conciliateur* de Demoustier. Billet de Gœthe. L'*Homme inconsidéré* du comte de Ségur traduit. Projet d'établissement à Iéna. Collaboration au *Magasin encyclopédique* proposée par Böttiger. Lettre de Millin. Départ de Knebel. Bienveillante protection de la duchesse-douairière. Relations de Duvau avec Iéna : Griesbach et Schütz. Passion éprouvée et partagée.............................. p. 22.

Seume. Lettre à Weiland (?). Remarques sur la *Delphine* de Mme de Staël
Ouvrage de Duvau publié par Göschen : *Wie fand ich mein Vaterland im
Jahre* 1802 *wieder* ? Visite à Matthisson. Lettre de recommandation de
Seume. Duvau envoie son livre à Böttiger. Tableau politique et moral
de la France en 1802. Impartialité des jugements de Duvau. Excursions dans la Saxe électorale, à Iéna et à Weimar. Anciens amis revus.
Correspondance continuée avec Camille Jordan. Lettre de Duvau du 20
octobre 1803. Envoi de son livre, silence de Camille Jordan. Article de
la *Jenaische Zeitung.* Indignation et lettre de Duvau à Böttiger. Compte
rendu favorable de la *Deutsche Bibliothek.* Duvau regardé comme partisan
du Gouvernement. Fin des vacances. Cours suivis par le jeune Perrégaux
et par Duvau. Lectures et études diverses. Traduction d'un ouvrage de
Becker entreprise et abandonnée. Voyage à Berlin ajourné. Excursion
projetée à Iéna et à Weimar. Lettre à Böttiger. Etablissement prochain
de celui-ci à Dresde. Soucis inspirés à Duvau par les siens. Arrivée de
Mme de Staël. Sa rencontre avec Duvau racontée à Camille Jordan.
Impression favorable faite par Benjamin Constant sur Duvau. La *Valérie*
de Mme de Krudener. Critique qu'en fait Duvau. Tableau de la littérature
allemande projeté. Mort de la mère de Duvau. Sa douleur et celle de son
père. Lettre de Duvau à Böttiger du 18 mars (1804). Ses entrevues avec
Mme de Stael racontées. Le procès Moreau. Le pamphlet *Napoléon Bonaparte.* Post-scriptum à la lettre du 18. Duvau rassuré sur son père. Entrevue
avec Mme de Staël racontée à Mme de Schardt. Lettre de celle-ci à Bottiger
Excursion projetée. Billet du 6 avril à Böttiger. Reprise des cours. Etude
de botanique. Passion qu'elle inspire à Duvau. Lettre à Böttiger sur les
représentations dramatiques données par Iffland. Recherches littéraires
poursuivies. Böttiger installé à Dresde. Réponse de celui-ci. Voyage de
Duvau à Berlin. Voyage de Böttiger à Weimar. Lettre à Böttiger. Départ
pour Genève annoncé. Lettre d'Adèle Picquet de Melesse. Regret de
quitter la Saxe, etc... Arrivée à Iéna. Weimar, Knebel, Wieland, etc...
revus. Arrêt à Francfort. Départ définitif. Arrivée à Zurich. Hottinger
et les Gessner. A Berne. L'institut de Pestalozzi, etc... Lausanne. Rencontre
de Schlegel. Matthisson revu. Installation chez le professeur Odier. Excursion à Neufchâtel. Ascension du Chaumont. Lettre à Böttiger. Visites à Benjamin Constant et à Mme de Staël. Intérêt que celle-ci paraît porter à Duvau.
Indifférence de Benjamin Constant. Guillaume Schlegel. Attachement de
Mme de Staël pour lui. Anecdotes diverses. Le marquis de Chalons,
Bonstatten, etc... Les professeurs de Genève et leurs rapports entre eux.
Etudes de Duvau. La géologie, la minéralogie et la botanique. Alexis
Duvau commandant de la Désirade. Le jeune Perrégaux nommé auditeur
au Conseil d'Etat. *La Vie, les Pensées et le Roman de Necker* Critique de
cette publication par Duvau. Silence de Böttiger. Plaintes de Duvau.
Mort de Schiller. La société de Genève. Etudes continuées par Duvau.
Ses herborisations. Leur double intérêt. Esprit religieux des Génevois.
Chute de Duvau dans une excursion. Visites de ses amis, Pictet et Ulrich.

PRÉFACE

Les « Papiers Mounier », (1) que le comte d'Hérisson
a généreusement donnés à la Société Eduenne, contiennent, liasse J. cote 20, au milieu de pièces d'un caractère tout différent, une lettre de Madame Veuve
Duvau au fils de Joseph Mounier, qui, jusque-là ignorée,
nous laisse dans sa brève et douloureuse simplicité,
entrevoir quelles relations étroites existèrent entre le
savant tourangeau, l'ancien constituant et les siens.
Ecrite une année avant sa mort, c'est un dernier souvenir ,et comme son testament, que cette femme inconsolable adressait, se sentant près de quitter la vie, à
l'élève et à l'ami fidèle de celui qu'elle ne cessait de
pleurer. (2)

La Farinière, 25 octobre 1834.

Ceci, monsieur, vous sera remis après moi ; vous y
trouverez tout ce que j'ai retrouvé de votre correspondance avec mon pauvre mari, puis une bague conte-

---

1 *Mémoire de la Société éduenne*, nouv. série, t. XIV, 1885, p. 295.
Les « pièces Mounier » forment onze liasses, X, A, B, C, D, E, F,
G, H, I, J, de grosseur et d'importance différentes. Elles ont été
inventoriées par M. Roidot, pp. 315-331.

2. La Farinière est un hameau de la commune de Cinq-Mars,
située à 18 kilomètres à l'ouest de Tours, dans l'arrondissement de
Chinon.

nant des cheveux de M. votre père, ainsi qu'un petit flacon dont je n'ai pas eu la force de me séparer. Il le tenait de Mme Mounier et il l'a constamment tenu dans ses mains jusqu'au dernier moment.

Je joins ici une grande partie des lettres allemandes que je n'ai voulu faire voir à personne. J'aimais à espérer que vous viendriez me voir et que vous voudriez bien juger quelles sont celles qui doivent être jetées au feu. Un coup d'œil vous le fera juger. Je connais votre obligeance et je vous prie de vouloir bien la leur accorder ; il y en a de Wieland auxquelles il attachait un grand prix.

Je vous ai offert le portrait de M. Duvau ; d'après l'attachement qu'il avait pour vous, il doit vous appartenir.

G. PICQUET, Veuve DUVAU.

Que sont devenues les lettres allemandes dont parle Mme Duvau. ? On ne peut guère douter que ce ne soient les lettres mêmes qui se trouvent, avec quelques autres pièces, mais également en allemand, dans la liasse X, cote 1 et 1 *bis*, des *Papiers Mounier* ; Edouard Mounier n'a eu aucune raison de les détruire, comme il l'a fait — ce qu'on ne peut trop regretter — pour sa correspondance avec son ami. Ces lettres, comptes-rendus et extraits d'ouvrages qui y sont joints, catalogués comme *Papiers Duvau* comprennent les minutes des lettres écrites par Duvau en avril 1795, époque de son premier voyage à Weimar, deux dans cette ville même, les cinq autres à Erfurt ; puis la réponse de Knebel à la lettre qui lui avait été adressée, la minute d'une seconde lettre à Knebel, envoyée peut-être encore d'Erfurt — la date, avec la première page, a malheureusement disparu — celle d'une lettre à Knebel du mois de juin 1795, enfin

la minute d'une lettre à Gessner du mois de novembre
1796. Viennent ensuite les brouillons illisibles et
écrits en abrégé, de billets à une inconnue, écrits
du mois d'octobre 1797 au mois de janvier 1798 ;
cinq lettres originales de Böttiger à Duvau, la première
du mois de janvier, la dernière du mois de décembre
1798 ; la minute d'une lettre de Duvau à Böttiger
au sujet d'*Agnès de Lilien*, roman de Mme de
Wolfogen, ainsi que celles des articles critiques qu'il
avait écrits sur divers romans d'Auguste Lafontaine,
puis une lettre de Wieland à Duvau, pour le féliciter
du compte-rendu qu'il avait fait du *Flaming* de ce romancier, un fragment de la traduction en allemand
de l' « *Heureux divorce* » de Marmontel, et des extraits
de Mendelssohn, Kant, Herder, etc., la minute d'une
lettre de Duvau à Lafontaine, du mois d'août 1798,
enfin une lettre originale de Knebel à Duvau du mois
de juillet 1800, et de G. Becker à Duvau du mois de
février 1804.

Ces documents si divers qui tous, à l'exception de
la lettre de G. Becker, se rapportent au séjour de Duvau
à Weimar, ne sont pas les seuls de cette époque qu'on
rencontre dans les *Papiers Mounier*. Il y a, dans la liasse
A, cote 5, outre une lettre de Lafontaine de l'année
1799, deux billets de Goethe de l'année 1797, que j'ai
cru d'abord adressés à Joseph Mounier (1), et qui
furent en réalité, comme la lettre de Lafontaine, écrits
à Duvau ; enfin, dans la liasse J, cote 17 et 18, se
trouve une traduction en allemand de l'*Homme inconsidéré* de Philippe de Ségur (2), et divers mémoires
relatifs à la botanique dont plusieurs, sans doute, sont
d'Edouard Mounier, mais dont quelques-uns aussi

1. *Revue d'histoire littéraire de la France*, t. IV (1897), p. 123.

2 *Revue d'histoire littéraire de la France*, t. XII (1905), pp. 500-502

ont été certainement écrits par Duvau. Peu de temps après avoir trouvé dans les *Papiers Mounier*, ces documents de nature si différente, relatifs à Duvau, j'ai eu connaissance de deux lettres qu'il écrivit, l'une en 1803, l'autre l'année suivante, à son ami Camille Jordan ; et qui renferment sur ses occupations, ses études et ses projets de travaux pendant le séjour qu'il fit alors à Leipzig, des renseignements non moins précieux que ceux qui nous sont offerts sur son séjour à Weimar, par les documents renfermés dans les *Papiers Mounier*.

La découverte de ces documents si nombreux bien qu'incomplets — il faut y ajouter la note mise par Duvau en tête de son ouvrage : *Comment ai-je retrouvé ma patrie en 1802 ?*, note dans laquelle il raconte en quelques lignes son voyage en Italie — m'a, on le comprend sans peine, suggéré la pensée de consacrer une étude aux treize années — de 1792 à la fin de 1805 — que Duvau passa hors de France, époque de sa vie restée jusqu'ici à peu près inconnue, et à laquelle Charles Bélanger, dans la notice nécrologique qu'il a publiée en 1835 sur le polygraphe tourangeau dans le *Bulletin des Sciences Naturelles* (1), n'a consacré que quelques lignes. Mais je ne me suis pas borné là ; séduit par l'attrait du sujet, je me suis laissé entraîner à poursuivre mon étude jusqu'à la fin de la vie de Duvau, encore que je n'eusse sur toute la période qui s'étend de 1805 à 1831, date de sa mort, que quelques notes sans importance sur les évènements contemporains et que je ne pusse guère que répéter, en le développant et en le corrigeant à l'occasion, ce qu'avait dit Charles Bélanger de cette dernière période

---

1. *Bulletin des sciences naturelles et de géologie*, II° section du *Bulletin Universel*, publié, sous la direction de M. le baron de Férussac, t. 27 (..... 1831) pp. 76-82.

de la vie du savant tourangeau. Telle a été l'origine
de l'article que j'ai publié en 1907, dans la *Revue
Germanique* (1).

Malgré l'accueil favorable qu'on a paru faire à cet
article, je n'ai pu m'en dissimuler les défauts ni mécon-
naître les lacunes qu'il présente, lacunes plus grandes
et moins difficiles à combler que je ne supposais alors.
Quand je l'ai écrit, j'ignorais que le volume XL de la
correspondance de Böttiger (2) renfermait 60 et quelques lettres ou billets de Duvau, adressés les 4 premières, en 1795 et 1796, à Wieland, les autres à Böttiger,
les 27 premières lettres du mois de mars 1798 au mois
de janvier 1809 et les dernières, après une interruption
de 13 ans, du mois de février 1822 au mois d'avril
1829. Quant aux billets, le plus grand nombre non
datés, et qui à l'exception d'un (3) sont de Duvau à
Böttiger, — le billet n° 54, daté par exception, et
adressé à Wieland — ils se rapportent, comme le montre
le contexte, pour la plupart aux années 1797 et 1798,
les autres aux années 1803 et 1804, époque du séjour de
Duvau à Leipzig. A ce nombreux recueil, il faut ajouter
encore 3 lettres à Böttiger, disséminées dans trois
manuscrits différents de son immense correspondance, l'une sans millésime, mais de 1798 dans le
vol. C C XXXI, l'autre du mois de mai 1804, dans
le vol. XXV, — la fin a été, on ne sait pourquoi,
placée dans le vol. X L, — et la troisième du mois de
septembre de la même année, dans le vol. C X C.

Les renseignements précieux et inattendus que j'ai
trouvés dans un grand nombre de ces lettres, — m'ont

---

1. Ch. Joret. *Un Professeur à l'Institut du Belvédère. Auguste Duvau
traducteur, critique, biographe, naturaliste (1771-1831)*, *Revue Germanique*
t. III (1907), pp. 501-555.

2. *Briefe an Böttiger*. (Bibliothèque Royale de Dresde).

3. Ce billet, n° 00042, est de madame de Schardt.

fait songer aussitôt à refondre, dès que je le pourrais, mon étude ; pensée dans laquelle n'ont pu que me confirmer divers documents venus depuis lors à ma connaissance : lettres ou fragments de lettres — entre autres un billet de Duvau à Jean de Muller, écrit en 1808, — que m'a généreusement communiqués M. Baldensperger ainsi que les documents qu'il a mis lui-même en œuvre dans son curieux article de *Goethe et les émigrés à Weimar*, publié dans la *Revue Germanique* (janvier-février 1911), notes sur les familles Duvau et Piquet de Melesse que M. Saint Mleux, avocat à Versailles et petit-neveu de Duvau, a extraites pour moi, de ses papiers de famille, avec un empressement que je ne saurais assez reconnaître, enfin six lettres anglaises ou allemandes, contenues dans la liasse H, cote 12, des *Papiers Mounier*, que j'avais d'abord, sur la foi du catalogue, cru adressées à Edouard Mounier, mais qui ont été écrites à Duvau, la première en 1811, les cinq autres de 1823 à 1824, lettres qui nous font connaître plusieurs correspondants, jusqu'ici ignorés, de l'écrivain tourangeau, et comblent ainsi une lacune dans l'histoire de ses relations avec les savants étrangers.

L'abondance de ces documents, qui se rapportent à presque toutes les époques de la vie de Duvau, m'a amené à penser qu'au lieu de remanier, en le complétant, mon premier travail, il valait mieux le refaire en entier et écrire non plus une simple étude sur Duvau, mais, autant que le permet la perte d'une partie si considérable de sa correspondance, une biographie même de ce polygraphe trop oublié. On ne trouvera pas, je l'espère, ce dessein trop ambitieux et hors de proportions avec mon sujet. Si Duvau n'a pas été un grand savant, un grand écrivain, il n'en a pas moins sa place marquée dans l'histoire des lettres et des sciences pendant les premières années du XIXe siècle, et il a été en relations avec quelques-uns des écrivains et des savants les plus célèbres de cette époque. Il a connu personnellement Humboldt et Bonpland, Cuvier et Desfontaines, Goethe, Schiller et Kotzebue à Weimar, Weisse à Leipzig, Lafontaine à Halle, Matthisson à Worlitz, comme Mme de Staël et Benjamin Constant, le philosophe de Gérando et l'archéologue Millin, etc..... Il a été en correspondance avec Wieland, l'auteur d'*Agathon* et d'*Obéron*, avec Knebel, l'ancien précepteur de Charles-Auguste, avec l'écrivain-voyageur Seume, ainsi qu'avec Sismondi, historien des républiques italiennes, avec le théologien Griesbach à Iéna, et l'érudit Böttiger à Weimar et à Dresde, avec Grey Bennet, membre du Parlement anglais, comme avec Camille Jordan, ancien membre du Conseil des Cir.q Cents. Il fut en rapport avec le géologue anglais Charles Lyell, aussi bien qu'avec les botanistes Schrader à Gottingue, Kunth à Berlin, Kaben à Copenhague, et bien d'autres encore. Il présente ce rare spectacle d'un Français qui écrivit en allemand avec la même facilité que dans sa langue maternelle. A peine arrivé à Weimar, il traduit en français des ouvrages allemands — l'une de ces traductions eut jusqu'à six éditions — en même temps qu'en allemand des ouvrages français. Il écrit dans des revues germaniques et ne craint pas de retracer, dans la langue de Goethe, le tableau de la situation où il avait retrouvé la France en 1802. C'est seulement après son retour dans sa patrie — il continua même encore de correspondre en allemand avec ses amis d'outre-Rhin — qu'il revient à l'usage exclusif de sa langue maternelle et s'en sert avec talent dans les écrits les plus divers. Il collabore avec un zèle infatigable à la *Biographie Universelle* et, en dix ans, ne lui donne pas moins de 26 articles, en même temps qu'il publie des comptes rendus remarqués dans le *Bulletin des sciences naturelles*, et compose des mémoires tels que les *Nouvelles recherches sur l'histoire naturelle des pucerons*, ou les *Considérations générales sur le genre Véronica*, qui témoignent d'une observation pénétrante et d'une patience de recherches qui lui ont valu les éloges unanimes des contemporains. L'estime, dont il jouit désormais comme écrivain érudit et comme savant, n'a d'égale que celle que lui méritent la dignité de sa vie, son désintéressement et sa haute moralité.

Il émigra, regardant comme un devoir de prendre la défense de la royauté menacée, mais quand celle-ci ne fut plus en cause, il alla loin du théâtre de la guerre attendre, dans une petite ville de la Westphalie, le moment toujours plus éloigné où il lui serait permis de rentrer dans sa patrie. Obligé de chercher un refuge à Weimar, il refuse noblement des secours qui lui sont offerts, ne voulant demander qu'à son travail les moyens de subvenir à ses besoins ; il donne d'abord des leçons, puis quand l'Institut du Belvédère est fondé, devient l'auxiliaire le plus utile de Joseph Mounier, ainsi que son ami le plus dévoué. Rentré en France, comme sa pauvreté lui interdit l'union que sa mère avait rêvée pour lui, il reprend le chemin de l'étranger. Revenu enfin, quand il s'est assuré les ressources nécessaires à son établissement, il se retire au fond de la Touraine, où il ne vit que pour les siens et pour les études les plus désintéressées, jusqu'au moment où, appelé à Paris par son ancien élève, Edouard Mounier, il accepte les fonctions qui lui sont offertes ; il les remplit avec la plus scrupuleuse conscience, sans rechercher, ni distinctions, ni honneurs, consacrant ses trop rares loisirs aux études et aux travaux qui l'illustreront. Après vingt années d'un labeur ininterrompu, cédant enfin à la fatigue, il va chercher le repos dans sa province natale ; mais atteint bientôt du mal qui doit l'emporter, il le supporte sans se plaindre et meurt, résigné et encore dans la force de l'âge, laissant après lui le souvenir d'une vie consacrée tout entière au bien et à l'avancement de la science.

Une telle vie méritait de ne pas tomber dans l'oubli. J'ai essayé de la raconter, je voudrais espérer que le récit que j'en ai fait, ne sera pas trop indigne du savant que j'ai voulu honorer. J'aurai, du moins, trouvé, à écrire cette biographie, un réconfort utile et bienfaisant dans mon isolement forcé et au milieu des ténèbres qui m'environnent.

Paris le..., (1914).

AUGUSTE DUVAU

Essayiste, Traducteur, Naturaliste

CHAPITRE PREMIER

LA FAMILLE DUVAU, L'ÉMIGRATION.

Louis-Auguste Duvau, naquit à Tours, le 14 janvier 1771 (1). Il était le plus jeune des quatre enfants — trois garçons et une fille — de sire Alexis-Auguste, écuyer, président trésorier de France au bureau des finances, et de dame Anne-Madeleine de Lamardelle (2). Son frère aîné, Alexandre, baptisé, le 24 janvier 1762, paraît être mort en bas âge ; son second frère,

---

1. *Archives Municipales* de Tours. Etat civil, Saint-Pierre-du Chardonnet, t. II, fol. 462. (Cf. *Bulletin de la Société archéologique de Touraine*, t. XVI, 1er trimestre de 1907, p. 2). Son acte de naissance ne lui attribue que le nom d'Auguste, et c'est le seul qu'il se soit toujours donné. D'après un document il paraîtrait avoir eu le double prénom de Louis-Auguste.

2. La convention de mariage eut lieu le 22 mai 1759.

Sire Alexis-Auguste était le fils de François Duvau, comme lui, président trésorier de France, et de Marie-Marguerite Quantin de Launay ; Anne-Madeleine était la fille de Guillaume de Lamardelle, écuyer, et de Marie-Anne Marsan.

1

Alexis-Auguste, naquit le 19 juillet de l'année suivante,
et sa sœur Adélaïde en 1767. Alexis embrassa la carrière des armes et entra tout jeune dans la marine (1).
Destiné à l'état ecclésiastique, Auguste fut envoyé
à Paris pour achever au Collège Duplessis ses études
commencées dans sa ville natale. Comme Alexis et
Auguste, Adélaïde quitta de bonne heure la maison
paternelle.

Outre un frère André-François, officier au régiment
d'Auvergne, sire Alexis-Auguste avait une sœur,
Marie-Marguerite-Jeanne, qui épousa Guy-Alexandre
Picquet de Melesse, prévôt de la maréchaussée de
Bretagne et cousin germain du célèbre marin Lamotte-
Picquet, première union entre les Duvau et les Picquet
de Melesse, que devaient suivre d'autres alliances
dont chacune resserra davantage les liens qui existaient
entre les deux familles. Marguerite-Jeanne eut trois
filles : Françoise-Renée-Louise, (2) Andrée-Cécile
et Jeanne-Marie et 2 fils : Antoine-Louis et Louis-
Alexandre. En 1784, ce dernier, successeur de son père
à la maréchaussée de Bretagne, épousa Adélaïde Duvau,
sa cousine germaine, âgée de dix-sept ans. De ce mariage naquirent trois fils : Benjamin, Antoine ; le nom
du troisième m'est resté inconnu. Il sera plus d'une fois
dans la suite de cette étude, question d'Adélaïde
Duvau, mais surtout de sa tante, Marie-Marguerite-
Jeanne Picquet de Melesse, et de ses filles, Andrée-

---

1. Garde de la marine dès 1779, il devint enseigne en 1782 et lieutenant
de vaisseau en 1786. *Archives du Ministère de la Marine.*

2. Françoise épousa, le 8 mai 1786, René-Marie-André Lemoënne de
Launay ; elle en eut deux filles, dont l'une, Mme Pavoisne, fut la mère
d'Amélie Molinier et de Pauline Saint Mleux, et par suite grand'mère
des regrettés Charles, Auguste et Emile Molinier comme de Henri Saint
Mleux, avocat à Versailles, qui a bien voulu me donner la plupart des
renseignements généalogiques qui précèdent.

Cécile et Jeanne-Marie, dont la première deviendra Madame Auguste Duvau.

*
* *

Auguste n'avait pas encore terminé ses études, quand éclata la Révolution. Effrayés par les troubles qui en marquèrent les débuts, ses parents le rappelèrent auprès d'eux. Il n'y resta pas longtemps. Dans une lettre écrite de Genève au mois d'août 1802 (1), il dit qu'il n'avait pas vu sa mère depuis le mois de février, et son père depuis le mois de juin 1791 (2). Que devint-il alors ? Tout ce qu'on peut dire, c'est que l'année suivante, il n'était plus en France. Le prince de Condé avait organisé, au-delà des frontières, la résistance à la Révolution. Sous ses ordres, une armée s'était réunie à Coblentz. Beaucoup d'officiers allèrent se joindre à lui. Officier lui aussi, Alexis Duvau suivit leur exemple (3). Louis-Auguste crut devoir l'imiter; et le 15 avril 1792, si l'on en croit Charles Bélanger (4), il se rendit comme lui à l'armée de Condé. Mais il se fatigua bientôt d'une vie qui ne convenait pas à ses goûts, et au bout d'un an, désespérant d'une cause qu'il sentait perdue, il renonça à la servir plus longtemps et se retira à Bocholt (5), petite ville de la Westphalie, située sur la frontière de la Hollande.

1. Lettre du 18 août, commencée à Florence. *Briefe an Böttiger*, X L, n^r 8.

2. Dans une déclaration du 29 messidor au IV (17 juillet 1796), son père dit que « Auguste Duvau, âgé de plus de 21 ans, était à Rennes et loin de chez lui depuis 15 mois, lorsqu'en fin d'avril 1792 il a disparu ». *Archives de Tours*, **E** 80.

3. Il émigra en septembre 1791, mais ne fut rayé des contrôles qu'en mars 1792. *Archives du Ministère de la Marine*.

4. Charles Bélanger, *Notice nécrologique*, p. 1 (77). Je ne sais où Charles Bélanger a pris cette date ; elle semble peu concorder avec les faits.

5. Lettre de Duvau à Knebel du 28 juin 1795. *Papiers Mounier*, liasse **X**, cote 1.

Alexis ne tarda pas non plus à quitter l'armée de Condé. Mais il n'alla pas rejoindre son frère à Bocholt ; il chercha un asile dans une autre partie de la West-phalie, province où affluaient les émigrés des pays de la rive gauche du Rhin, envahie par les troupes françaises. Quelques années après, nous le voyons à Benningheusen, où il se maria. Le 14 mars 1797, il épousa Maria-Catharina-Fransiska-Léopoldine (1), fille de Franz-Anton Von Lilien et de Anna-Maria-Sophie Debindel ?, et le 26 janvier 1798 il en eut, à Lipsladt, une fille qui reçut le nom de Sophie. A partir de cette date nous ne savons plus rien de lui jusqu'après son retour en France, où, en 1802, nous le trouvons à Paris, et l'année suivante, en Touraine, avec sa femme et sa fille. Alexis et Auguste ne furent pas les seuls membres de leur famille qui émigrèrent. Leur sœur aussi, Adélaïde, quitta la France, avec son mari Louis-Alexandre Picquet de Melesse, et se rendit à Cayenne, d'où elle passa aux Etats-Unis, dans la Géorgie (2). Il en sera question plus loin.

Auguste Duvau, que j'appellerai désormais, simple-ment Duvau, ne s'était pas retiré seul à Bocholt. Il était accompagné d'un ancien officier des dragons, un M. de Préseau, comme nous l'apprend une lettre à Böttiger (3), émigré comme lui, et qui, comme lui, avait quitté l'armée des Princes. Il trouva dans ce compagnon d'infortune un ami dont la société lui adoucit les ennuis de l'exil, et il conçut pour lui une

----

1. Née le 29 avril 1772 à Werl en Wesphalie. *Registres de l'état civil de Cinq Mars-la-Pile*, du 8 brumaire an XI ; d'après un renseignement de M. Henri Saint-Mleux.

2. *Estimation des biens du citoyen Alexis-Auguste Duvau*, 25 pluviose an VI, Rennes. Document communiqué par M. Saint-Mleux.

3. *Briefe an Böttiger*, t. X L, nᵣ 55. (Sans date mais probablement de 1798.) J'avais d'abord cru, à tort, que c'était le baron de Vitrolles qui épousa, en 1795, la fille adoptive de la duchesse de Bouillon, Thérésia de Folleville, issue d'une famille française de Picardie, fixée en Allemagne.

affection si grande qu'il le considéra bientôt comme un frère ; c'est même le seul nom qu'il lui donne dans sa correspondance. Cet officier avait reçu une éducation toute militaire et mondaine ; il n'en partagea pas moins avec ardeur les études bien différentes auxquelles Duvau se livra dans sa retraite.

Ayant fait au Collège Duplessis d'excellentes humanités, Duvau possédait à fond les langues classiques ; avait-il aussi étudié les langues modernes ? Je l'ignore ; en tous cas, c'est à les apprendre ou à s'y perfectionner qu'il consacra les deux années qu'il passa à Bocholt avec son ami. Tous deux rivalisèrent dans l'étude de l'allemand, de l'anglais et même du hollandais et de l'italien. Mais l'étude de ces dernières langues ne fut que secondaire pour Duvau. C'est à celle de l'allemand qu'il se voua de préférence, et les progrès qu'il y fit furent tels qu'il le parla et l'écrivit bientôt comme sa langue maternelle. Il ne se borna pas d'ailleurs à l'étude pratique de l'allemand ; il dévora les ouvrages les plus célèbres écrits dans cet idiome ; aussi acquit-il bien vite une connaissance approfondie de la littérature germanique, et il aura l'ambition de contribuer, lui aussi, à la faire connaître en France.

Quelles ressources permirent à Duvau et à son compagnon de vivre pendant leur séjour en Westphalie ? Je ne saurais le dire ; mais le moment vint où ils durent songer à quitter ce pays. La révolution du 9 thermidor et la réaction qui la suivit, les négociations de paix engagées avec les nations voisines, firent croire aux émigrés qu'un nouvel état de choses se préparait en France, et que le jour approchait où il leur serait possible d'y rentrer. Duvau partagea-t-il entièrement ces illusions ? (1) Crut-il à la possibilité d'un retour

1. Minute d'une lettre à Knebel sans date, mais probablement du 27 avril 1795. *Papiers Mounier*, Liasse X, cote 1.

prochain dans sa patrie ? Il est difficile de le dire, mais
en attendant, il résolut avec son «frère» de visiter Weimar.
Qui lui avait suggéré l'idée de se rendre dans cette
ville ? Etait-ce le désir de faire la connaissance des
grands écrivains qui étaient alors réunis dans « l'Athènes
de l'Allemagne ? » .La pensée secrète d'y trouver les
moyens de vivre, si l'espoir de rentrer dans leur patrie
devait être déçu ? Les deux hypothèses sont également
admissibles. Peu importe d'ailleurs ; au mois d'avril
1795, tous deux se mirent en route. Mais ils ne se
rendirent pas directement à Weimar. Ils s'arrêtèrent
d'abord à Erfurt.

Sous le Gouvernement éclairé et libéral de Dalberg (1)
coadjuteur de l'archevêque de Mayence, cette ville
était devenue florissante ; située hors des routes suivies
par les armées, elle offrait une retraite que recherche
plus d'un émigré. La duchesse de Bouillon, réfugiée
d'abord à Berne, était allée s'y établir ; bonne et généreuse, elle aimait à venir en aide à ses compagnons
d'infortune. En Suisse, elle avait été la protectrice de
Mounier (2), elle l'était maintenant de Pernay, le futur
traducteur d'*Obéron* et d'*Agathon*, arrivé presqu'en
même temps qu'elle à Erfurt (3). Aussi Duvau et son
ami étaient assurés d'avance de trouver auprès d'elle
un accueil favorable, et, grâce à son appui, auprès de
Dalberg. Je ne sais combien Duvau resta de temps à
Erfurt, mais vers le vingt avril, seul — son compagnon
fut retenu par une indisposition, — muni de lettres
de recommandation de Dalberg, il partit pour Weimar.

1. Karl Freiherr von Beaulieu-Marconnay. *Karl von Dalberg und
seine Zeit*, Weimar, 1879, in-8°, t. I, p. 18.

2. L'ancien constituant, émigré en 1790, et réfugié d'abord à Genève,
s'était, deux ans après, retiré à Berne. Lanzac de Laborie, *Jean-Joseph
Mounier, sa vie politique et ses écrits*. Paris, 1887, in-8°, pp. 246 et 281.

3. Pernay (Daniel), né à Paris en 1765.

Un accueil empressé l'y attendait. Sa connaissance si rare de l'allemand prévenait déjà en sa faveur ; sa modestie, cette urbanité que Charles-Auguste aimait à trouver dans les émigrés, achevèrent de lui gagner les cœurs. Sa jeunesse, son sort si digne de pitié, étaient bien faits pour intéresser dès le premier moment en sa faveur ; aussi, sans qu'il eût fait entendre une plainte, ni rien sollicité, un protecteur anonyme lui fit parvenir quelques secours. Il accepta cette marque de sympathie pour montrer à quel point il en était touché (1) ; mais en même temps il demandait à son bienfaiteur de lui permettre de l'imiter, autant qu'il était en son pouvoir : comme ses « moyens actuels » lui suffisaient pour quelques temps encore, il lui disait qu'il avait résolu de partager ses dons entre ses compagnons d'infortune. Si un jour la misère devait lui aussi l'atteindre, il chercherait par ses quelques talents, à se rendre digne de sa bienveillante protection et à se suffire à lui-même.

J'ignore qui était cet inconnu dont, à son arrivée à Weimar, Duvau reçut une telle marque d'intérêt ; mais il devait trouver des imitateurs. Une seconde lettre, dont le brouillon, presque aussi illisible que celui de la première, se trouve sur le même chiffon de papier, nous apprend que Duvau avait reçu d'un autre bienfaiteur un agréable présent — un livre, il semble bien — dont il garderait un profond souvenir. Ce bienfaiteur lui avait remis quelque chose de plus précieux encore, c'étaient des lettres de recommandation, qui devaient lui donner accès auprès des savants et des écrivains de Weimar et lui procurer, il en avait la flatteuse espérance, l'amitié de plusieurs d'entre eux.

1. Minute d'une lettre du 24 avril 1795. *Papiers Mounier*. Liasse X. L'original se trouve dans les *Briefe an Böttiger*, volume 40, n° 1. Elle est adressée à Wieland. Comme toutes celles que Duvau a écrit à des correspondants d'origine allemande, elle est en allemand.

Quel était donc ce nouveau bienfaiteur ? Il avait
prêté à Duvau un petit ouvrage de Schütz (1), plein
de vues d'un observateur perspicace et impartial, et
dont la nature lui avait fait un vif plaisir ; il l'avait
aussi invité à assister à des exercices, dont la nature
n'est malheureusement pas indiquée, invitation à
laquelle il ne lui fut pas, à son grand regret, possible
de se rendre ; enfin il lui avait, dès le premier jour,
donné le nom d'ami. Au soin mis ainsi à le servir et
à lui être agréable, je ne serais pas éloigné de reconnaître en ce correspondant inconnu le directeur du
gymnase de Weimar, Böttiger (2), avec lequel Duvau,
après son installation dans cette ville, eut d'ailleurs
les plus étroites relations. L'empressement de cet érudit
à être, en toute circonstance, utile et presque importun,
l'accueil que les émigrés rencontrèrent tous auprès de
lui, rendent cette supposition légitime.

Mais que ce bienfaiteur inconnu fut Böttiger ou un
autre, Duvau fut introduit par lui auprès des écrivains
ou des savants illustres qui résidaient alors à Weimar,
depuis Knebel, Wieland, Herder et Gœthe, jusqu'à
Jagemann et Gerning, et il fut accueilli par tous avec
une égale sympathie. Les lettres qu'à son retour à
Erfurt (3) il adressa à quelques-uns d'entre eux nous
en fournissent une preuve éclatante. La première, ou

1. Il s'agit évidemment du philologue Christian-Gottfried Schütz,
né en 1747, et alors professeur à Iéna ; mais je ne saurais dire duquel de
ses ouvrages il peut être question.

2. Ce qui pourrait faire douter que ce correspondant inconnu fût
Böttiger, c'est que l'original de la lettre de Duvau ne se trouve pas dans
la correspondance de cet érudit. — Böttiger (Karl-August), né à Rei-
chenbach (Saxe), en 1760, était, depuis 1791, directeur du gymnase.
En 1804 il alla à Dresde, nous le verrons, comme directeur de l'Ecole
des cadets, et fut plus tard conservateur du Musée des Antiques.

3. Elles sont signées en général : Le chevalier A. Duvau. Les minutes
en sont conservées dans la liasse X des *Papiers Mounier*.

une des premières, qu'il écrivit, est datée, du 27 avril.
A qui est-elle adressée ? Rien ne permet de le dire ;
je serais tenté toutefois de croire que ce fut à Herder (1).
Mais quel que soit ce correspondant, la lettre de Duvau
est remplie de l'expression de la vive gratitude que lui
avait inspirée la politesse avec laquelle il avait été reçu
par lui, et de la joie qu'il éprouvait d'avoir vu un des premiers penseurs de l'Allemagne, et de l'avoir trouvé si
plein de déférence et si désireux qu'il lui écrivit. Puis,
après avoir exprimé l'espoir qu'il fût guéri de l'indisposition dont il était atteint, il lui annonçait que le désir de
revoir leurs amis de Westphalie les ferait peut-être,
lui et son compagnon, quitter Erfurt d'ici huit jours.
« Combien ai-je regretté, ajoutait-il en post-scriptum,
de n'avoir pu voir plus longtemps votre célèbre ami,
M. le conseiller intime Gœthe ? Puis-je vous prier de
me recommander à lui de la manière la plus pressante
et de l'assurer que je m'efforcerai de me consoler avec
Werther, Egmont et Gœtz de Berichingen,etc. ? »

Le même jour 27 avril, Duvau écrivit à Wieland, (2)
qu'il avait, pendant son séjour à Weimar, vu presque
à chaque heure, une lettre encore plus débordante des
sentiments de sa reconnaissance. (3)

Pourrais-je trouver en aucune langue des paroles pour vous exprimer
ce que j'éprouve au ressouvenir de votre bienveillant accueil et de votre
courtoisie ? Et si avec cette franchise que, je l'espère, vous n'aurez pas
méconnue en moi, je viens vous assurer que les instants passés dans votre
société comptent parmi les plus heureux de ma vie, que votre bonté,
votre affabilité envers moi et l'intérêt si flatteur pris à mon sort m'ont,
tout le temps et surtout au départ, si touché que les larmes me coulèrent

1. Herder (Joh. Gottfr. von), né à Morungen en 1744, mort à Weimar
à la fin de 1803. Célèbre par ses *Idées sur la philosophie de l'histoire de
l'humanité* (1784-1791), et par son opposition à Kant, son ancien maître,
dont il combattit le système dans sa *Métacritique* (1799).

2. Wieland (Christian-Martin), né à Biberach en 1733, mort en 1813.

3. L'original de cette lettre se trouve dans les *Briefe an Böttiger*, volume
40 nº 2.

des yeux, vous n'aurez qu'une légère idée des sentiments que vous avez
fait naître en moi. J'ai entendu dans votre bouche le langage du génie et
de la science, *je l'ai écouté en silence, et n'en parle qu'avec respect, sans me
permettre le plus petit éloge*, car que me reste-il àdire depuis que la louange
du coryphée de la littérature allemande se trouve dans toutes les bouches,
comme elle l'est dans mon cœur !

Ce lyrisme nous fait comprendre quels regrets
son ami, auquel Duvau avait raconté son voyage,
dut éprouver de n'avoir pu l'accompagner et nous
ne sommes pas surpris qu'avec une curiosité bien
légitime il ne souhaitât rien tant qu'une occasion lui
permît d'aller lui aussi, admirer en personne l'auteur
d'*Obéron*. Wieland avait prêté à son jeune visiteur
un exemplaire de son *Pérégrinus Protée*. La lecture de
cet « incomparable » roman le remplit d'admiration. (1)

Et, après quelques mots d'éloges, il informait
Wieland, comme il l'avait fait pour Herder, de son
retour prochain en Westphalie. Qu'arriverait-il ensuite ? Il l'ignorait ; mais s'il ne pouvait sortir de sa
précaire situation, il se proposait de revenir en Saxe,
certain d'y trouver en Wieland un génie protecteur.
*Je ne serais jamais inquiet tant que j'aurai la Providence
et vous pour appui.* Et il terminait en lui demandant
la permission, en quelque lieu du monde qu'il se

(1) La seconde partie surtout, lui écrivait-il en le lui renvoyant avec la plus
vive reconnaissance, que j'ai lue plus attentivement m'a par la suite ininterrompue de ses beaux tableaux causé un plaisir extraordinaire. Je l'ai
dévorée, comme Pérégrinus les paroles de l'Inconnu, et tout ce qu'il raconte
de lui-même, je voudrais vous le dire de moi. *Quo plus sunt potae, plus
sitiuntur aquae* (1). *Fastorum* lib. I, v. 216. Mais la différence entre l'hy-
dropique d'Ovide et moi est seulement que je m'en trouve très bien ;
il semble même que chaque agréable tableau m'a rendu meilleur, et si
chacun de vos ouvrages devait produire le même effet en moi, je pourrais espérer, à la fin du cinquantième volume, être un homme entièrement transformé, et cette amélioration, Monsieur le Conseiller, c'est à
vous uniquement que je la devrais. Quel dommage que je ne puisse plus
être si près de cette source salutaire !

trouvât, de s'informer de lui et de l'assurer de son respect et de sa plus sincère gratitude.

Dans une autre lettre du même dossier, qui n'est pas datée, mais est évidemment de la même époque, sinon du même jour, Duvau se répand aussi en expressions de la reconnaissance la plus vive envers un autre bienfaiteur, — j'incline à y voir Knebel, (1) — auquel il rappelle avec émotion les moments qu'il avait passés près de lui, et tout ce qu'il lui devait au point de vue littéraire et moral. « Vos leçons, lui écrit-il, et tout ce qui m'est arrivé de remarquable dans ce très intéressant voyage seront fidèlement conservés dans mon album et dans mon cœur. » Il le remerciait ensuite de lui avoir procuré l'honneur de faire sa cour à la duchesse mère. Protectrice habituelle des écrivains et des hôtes distingués de Weimar, elle semble avoir accueilli Duvau avec une faveur toute particulière ; aussi priait-il son correspondant d'être auprès d'elle l'interprète de ses sentiments respectueux. Puis, après avoir dit qu'il attendait des lettres de Westphalie qui lui annonceraient peut-être la possibilité de partir dès la fin de la semaine : « Je puis vous assurer, ajoutait-il, que le souvenir d'une ville où j'ai reçu tant de bienfaits me suivra partout. Il est une chose seulement que je voudrais obtenir de vous, c'est que vous me permettiez de m'informer de temps en temps de votre santé et, si je pouvais me flatter d'avoir quelque part à votre amitié, j'aurais alors l'espoir que vous différeriez pour un instant vos entretiens avec les beaux esprits de l'antiquité (2), pour m'honorer de quelques

1. Knebel (Karl Ludwig von) né à Wallerstein (Franconie) en 1744, jusqu'en 1773 dans l'armée prussienne, époque où il devint professeur du prince Constantin frère du duc Charles-Auguste de Weimar, avec lequel il fit en 1775 un voyage à Paris.

2. Allusion probable aux études de Knebel sur Properce et Lucrèce.

ligaes, moi qui entend si volontiers parler de mes bienfaiteurs. »

Le 30 avril Duvau écrivit à son tour à Gœthe et au bibliothécaire de la duchesse douarière (1). Il n'y a rien dans la lettre adressée à l'auteur de *Werther* du lyrisme de sentiments qu'on trouve dans celles qu'il avait écrites à Wieland et à Knebel ; il se borne presque à exprimer au grand poète son vif regret de n'avoir pu, pendant son séjour à Weimar, avoir l'honneur de lui rendre plus souvent ses hommages et de lui dire de bouche la profonde admiration que ses écrits avaient excitée dans son âme. « Qui pourrait se défendre, ajoutait-il en terminant, de l'impression que produit le langage du génie et du cœur ? » Il y a naturellement plus de laisser-aller dans la lettre à Jagemann ; Duvau le remercie surtout de la courtoisie avec laquelle l'érudit l'avait reçu. « Tous les instants que vous m'avez permis de passer dans votre digne société doivent être toujours chers à mon cœur, et je m'estimerais hautement heureux si je pouvais le moins du monde reconnaître les bontés dont vous m'avez comblé durant mon trop court séjour à Weimar. » Ce remerciement, écrit en allemand, est suivi de quelques lignes, que le don de la « Chrestomathie italienne » (2) et des « Lettres » (3) de Jagemann suggéra à Duvau l'idée d'écrire en italien, encore qu'il manquât pour cela, disait-il, de l'habileté nécessaire. Il ne lui convenait pas de louer des ouvrages qui étaient au-dessus

---

1. Jagemann (Christian-Joseph), née n 1735, acquit, pendant un long séjour dans la Péninsule, une connaissance approfondie de la langue et de la littérature italiennes.Peu après son retour en Allemagne, la duchesse Amélie se l'attacha. Il publia d'abord une *Antologia poetica italiana* (1776-77), suivie d'une *Geschichte der Künste und Wissenschaften in Italien* (1777-81), puis des *Briefe über Italien* (1778-1785), etc.

2. *Antologia poetica italiana.*

3. Il s'agit évidemment des *Briefe über Italien.*

de tous les éloges ; mais il sentait profondément le prix
du présent qui lui était fait ; le premier lui serait
d'un grand secours pour apprendre l'italien, le second
pour se perfectionner dans l'allemand. A cette lettre
Duvau avait ajouté un post-scriptum, dans lequel
il demandait à Jagemann — il avait adressé la même
demande à Gœthe — d'écrire son nom et quelques
mots sur une feuille qu'il voulait insérer dans son
album, comme un souvenir inoubliable de sa visite
à Weimar.

Gœthe ne répondit pas à Duvau, pas plus, il semble,
que Jagemann. Il n'en fut pas de même de Knebel et
de Wieland. Ce dernier lui avait envoyé, en réponse
sans doute à sa lettre du 27, un billet malheureusement
perdu, mais dont la lettre que Duvau lui adressa dès
le 30 nous laisse entrevoir le contenu. Wieland lui
exprimait à nouveau la sympathie profonde qu'il lui
avait inspirée et l'intérêt qu'il lui portait. Il lui avait
en même temps envoyé un de ses livres. On comprend
l'allégresse qu'en dut éprouver Duvau. « J'ai sauté
de joie, écrivait-il, quand j'ai reconnu votre écriture
et aperçu l'agréable présent qui était joint à votre
lettre. Je voulais me jeter au cou du porteur, et je ne
sais pourquoi une honte inopportune me retint.
Toute la soirée j'ai été comme électrisé et j'ai déjà
dévoré une bonne partie de votre estimable ouvrage.
Mon frère (1) a pris une grande part à ma joie et vous
est infiniment obligé de l'idée avantageuse que vous
vous êtes faite de lui. Puis en s'excusant de son impor-
tune hardiesse, Duvau priait Wieland, comme il
en avait prié Gœthe et Jagemann, d'écrire son « nom
impérissable » sur une petite feuille destinée à son
album. Revenant ensuite au livre que le poète lui
avait envoyé : « Que les Muses sont donc ravissantes,

---

1. Son compagnon de voyage, qu'il regardait comme un « frère de cœur ».

s'écriait-il, quand, dans vos vers (1) vous savez si bien unir le *molle atque facetum*, le sublime, l'*os rotundum* à tant de délicatesse et de cordialité ! »

Si la réponse de Wieland à la lettre de Duvau du 27 avril s'est égarée, nous avons, par un heureux hasard, celle que, dès le 29, lui adressa Knebel (2). Le « Major » s'y montre tel qu'on pouvait l'attendre d'un ami de la France et de tout ce qui était français. On l'avait vu se lier avec Cacault durant le séjour que celui-ci fit, en 1772, à Berlin (3), et quand, trois ans après, il accompagna le duc héritier de Saxe-Weimar et son frère à Paris, il avait fait la connaissance de l'helléniste Villoison et était resté plusieurs années en correspondance avec lui (4) ; comment n'aurait-il pas accueilli avec empressement un exilé qui se recommandait à lui déjà par sa jeunesse et sa distinction naturelle, non moins que par son goût pour la langue et la littérature allemandes ? Mettant aussi de côté toute désignation cérémonieuse, il appelait Duvau son « très digne ami », « nom que son cœur voulait également recevoir de lui », et que le jeune émigré avait d'ailleurs demandé la permission de lui donner. Puis, après lui avoir dit combien sa lettre l'avait

1. Il m'a été impossible de lire le titre de l'ouvrage dont il semble être question.

2. *Papiers Mounier*, liasse X, cote 1.

3. Charles Joret, *Cacault écrivain*, Rennes-Paris, 1905, in 8°, p. 8. — Cacault (François), né en 1743 à Nantes, fut nommé, dès 1763, professeur à l'Ecole Militaire. Mis à la retraite en 1769, il voyagea pendant cinq ans en Italie, en Allemagne, en Hollande et en Angleterre. Nommé secrétaire, en 1775, du marquis d'Aubeter, commandant en chef de la province de Bretagne, il devint, en1795, secrétaire d'ambassade à Naples. Il signa, en 1793, le traité de Tolentino et fut un des négociateurs du Concordat. Mort en 1805. Pendant son séjour en Allemagne, il avait traduit les poésies de Ramler et la *Dramaturgie* de Lessing.

4. Charles Joret, *d'Ansse de Villoison et l'hellénisme en France au XVIII° siècle*. Paris 1910, in-8°, p. 60 s.

réjoui par l'expression des sentiments d'une mutuelle et sincère amitié : «Je plains poursuivait-il, votre patrie, que j'ai en si haute estime, d'avoir, dans l'élaboration nécessaire de son sol moral et politique, dans la lutte fatale entre la raison et la passion, dû perdre des hommes qui seraient la parure de tous les pays, et qui portaient en eux l'esprit et les sentiments que pouvait seule inspirer la plus heureuse Révolution. Que je souhaiterais à ma patrie de pouvoir s'affranchir de la même façon par la perte de ses aristocrates ! » Et remarquant qu'il est difficile, même avec le caractère le plus accommodant, de vivre satisfait hors de son pays, et combien l'Allemagne lui semblait peu faite, surtout au point de vue politique, pour offrir de grands charmes à un étranger :

Vous avez, continuait-il, été assez indulgent et bon, monsieur et cher ami, pour regarder les choses du côté le plus agréable. Cela fait honneur à votre manière de penser et à votre caractère ; aussi je puis vous assurer qu'il n'y a ici qu'une voix sur votre compte, et que quiconque a fait votre connaissance s'en réjouit. Je puis vous en donner l'assurance et en particulier pour M.Herder et pour M.Wieland, et la Duchesse mère me parlait hier encore de vous avec la plus cordiale sympathie et la plus grande estime. Toutefois cela ne doit pas vous détourner de chercher dans votre patrie ou dans quelque autre lieu une situation plus agréable. Mais, si les circonstances ne doivent pas vous procurer un sort meilleur et plus en rapport avec vos mérites, soyez assuré que vous trouverez ici des amis. Ce sera pour moi la joie la plus chère d'apprendre, aussi bien auprès qu'au loin, quelque chose de vous, et je vous prie de me permettre (de prendre) toujours quelque part à votre sort.

Et Knebel donnait l'exemple, en envoyant à Duvau des nouvelles de ce qu'il faisait. Il venait de s'installer au milieu d'un petit jardin, à la porte de la ville. « J'y jouis, disait-il, de l'air frais et de la vue des vertes moissons ; si nombre de poétiques pensées, de sentiments et d'images s'y éveilleront, je ne le sais pas encore ; mais je sais qu'autant qu'il est en moi, je resterai fidèle à ma déesse, la gracieuse nature. »

On voit quelle intimité règna, dès le premier jour, entre Duvau et Knebel ; quelle confiance mutuelle s'établit entre eux. La poète traducteur communiqua quelque chose de son amitié pour le jeune français, à son entourage ; à sa lettre était joint un double post-scriptum : dans le premier, le vaniteux Gerning (1) qui, au retour d'un voyage à Naples, s'était, depuis un an, arrêté à Weimar, remerciait Duvau de son souvenir en ajoutant qu'il « souscrivait de tout cœur à ce que disait Knebel ». « Sans en avoir reçu la permission expresse, disait le second post-scriptum, signé, je crois, de Herder (2), je souscris aussi à la belle lettre de mon cher et digne ami de jeunesse, aussi bien en ce qui se rapporte à l'honorable étranger à qui elle est adressée, qu'à son projet de rester fidèle au culte de la douce et sainte nature..... Partout où voleront ses pas, il ne peut qu'advenir quelque chose d'heureux à M. Duvau. »

Cette lettre était bien faite pour réjouir Duvau ; il répondit aussitôt à Knebel (3) pour le remercier de la bienveillante indulgence avec laquelle il le traitait, et du titre d'ami dont il voulait bien l'honorer. Ses malheurs étaient la cause de l'intérêt inespéré que tout le monde lui avait témoigné à Weimar, et il pouvait dire, en se servant d'un jeu de mot italien, que sa mauvaise fortune avait été pour lui une bonne fortune. « Je suis, ajoutait-il, on ne peut plus sensible à la cordiale opinion que vous avez de moi, et j'ose

---

1. Gerning (Johann-Isaak), né en 1767, à Francfort-sur-le-Mein Le roi et la reine de Naples, qui avaient demeuré dans la maison de son père, à l'époque du couronnement de Léopold II en 1790, l'emmenèrent avec eux en Italie.

2. Autant du moins que j'ai pu lire le nom.

3. La fin de la lettre de Duvau étant perdue, je ne puis dire au juste quand elle fut écrite, mais elle dut l'être bien peu de temps après la réception de celle de Knebel, c'est-à-dire peu après le 29 avril.

me flatter, comme vous m'en donnez l'assurance, qu'en cas de nécessité votre sympathie et celle de mes autres protecteurs ne me feront pas défaut à l'avenir. Je l'ai éprouvé à mon départ de la manière la plus touchante ; et le don qui m'a été fait n'a pas, j'en suis certain, été complètement ignoré de vous, mais, comme le digne anonyme a paru désirer le secret, je ne veux pas m'étendre davantage sur ce sujet. »

Puis parlant de la tournure meilleure que les choses paraissaient prendre en France, il annonçait à Knebel, comme il l'avait fait à ses autres correspondants, son prochain départ et celui de son ami pour la Westphalie. « Nous attendrons à Bocholt que les circonstances, en nous permettant de revoir ce qui a pour nous un charme irrésistible, guérissent la nostalgie qui nous ronge le cœur. *Dulcis amor patriæ.* Vous le savez, digne Monsieur, cet amour est au-dessus de tout... et tout doit céder au désir de procurer à ses parents quelque consolation dans leurs dernières années. *Beatus ille qui procul negotiis.. rura bobus exercet suis,* etc. (1). Dussè-je pour cela renoncer en partie aux Muses, qui si souvent ont adouci mon sort infortuné. » Il continuait en souhaitant à Knebel le bonheur de pouvoir, après Virgile, vivre sans entraves dans la société de ses amis Lucrèce et Properce (2). Et, après avoir dit qu'il ne doutait pas que sa *villégiature* n'eût sur lui la meilleure influence, il ajoutait qu'il voudrait souvent entendre ses chants pour dissiper la tristesse qu'il éprouvait au milieu des scènes de désolation dont il serait sans doute le spectateur à son retour en France. Enfin, en terminant, il priait son ami — il

---

1. Horace, *Epodon* II, versus 1 et 3.

2. Knebel s'est borné à aimer Virgile, mais depuis des années il s'occupait de la traduction de Lucrèce et de Properce. Hugo von Knebel-Dœberitz, *Karl Ludwig von Knebel,* Weimar, 1890, in-8, p. 88.

2

adressait la même demande à Gerning — de vouloir
bien écrire son nom sur la petite feuille qu'il lui envoyait, et de ne pas lui refuser d'emporter ce souvenir
avec lui.

★★

Le retour de Duvau en Westphalie — il y rentra
sans doute dans les premiers jours de mai — ne mit
pas fin à ses relations avec Weimar ; il resta en rappport
avec quelques-uns des écrivains qui l'avaient si bien
accueilli dans cette ville, avec Knebel en particulier
et avec Wieland. Au commencement de juin, ce dernier
lui adressa une lettre malheureusement perdue, et
dont rien ne nous permet de deviner le contenu.
Quand y répondit-il ? Je l'ignore ; mais le 28 du
même mois il écrivit à Knebel (1). Sa situation était
de plus en plus précaire ; ses ressources, ainsi que celles
de son ami, commençaient à s'épuiser ; il leur fallait
s'en créer de nouvelles pour échapper à la misère qui
les menaçait. C'est ce qui décida Duvau à s'adresser à
Knebel. Dans sa lettre du 29 avril, celui-ci lui avait donné à entendre qu'en cas de besoin il trouverait à Weimar
des amis prêts à lui venir en aide ; et comme, de toutes
les perspectives, celle d'un établissement dans une
ville où il avait reçu tant de marques de sympathie,
lui était la plus agréable, il saisissait avec empressement cette espérance de salut. Il ne pouvait savoir à
quoi ses protecteurs pourraient bien l'employer :
toutefois, il avait cru comprendre que ce serait à une
chose pour laquelle la connaissance de la langue
française serait une condition première ; mais il se
déclarait disposé à accepter tout autre emploi et il
s'efforcerait de le remplir pour le mieux. Il demandait

1. *Papiers Mounier*, liasse X, cote 1. Lettre déjà citée. Voir plus haut
p. 4.

à Knebel de lui répondre franchement, afin qu'il
pût savoir ce qu'il lui était permis d'espérer ; mais,
quoiqu'il advînt, il lui en saurait un gré infini. Et rappelant l'accueil bienveillant qu'il avait reçu de la Duchesse
mère, accueil dont il était en grande partie redevable
à son ami, il le priait de le recommander humblement
à cette princesse et de la supplier de lui continuer sa
faveur. Mais Duvau ne se bornait pas là ; il profitait
de l'occasion pour dire à Knebel quelle vie il avait
menée dans sa retraite de Bocholt, à quelles études
il s'était livré, quels progrès il avait faits dans la connaissance des langues étrangères, ainsi que son compagnon d'exil, pour lequel il demandait à Knebel de lui
donner une part dans sa bienveillance, en lui laissant
entrevoir quel genre d'emploi il pourrait remplir.
Si Knebel ne pouvait rien faire pour lui, il tâcherait du
moins que ce qu'il aurait lui-même obtenu servît à
tous deux. « En tous cas, disait-il, nous nous soumettons
à la triste nécessité, et nous nous recommandons
à la Providence, qui n'a jamais abandonné les honnêtes
gens. » En post-scriptum il priait son correspondant
de le rappeler au souvenir de Wieland, du vice-pré-
sident M. Herder, ainsi qu'au conseiller Jagemann
et à son ami M. Gerning.

Au moment même où Duvau écrivait cette lettre,
la situation politique devenait grave, et il devait avoir
besoin plus que jamais de la résignation, dont il avait
fait preuve depuis son départ de France. La tentative
faite par les émigrés avec l'appui de l'Angleterre
pour soulever la Bretagne, avait échoué, et le désastre
de Quiberon — son cousin Antoine-Louis Picquet
de Melesse y avait été mortellement blessé (1) —
allait porter le dernier coup à la cause royaliste. C'est

1. 21 juillet 1795. Renseignement fourni par M. H. Saint-Mleux.

au lendemain de ces revers que Wieland répondit à une lettre que lui avait adressée Duvau, en s'excusant de son retard et de la briéveté de sa réponse. Cette excuse était inutile auprès du jeune émigré, qui savait « combien la moindre parcelle de temps du célèbre écrivain était précieuse et quel trésor était pour le lecteur chaque mot tombé de sa plume. » Le besoin qu'il avait de l'aide de Wieland le portait d'ailleurs à l'indulgence. « L'espoir qui avait lui » un moment à ses yeux s'était évanoui, lui écrivait-il dans la lettre qu'il lui adressa aussitôt. (1) Les progrès des royalistes, qui lui avaient fait croire qu'il pourrait, dans un avenir prochain, revoir les champs aimés de la patrie, avaient été subitement arrêtés. Un instant avait détruit ces belles perspectives. Duvau ne pouvait plus songer à rentrer en France ; non seulement le retour dans sa patrie lui était interdit, mais il ne lui était plus possible de rester plus longtemps en Westphalie, dont le gouvernement, à l'exemple de la Prusse, avait défendu aux émigrés de séjourner sur son territoire. Déjà le maréchal de Castries qui s'y était retiré après avoir quitté la Hollande, était allé chercher un asile à Eisenach dans les états du duc Charles-Auguste. Duvau ne pouvait plus hésiter ; il était résolu de se rendre à Weimar pour essayer comme on le lui avait fait espérer d'y trouver des moyens de vivre. Il avait déjà relu la *Grammaire française* de Wailly, afin de se remettre en mémoire les règles de la langue. Le major Knebel, lui avait aussi laissé entendre qu'on le verrait volontiers faire des traductions d'allemand en français. Cette occupation lui plairait, et il serait heureux si par là il pouvait secouer l'indolence de ses légers compatriotes et contribuer à les initier à la connaissance d'une littérature aussi belle que la littérature

1. Lettre du 14 septembre 1795. *Briefe an Böttiger*, t. 40, n° 31.

allemande. Mais par quel écrivain pourrait-il commencer sinon par celui dont les œuvres avaient leur place marquée par les Muses et les Grâces elles-mêmes dans toutes les bibliothèques ? Par l'auteur d'*Agathon*, de *Pérégrinus Protée*, etc. « Serais-je, ajoutait-il, en état de le faire mieux que ceux qui m'ont devancé ? — il tiendra bientôt, nous le verrons, un autre langage —. En tous cas, j'aurai recours à vos conseils, et j'espère que vous ne ménagerez pas votre aide à celui qui a pour vous une si profonde estime .» Et il continuait en remerciant Wieland des quelques mots que le poète lui avait adressés pour mettre dans son album où ils auraient une place d'honneur. Puis il lui annonçait que du 6 au 8 — octobre probablement — il quitterait Bocholt pour se rendre à Erfurt. C'est là que six mois auparavant, il était, en quelque sorte, allé prendre langue avant de gagner Weimar. Mais alors, il était accompagné de « son frère » M. de Préseau. Cette fois il paraît bien s'y être rendu seul. Du moins il ne parle pas de son ancien compagnon, et la seule mention qu'il en fait dans un billet non daté, mais écrit probablement trois ans après (en 1798), semble bien indiquer que cet ancien officier de dragons vivait séparé de lui depuis longtemps. Nous ignorons combien de temps Duvau resta à Erfurt, mais on peut croire qu'il avait déjà quitté cette ville, quand Mounier venant de Suisse y arriva le 26 octobre, (1) et qu'il était déjà à cette époque à Weimar. C'est dans cette ville qu'il dut faire la connaissance de l'ancien officier constituant, avec lequel nous le verrons se lier d'une si étroite amitié.

---

1. Voyage de Mounier en Allemagne. *Papiers Mounier*, Liasse X, cote 7. Il avait quitté Berne le 6 octobre.

CHAPITRE II

SÉJOUR A WEIMAR

(*Octobre 1795. — Septembre 1797*)

Jusqu'ici les émigrés étaient venus à Weimar en simples visiteurs. C'est comme visiteur qu'en 1792 y parut Boufflers qui ne fit d'ailleurs que traverser cette ville (1) ; c'est en visiteur aussi, encore qu'il y soit resté assez longtemps pour faire la connaissance des écrivains ou des savants les plus célèbres qui s'y trouvaient réunis, que l'année suivante, l'hélleniste Le Chevalier vint dans la capitale de Charles-Auguste (2). C'est encore une simple visite qu'au mois d'avril 1795, y avait faite Duvau lui-même, mais depuis les choses avaient changé ; c'est pour s'établir à demeure dans cette ville hospitalière que maintenant il y reve-

1. Lettre de Knebel à Herder, du 21 juin 1792, Weimar, *Von und an Herder*. Herer v. Düntrer. Tome III, p. 82. Leipzig 1861-1862.

2. Charles Joret, *Un Hélléniste voyageur normand, J.-B. Le Chevalier, d'après sa correspondance avec Böttiger*. Paris 1903, in-8°, p. 14.

nait. Il en fut de même des autres émigrés qui l'avaient
précédé ou qui le suivirent. Déjà au mois d'août, le
comte Du Manoir, retiré d'abord à Eisenach avec la
famille de Castries, était venu se fixer à Weimar,
accompagnant son fils que Charles-Auguste avait pris
comme page (1). Mounier y arriva le 13 novembre ;
Chanorier (2), venu comme lui de Suisse, ne dut pas
le suivre de longtemps, s'il n'était pas arrivé avant lui.
Vers la même époque ou à peu près vinrent aussi à
Weimar l'ingénieur normand Du Buat (3) qui, réfugié
d'abord en Westphalie comme Duvau, mais à Pader-
born, avait dû lui aussi quitter cette province à la suite
de la paix de Bâle ; l'ancien député du Lot-et-Garonne
à la Constituante, le baron Fumel avec sa famille ;
Récamier, originaire de la région lyonnaise ; Pernay,
protégé de la duchesse de Bouillon à Erfurt, comme il
devait l'être à Weimar de Mme de Schardt, etc (4).

Quels rapports Duvau eut-il avec ces émigrés ?
Il est difficile de répondre à cette question, puisque
à l'exception de Chanorier et de Mounier, il ne parle
d'aucun d'eux dans ses lettres. On peut toutefois
supposer qu'il dut les rencontrer plus d'une fois

1. Charles Joret, *Le comte Du Manoir et la cour de Weimar*. Paris, 1896,
in-8° ; p. 14.

2. Bonnet (Charles), *Chanorier, dernier seigneur de Croissy*. Saint-Ger-
main-en-Laye, 1889, in-8°. — Charles Bonnet a ignoré que Chanorier fût
allé à Weimar.

3. Du Buat (comte Pierre-Louis-Georges), né en 1734 au manoir du
Butenval près Tortisambert (Calvados). Ingénieur militaire ; ancien
directeur des fortifications. Connu par ses recherches sur l'hydraulique.
Il avait émigré en 1793. — Barré de Saint Venant, dans les *Mémoires de
la Société des sciences de Lille*, 1865, n'a pas parlé du séjour de Du Buat à
Weimar.

4. H. Duntzer, dans son livre intitulé : *Zwei Bekehrte* (Leipzig 1873
in-8°, p. 376), mentionne aussi l'abbé Boissart et d'autres émigrés dont
il est inutile de rappeler les noms.

à l'un de ces thés dont parle Mme de Schardt (1), mais là se borne à peu près tout ce que l'on peut dire. Il ne devait guère être porté à entrer en relations avec le baron de Fumel, plus habile au reversis qu'au courant des questions littéraires. (2) Le peu de sympathie qui exista dès le premier jour entre Récamier et Mounier dut aussi empêcher Duvau de se rapprocher de l'émigré lyonnais, tout distingué qu'il paraît avoir été. (3) Duvau ne pouvait pas aimer, non plus que Mme de Schardt, les petits vers galants de Pernay, mais il dut les lui pardonner en considération de ce que celui-ci avait de sérieux dans le caractère et surtout à cause de sa profonde connaissance de l'allemand, connaissance qu'il prouva à peine arrivé à Weimar en s'essayant à traduire les *Confessions d'une belle âme*, du *Wilhelm Meister* et même en mettant en vers libres le *lied* de Gœthe : *Die Nähe des Geliebten* (4). Sans doute, quand Duvau fut attaché à l'Institut du Belvédère, ainsi que Du Buat, il ne put manquer d'entrer en relations avec cet ingénieur, mais il n'en eut guère, il semble, avant cette époque, et le silence qu'il garde sur lui montre que leurs rapports ne furent jamais bien étroits.

Il en fut tout autrement des relations qu'il eut avec « l'ami Chanorier », et avec le « bon » Mounier (5).

1. H. Duntzer, *Zwei Bekehrte*, p. 374, 386, etc.

2. H. Duntzer, *Zwei Bekehrte*, p. 386.

3. H. Duntzer. *Zwei Bekehrte*, p. 374. Voir p. 380 l'histoire d'une querelle entre Mounier et Récamier, que la duchesse Louise essaya de réconcilier.

4. Fernand Baldensperger. *Gœthe et les émigrés français à Weimar*. (*Revue germanique*, t. VII, p. 16). — Duntzer. op. laud. p. 374, cite une lettre de Mme de Schardt d'octobre 1795, où il est fait mention d'une traduction du lied *Vergiss mein nicht*, qui paraît avoir été faite à une époque antérieure, mais que je ne connais pas.

5. Lettre du 27 juin 1796 ; v. plus haut.

Mais le retour en France de Chanorier dès le mois de juin 1796 vint interrompre pour toujours ses relations avec l' « ancien seigneur de Croissy ». Les voyages que fit Mounier quelques temps après et son séjour prolongé à Dresde jusqu'à l'été de l'année suivante, ne devaient, au contraire, diminuer en rien l'estime et l'amitié que par sa dignité morale et son caractère élevé l'ancien constituant lui avait inspirées dès le premier jour. La maladie dont Mme Mounier fut atteinte peu après son arrivée à Weimar, sa fin brusque, la douleur profonde que cette perte cruelle causa à l'infortuné proscrit, firent naître dans le cœur aimant de Duvau une respectueuse sympathie pour son compagnon d'exil. Le souvenir inoubliable de la chère défunte (1) accrut encore l'affection qu'il avait vouée à Mounier, et son attachement inébranlable pour la personne de celui qu'il considéra toujours comme son maître et son guide dans la vie ; il fut, nous le verrons à l'institut du Belvédère son auxiliaire le plus dévoué, et quant, en 1806, Mounier fut emporté par le mal implacable auquel avait succombé sa compagne regrettée, Duvau, ami toujours fidèle, accourut auprès de lui et assista à ses derniers moments dont il nous a laissé un émouvant récit.

Ce que je viens de dire montre que, pour ne pas parler de Chanorier qui ne resta que quelques mois à Weimar, Duvau n'eut de rapports vraiment suivis qu'avec Mounier et qu'il vécut à peu près à l'écart de la plupart des autres émigrés établis dans cette ville.

L'accueil que Duvau avait rencontré au mois d'avril, lors de son voyage à Weimar, nous laisse deviner celui

1. Voir Préface, p. 1, la lettre de Mme Duvau à Edouard Mounier.

qui l'attendait, quand il revint dans cette ville au mois d'octobre suivant. Knebel, Wieland, Böttiger et tous ceux qui lui avaient témoigné tant de bienveillance à l'occasion d'une simple visite, ne pouvaient mettre moins d'empressement à le bien recevoir et à lui venir en aide maintenant qu'il venait s'établir à demeure dans la résidence ducale. Ce fut Böttiger probablement qui lui procura les leçons dont il est question seulement dans un billet de 1797 (1), mais qu'il devait donner dès le premier temps de son séjour à Weimar. Si le peu d'argent, qu'elles lui faisaient gagner, suffit d'abord à ses modestes besoins, il ne pouvait néanmoins toujours s'en contenter. Aussi chercha-t-il bientôt un supplément au maigre salaire qu'il en retirait dans un genre d'occupation vers lequel, comme il l'avait écrit à Knebel (2), le portait son penchant. Il résolut de se faire traducteur, ce que sa connaissance approfondie de l'allemand lui permettrait d'entreprendre, et il se mit à la disposition de l'écrivain Wieland dont il devait lui être le plus cher de faire passer les œuvres dans notre langue.

L'éditeur de Zurich, Henri Gessner, fils de l'auteur célèbre de la *Mort d'Abel*, lui fournit l'occasion de mettre à exécution son dessein. Il avait formé le projet de publier une traduction française des *Œuvres choisies* de Wieland, dont il était le propre gendre. Il s'adressa à Duvau. Le premier numéro du *Magasin encyclopédique*, de 1796, annonça l'entreprise. « On ne connaît encore en France, y lisait-on (3), qu'une petite partie des ouvrages de M. Wieland ; mais il n'y jouit pas moins de la plus haute réputation. On l'a souvent

1. Billet sans date. *Briefe an Böttiger*, t. X L, nʳ 54, v. plus loin, p. 43.

2. Lettre du 28 juin 1795, déjà citée.

3. Deuxième année, 1796, t. I, p. 124.

appelé le Voltaire de l'Allemagne. Le succès qu'ont obtenu les traductions de son *Diogène* et de son *Agathon* (1) a fait désirer depuis longtemps de voir publier, en français, du moins, un choix de ses nombreux écrits. C'est le travail que vient d'entreprendre, sous les yeux mêmes de cet homme si justement célèbre, un Français établi depuis plusieurs années en Saxe (2). »

Ce jeune Français n'était autre que Duvau. Dès la fin de 1795, il s'était mis à l'œuvre et, séduit peut-être par les allusions politiques qui se trouvent dans l'ouvrage, assez court d'ailleurs pour ne pas effrayer un débutant, il avait choisi les *Nouveaux dialogues des Dieux*. Le travail fut bientôt terminé. Wieland le revit en entier, et, après l'avoir relu quatre fois avec soin, Duvau l'envoya à l'impression. Il commença aussitôt la traduction du *Miroir d'or*, qu'il interrompit toutefois bientôt. Mais il ne resta pas oisif pour cela. Il poursuivit avec un ami ses exercices de traduction d'allemand en français, tout en lisant de l'anglais et de l'italien pour se perfectionner dans la connaissance de ces langues, en même temps que les ouvrages français les plus divers, que lui prêtait sans doute Böttiger. Une lettre à Wieland du 27 juin 1796, nous renseigne sur ces occupations si diverses de Duvau (3).

L'auteur d'Agathon avait quitté Weimar dans les premiers jours du mois, le 12 ou le 13, pour se rendre à Zurich chez son gendre Gessner. Son départ causa un profond chagrin à Duvau. Quinze jours après, le

---

1. Les *Dialogues de Diogène* avaient été traduits, en 1772, par Barbé de Marbois. Imitée de l'allemand, dès 1768, par Frénays, l'*Histoire d'Agathon* avait été traduite en 1774 et de nouveau en 1778 par Bernard Gœdeke, *Grundriss*, t. IV, p. 201 et 202.

2. Duvau n'était en Saxe que depuis huit à dix mois, mais il habitait l'Allemagne depuis quatre ans.

3. *Briefe an Böttiger*, t. 40, quatrième du recueil, mais sans numéro.

jeune émigré écrivait au poète pour lui faire part des regrets que lui causait son absence, du vide qu'elle avait jeté dans sa vie devenue encore plus pauvre qu'auparavant. Mais, et c'est ce qui rend cette lettre si intéressante, il entretenait son ami de bien d'autres choses, de la monotonie de son existence studieuse et retirée, et avant tout, on le devine, de ses travaux et de sa traduction. Déjà trois feuilles de mes dialogues sont prêts, choses bien faites pour toucher mon cœur de père.

« Par tendresse, ajoutait-il, pour ce premier né et à cause de la fierté que me donne sa naissance, j'aspire impatiemment à sa brillante et complète apparition. J'espère que, grâce aux bons soins dont il sera entouré, il pourra faire honneur à son père et l'encourager à accroître la famille. Dans les derniers jours j'avais revu mon manuscrit avec toute l'attention possible de sorte que, s'il s'y trouve quelques fautes, il faudra les attribuer à l'humaine faiblesse... Je laisse dormir mon Schah Gebal (1) jusqu'à ce que je sache quel accueil messieurs les Parisiens auront fait à mes Dialogues des Dieux. Car qui peut savoir si ces pacifiques enfants ne seront pas écrasés par les géants de la République et si leur voix ne sera pas étouffée par celle des rudes politiciens.

Et, arrivant à un autre ordre d'idées :

Je vois assez souvent le bon Mounier qui ne manque jamais de s'informer de vous ; l'air de Weimar ne lui réussit pas encore. L'ami Chanorier qui sait tout est parti le 19 pour Paris d'où on lui avait envoyé des lettres et un passeport avec l'assurance qu'il trouverait un emploi. Il nous manque beaucoup, et nous portons envie à son sort tout en nous réjouissant qu'il ait atteint son but. La semaine dernière, de nombreux étrangers sont arrivés ici, entre autres Mme de Bechtolshein (2) et le vicomte de Sesmaisons venu d'Erfurt... La première a beaucoup regretté d'être arrivée quinze jours trop tard... Au reste, ma vie est assez monotone. Quand il fait beau, je passe la plus grande partie du temps dans le parc. Terpsichore, Voltaire, Le Batteux, Milady Montague, Metastase, Machiavel sont à tour de rôle

---

1. Nom dans le *Miroir d'or* du sultan que le jeune Mirza a la mission de tenir éveillé quand les histoires de la belle Nurmahal menacent de l'endormir.

2. Julie-Augustine-Christine von Bechtolshein, née von Keller. Elle demeurait à Eisenach et était liée avec les émigrés qui avaient cherché un refuge dans cette ville.

mes compagnons. Parfois aussi je rencontre dans mes promenades un petit génie invisible que je n'ose pas nommer ma muse, de crainte que vous ne me criez :

Procul, o procul esto, profane !

Le fruit le plus tolérable de nos rencontres est une imitation de la pièce de vers de Hölty : *Die Liebe*, que je ne vous envoie pas parce que ce n'est guère la peine d'en alourdir ma lettre. Je laisse couler mes jours comme ils viennent, me mêle à la foule du monde aussi rarement que possible ; je pense beaucoup aux absents depuis ceux de Zurich jusqu'à ceux de Washington ; je confie volontiers, mes chagrins et mes joies à un cœur aimant, épie peut-être trop l'heure de l'amitié, ai peu de joies, mais les sens très profondément, parce que je les ai en moi ou que je n'ai pas à les chercher loin de moi. Je continuerais volontiers de vivre ainsi si mes songes dorés devaient se réaliser.

Cependant l'impression des *Dialogues des Dieux* se poursuivit avec rapidité et cet ouvrage qui devait être le premier volume des *Œuvres choisies* de Wieland — il fut le seul publié — ne tarda pas à paraître. Duvau s'empressa de le présenter au lecteur.

C'est sous les yeux mêmes de l'auteur, disait-il (1), qu'a été faite la traduction de ces *Dialogues des Dieux*; le style pourrait en être plus correct, mais le traducteur se flatte d'avoir pour lui le mérite de l'exactitude.

Il s'occupe dans ce moment de la traduction du *Miroir d'or*, traduction qui paraîtra bientôt après celle des *Dialogues des Dieux* ; elle sera suivie de celle des *Abdérites*, de *Danischmend*, d'*Agathon* et de ceux des ouvrages en prose de M. Wieland qui nous ont paru se rapprocher le plus du goût et du caractère de la nation française.

Les traductions qui ont été faites de quelques-uns de ces ouvrages sont ou trop mal écrites ou trop peu exactes pour donner une idée favorable des originaux. Le traducteur s'estimera heureux de pouvoir contribuer à faire connaître davantage en France cet homme célèbre. Du reste, comme il a le bonheur d'être jeune encore (2), et que, dans la carrière où il vient d'entrer, il ne peut faire que des progrès successifs, il prie ceux qui lui feront l'honneur de lire sa traduction de lui faire part de leurs observations, afin qu'il puisse en profiter et se corriger avant d'être parvenu à l'âge où l'on ne se corrige plus.

Le programme, on le voit, était ambitieux, et il fallait pour aspirer à le remplir l'ardeur de la jeunesse

1. Avis du traducteur.
1. Duvau n'avait alors que vingt-cinq ans.

et une confiance en soi-même qui cachait à Duvau les
difficultés de l'entreprise. Le succès ne devait pas le
couronner ; mais il ne fut pour rien dans l'échec qu'elle
subit. Malgré des fautes qui diminuèrent le contentement qu'il avait de voir paraître son œuvre : fautes
contre le goût, germanismes, fautes de grammaire
ou de langue — il les a lui-même relevées dans une
lettre écrite à Wieland (1) — sa traduction était dans
son ensemble exacte et non sans élégance ; cela malheureusement ne suffisait pas. On avait été assez mal inspiré en inaugurant par les *Nouveaux Dialogues
des Dieux*, les *Œuvres choisies* de Wieland. « Les causes
premières de la Révolution française, avait bien dit
un peu pompeusement le *Magasin encyclopédique* (2),
sont présentées dans ces nouveaux Dialogues sous le
point de vue le plus ingénieux, le plus philosophique
et le plus original » ; mais ils avaient paru en 1791, et
les allusions aux évènements contemporains qu'on
y pouvait trouver étaient maintenant sans à-propos.
Dès que ces « charmants » Dialogues furent publiés,
le *Magasin encyclopédique* en donna un long extrait
en indiquant le nom du « jeune Français » qui les
avait traduits (3) ; l'accueil qu'ils reçurent paraît
avoir été assez froid, et cet insuccès fut probablement une
des « diverses raisons », pour lesquelles, comme Duvau

1. Lettre du 20 octobre 1796 (Billets sans date ; *Briefe au Böttiger*, t.
X L, n^r 48). Il cite entre autres : « La possession des fruits d'un pommier
« Je crains bien que les temps ne *reviendront* » « *s'ayant* donné une culture
démocratique » ,«nous autres hommes sommes les seuls qui *aient* souffert »,
« il a un air assez ténébreux » etc. On comprend en lisant cette énumération,
de fautes aussi singulières, que Duvau écrivant à Wieland qu'il était content
de l'apparition de sa traduction, ajoutât qu'il était « mécontent des fautes
qui s'y trouvaient ». Il ne s'était évidemment pas dans son inexpérience
assez préoccupé de la correction des épreuves d'un manuscrit français
imprimé en pays allemand.

2. 2e année, t. I, 1796, p. 125.

3. 2e année, t. VI, 1797, p. 119, 128 et 144.

l'écrivait plus tard (1), il renonça à traduire les autres
œuvres de Wieland. Il ne continua pas la version commencée du *Miroir d'or* (2) ; il dédaigna également de
refaire les traductions médiocres ou incomplètes
d'*Agathon* ou des *Abdéritains* (3), et de donner celle
de *Danischmend*, qui devait attendre jusqu'en ·1800
pour paraître en français. Toutefois si Duvau ne poursuivit pas la traduction des « *Œuvres choisies* » de Wieland
il ne renonça pas pour cela au métier de traducteur ;
mais ce furent d'autres ouvrages qu'il entreprit maintenant de faire passer dans notre langue.

Parmi les romanciers qui jouissaient de la faveur
du public au moment où Duvau commença ses études
de littérature allemande, il y en avait un qui ne pouvait
manquer de fixer bien vite son attention ; c'était
Auguste Lafontaine (4) Issu d'une famille de réfugiés,
tout allemand qu'il était devenu d'inspiration, il
lui était resté dans l'esprit quelque chose de son origine
première ; il était nourri de la lecture de nos écrivains
contemporains, et s'il n'acceptait pas toutes leurs
théories, il savait leur emprunter ce qui pouvait s'y
trouver de bon. Disciple affranchi de Rousseau, comme
son maître, il obéissait avant tout aux suggestions
du sentiment ; comme lui, il aimait surtout la simplicité de la nature. Il ne se complaisait pas dans la description d'évènements tragiques ou des grandes passions;
ce sont les scènes émues de la vie de famille qu'il

1. Lettre à Lafontaine, du 28 août 1798. *Papiers Mounier*, liasse X,
cote 1.

2. Le roman avait été traduit, assez mal il est vrai, dès 1773.

3. Donnés d'abord en extraits dans la *Bibliothèque universelle des romans*,
les *Abdéritains* ne furent traduits en entier qu'en 1802 par Grifet de la
Baume.

4. Né en 1758 à Brunswick, d'abord précepteur dans la maison du
colonel de Thadden à Halle, il devint, en 1789, aumônier de son régiment,
emploi qu'il conserva jusqu'en 1801.

aimait à peindre. Les recueils, donnés sous le titre de *La toute-puissance de l'amour* et de *Tableaux du cœur humain*, étaient en cours de publication quand Duvau arriva en Allemagne. Un écho des théories de Rousseau devait lui plaire dans *L'homme de la nature*, une des nouvelles du second recueil. Le roman de *Claire Duplessis et Clairant*, emprunté à l'histoire de l'émigration, eut sans doute encore plus d'attrait pour lui ; il y retrouvait des descriptions de scènes de détresse, analogues à celles dont il avait été témoin lui-même dans son exil (1). Les problèmes sociaux agités dans la *Vie et faits du baron de Flaming* ne lui offraient pas moins d'intérêt. On ne doit pas être surpris aussi qu'il ait eu l'idée de traduire quelques-unes des œuvres d'un écrivain dans la lecture duquel il trouvait tant de charme et d'instruction. Durant les beaux jours de l'été de 1796, il consacra les heures de loisir qu'il passait au milieu du parc ducal à traduire deux des Nouvelles de *La Toute-puissance de l'Amour* — *Amour et Estime* et *La Harpe*. Il avait fait cette traduction pour son plaisir ; mais il songea bientôt à en tirer parti, et offrit à Gessner de la publier (2) ; seulement, comme les deux nouvelles réunies formeraient un trop petit volume, il lui proposait d'y joindre une autre nouvelle, *Idda de Toggenbourg*, tirée des *Contes moraux*, autre recueil du romancier. Il s'engageait même, si l'entreprise pouvait lui être agréable, à traduire quelques autres œuvres de Lafontaine, persuadé qu'elles ne pourraient manquer d'avoir du succès en France. Duvau avait raison : pendant plus d'un tiers de siècle, les romans du fécond écrivain devaient trouver chez nous des lecteurs et des admirateurs ; presque tous ont été, quelques-uns même à plusieurs

3. Lettre à Lafontaine du 20 août 1798.
1. Lettre du 14 novembre 1796, déjà citée.

reprises, traduits dans notre langue (1), mais ce n'est pas à Zurich qu'ils furent publiés, ni qu'il fallait essayer de les faire paraître. Gessner le comprit; aussi n'accepta-t-il pas le projet de traduction de Duvau, pas plus, il semble, que celui d'une publication toute différente que lui fit en même temps le jeune émigré.

Les traductions qu'il avait entreprises ne pouvaient suffire au besoin de production qui animait alors Duvau ; l'esprit hanté par les lectures qu'il venait de faire, il eut l'idée d'écrire, lui aussi, une espèce de nouvelle ou de conte moral « dans le goût de Florian ou de La Fontaine, s'il osait lever les yeux jusqu'à ces grands hommes ». « Il s'y trouve, écrivait-il à Gessner (2), diverses scènes que votre respectable père (3), cet inimitable grand homme, m'a inspirées. Jusqu'à présent je n'ai lu cette œuvre qu'à quelques personnes, qui en ont paru assez contentes ; j'attends encore le jugement de quelques autres, et veux la montrer à M. W.. — Wieland, sans doute — vous pourriez vous régler d'après son avis, au cas où ma proposition ne vous déplairait pas. » L'œuvre de Duvau ne fut pas favorablement accueillie par Gessner, et sa nouvelle resta, comme ses traductions de Lafontaine, dans son portefeuille. Mais cet échec ne découragea pas l'infatigable travailleur qu'il était, et ne ralentit en rien son ardeur. Seulement il renonça à composer une œuvre originale et revint au projet d'entreprendre quelque nouvelle traduction. La lecture des *Morgenbesuche*, que lui avait prêté Knebel, et le plaisir qu'elle lui donna lui en suggéra l'idée ; mais trouverait-il en Allemagne

2. I.-G. Grüber, *August Lafontaine's Leben und Wirken*, Halle, 1833 in-12, p. 433-441.

3. Lettre du 14 novembre 1796.

4. L'auteur alors si célèbre des *Idylles* et de la *Mort d'Abel*.

un éditeur qui voulût accepter son œuvre (1) ? Ce
doute le fit hésiter et il renonça à ce travail, mais ce
fut pour en entreprendre un autre tout différent ; il ne
s'agissait plus cette fois de traduire un ouvrage allemand en français, mais un ouvrage français en allemand, et cet ouvrage n'était autre que l'*Adolphe* (2) de
Mounier publié deux ans auparavant ; cependant il
semble que Wieland, et non sans raison, le dissuada
de mettre à exécution ce projet (3) qui ne dut guère
plus sourire à Mounier lui-même, et la chose en resta
là. Ce ne fut pas toutefois le seul projet de traduction
de français en allemand formé par Duvau.

Dans la liasse X, des « *Papiers Mounier* » qui renferme la correspondance et divers essais de Duvau,
on trouve une traduction en allemand d'un des contes
moraux de Marmontel « *L'Heureux divorce, die gluc-
liche Ehescheidung* ». Dans quel but avait-il traduit
cette nouvelle ? Etait-ce comme il le fit plus tard pendant son séjour à Leipzig en 1803-04, pour la publier
dans quelques revues allemandes ? Il m'est impossible
de le dire. Mais il songea à traduire des pièces de théâtre
dans la pensée qu'il pourrait peut-être les faire jouer
sur une scène allemande.

Dans sa lettre du 14 novembre à Gessner, il priait
son correspondant de lui procurer le *Portefeuille d'un
homme de goût*, (4) ainsi que la suite, s'il y en avait une
des *Lettres à Emilie sur la Mythologie* de Demoustier (5)

---

1. *Briefe an Böttiger*, t. X L, n° 43 s. d.

2. *Adolphe ou Principes élémentaires de doctrine et résultats de la plus
cruelle des expériences.* Londres, 1795, in-12.

3. *Briefe an Böttiger*, t. X L, n° 61, s. d.

4. *Le Portefeuille d'un homme de goût, ou l'Esprit de nos meilleurs poètes,*
est de l'abbé Jos. de la Porte; il fut publié en 2 volumes, en 1765 et en 3
volumes en 1770, à Amsterdam et Paris.

5. Demoustier (Charles-Albert), né en 1760, auteur de nombreuses
pièces de théâtre. Les *Lettres sur la mythologie* renferment six parties,
dont la dernière ne parut qu'en 1798.

— il n'en avait que quatre parties. Il semble
avoir eu pour cet auteur une grande prédilection, en particulier pour son théâtre, et parmi les
pièces écrites par Demoustier, il en est une, le *Conciliateur* (1), qui attira alors son attention, et sous le
charme qu'il ressentit de la lecture qu'il en avait faite,
il crut qu'une traduction de cette comédie pourrait
être jouée sur une scène allemande. Toutefois avant
d'entreprendre ce travail il consulta Gœthe, directeur,
on le sait, du théâtre de Weimar, et il lui envoya la
pièce de Demoustier (2) ; mais comme s'il eût eu des
doutes — et ils auraient été fondés — sur la valeur de
cette comédie, il ajouta dans le billet joint à l'envoi :
« Si vous vous souveniez de quelque autre pièce d'un
de nos auteurs comiques, dont il serait possible de
tirer quelque chose, je vous prierai, Monsieur le
Conseiller, d'avoir la bonté de m'en faire part. (3) »

Gœthe se borna, il semble, à parcourir la comédie
de Demoustier, et il fut frappé des difficultés qu'en
pourraient présenter la traduction et la représentation :
« Si la grâce des vers français, écrivait-il à Duvau le
31 janvier, peut passer dans la prose allemande, on
ne saurait douter du succès. On ne peut prévoir, il
est vrai, comment une œuvre, qui nous est à tant d'é-
gards étrangère, sera accueillie par un public aussi
différent. J'espère prochainement vous en dire plus
long de vive voix. (4) » Duvau ne se laissa pas arrêter
par les scrupules de Gœthe ; il se mit à l'œuvre, et
trois mois après, il soumettait sa traduction au poète ;

1. La pièce du *Conciliateur* avait été jouée sur le Théâtre Français
le 20 septembre 1791.

2. Fernand Baldensperger. *Gœthe et les émigrés français à Weimar*
(*Revue Germanique*, t. VII, 1911, n° 1, p. 14).

3. *Gœthe und Schiller archiv. Revue germanique*, ibidem, t. VII, p. 14.

4. *Papiers Mounier*, liasse A, 5 bis. *Revue d'histoire littéraire de la France*,
4ᵉ année (1897), n° 1, p. 126.

elle fut loin de le satisfaire entièrement. « Sans de grands changements dans le fond et la forme, remarquait-il dans un billet du 4 mai en lui renvoyant son manuscrit, elle ne pourrait être représentée sur notre théâtre, et, autant que j'en puis juger, sur n'importe quel autre théâtre allemand. Je le regrette, car j'aurais souhaité que vous en puissiez retirer plaisir et profit (1).

La remarque de Gœthe était juste ; car la pièce de Demoustier représente des mœurs tellement françaises ; des personnages comme celui des deux tantes, on pourrait dire aussi ceux des deux prétendants, ont un caractère si conventionnel qu'ils n'auraient pu guère être goûtés par un public allemand. Duvau, on pourrait le croire, eut lui-même des doutes sur l'intérêt dramatique de la pièce qu'il venait de mettre en allemand : « ma traduction est faite, écrivait-il je crois à ce sujet, (2) à Böttiger ; j'attends tranquillement quelle en sera la fortune. Mais j'ai fait tant de châteaux en Espagne......, s'il en résulte quelque chose, cela me fera plaisir de vous le devoir ; et sans se laisser abattre il continuait en disant à Böttiger qu'il ne manquerait pas de travail jusqu'à ce qu'il eût sa réponse et lui annonçait qu'il attendait le *Vieux Célibataire.* Il

---

1. *Papiers Mounier*, liasse A, 5 *bis*. — *Revue d'histoire littéraire.* Ibidem. J'avais cru d'abord que les deux billets de Gœthe étaient adressés à Mounier et non à Duvau. Un nouvel examen des *Papiers Mounier* en 1905 m'a montré que ces deux billets étaient en réalité adressés à l'émigré tourangeau et non à l'ancien constituant.

2. *Briefe an Böttiger*, t. X L, n° 60, s. d. Le numéro de ce billet, s'il était à sa place, pourrait faire croire qu'il s'agit de la traduction de la *Macrobiotique* de Hufeland ou même de la traduction d'un autre ouvrage énigmatique dont il sera question dans le chapitre suivant et non de celle du *Conciliateur* de Demoustier. Mais la mention de la comédie de Collin d'Harleville m'a fait supposer que ce billet a été écrit à l'époque où Duvau s'occupait de traduction en allemand de pièces françaises, et non à l'époque où il avait renoncé à ce genre de travail.

s'agit de la comédie de Collin d'Harleville (1) qu'il se proposait peut-être, de traduire — et il ajoutait : « Je vous communiquerai cette pièce dès que je l'aurai reçue ».

Je ne sais si Duvau traduisit le *Vieux Célibataire*, j'ignore également ce qu'est devenue la version du *Conciliateur* car elle ne se trouve pas dans les *Papiers Mounier* ; mais il y a dans ces derniers, la traduction d'une comédie tout autre : « *l'Homme inconsidéré* » — *Der unbedachtsame Mann* de Philippe de Ségur, représentée sur le théâtre de l'Ermitage. (2) Cette traduction fut-elle soumise à Gœthe ? A quelle époque a-t-elle été faite ? Est-elle même l'œuvre de Duvau ? Cette circonstance que l'écriture paraît être celle d'Edouard Mounier et que de place en place des corrections sont faites au texte par une autre main, pourrait faire supposer qu'elle est l'œuvre non de Duvau mais de son élève. Quoiqu'il en soit, la traduction du *Conciliateur* montre à quel point le jeune émigré cherchait partout les moyens à se procurer des ressources pour vivre. Ses amis et ses protecteurs de leur côté s'efforçaient de lui en trouver. Quelque temps auparavant, Gœthe, preuve de la sincérité des regrets qu'il exprimait à la fin de son billet du 4 mai et de l'intérêt véritable qu'il portait au jeune émigré, avait essayé de lui procurer une place — on ignore quelle en était la nature — à Iéna (3) ; c'est ce qui semble résulter d'un billet écrit par Duvau au poète dans lequel, en lui envoyant les *Lettres à Emilie sur la mythologie*, il remerciait Gœthe de sa tentative, l'assurant que

---

1. Le *Vieux célibataire* avait été joué le 24 février 1792.

2. *Papiers Mounier*, liasse J, n° 17. — *Revue d'histoire littéraire*, 12ᵉ année (1905) n° 3, p. 500. — L'*Homme inconsidéré* a été publié l'an VII à Paris, avec 4 autres pièces du même Ségur, jouées en 1787 et 1788.

3. *Gœthe und Schiller archiv*. janvier ou février 1797, n° 49. *Revue germanique*, t. VII, p. 15.

quelque chose qu'il en arrivât, il lui en aurait toujours la plus vive reconnaissance.

Cette tentative malheureusement devait échouer ; il en fut de même d'une démarche que fit vers la même époque Böttiger en faveur du jeune émigré. Depuis l'année précédente le célèbre érudit était en relation avec Millin (1) ,auquel il envoyait des articles pour le *Magasin encyclopédique*, restauré par l'actif archéologue. Duvau qui ne l'ignorait pas, lui avait demandé, quand il eut le projet de traduire les *Morgenbesuche*, de consulter Millin à ce sujet, mais Böttiger, qui savait que le *Magasin* ne publiait pas de traduction, ne crut pas devoir en parler. Il fit mieux ; persuadé que Duvau, grâce à sa rare connaissance de l'allemand, pourrait être un **collaborateur** utile pour la nouvelle Revue, il le recommanda à Millin.

Il y a ici, écrivait-il à l'érudit, le 12 février 1797 (2), un Français d'un talent réellement unique, qui possède notre langue on ne peut pas mieux, traducteur habile des œuvres choisies de M. Wieland... Ce jeune homme qui se nomme Du Vau pourrait être employé à faire des extraits, des traductions et des notices, qui entrent dans votre plan. Il travaillerait sous mes yeux et dirigé par mes conseils. Mais il ne vit pas dans l'abondance, et ne pourrait s'y appliquer sans une gratification proportionnée de la part de la rédaction de votre journal.

Mais Millin avait grand'peine à faire vivre le *Magasin* ; aussi quelque prix qu'il attachât à l'offre que lui faisait Böttiger au nom de son protégé, il répondit (3) que « pour le moment du moins » il ne pouvait l'accueillir. « Dès que je serai assuré, ajoutait-il, de la rentrée des frais d'impression, je m'empresserai d'accepter la proposition de M. Duvau, que je prie de vouloir

1. Charles Joret, *Millin d'après sa correspondance avec Böttiger*, Paris, 1902, in-4°, p. 7.

2. *Briefe an Böttiger*, 131, n°(103). J'ai modifié un peu à l'occasion le français par trop incorrect de Bottiger.

3. Lettre du 3 mars 1797, *Briefe an Böttiger*, 131, n° 3 (104).

bien me conserver sa bonne volonté. Dites-lui que
j'ai lu sa traduction de Wieland et que je vais l'annoncer
(1). Millin cherchait ainsi à adoucir par cette promesse
l'amertume du refus qu'il était obligé de faire au jeune
écrivain.

Duvau supporta ce nouvel échec avec sa résignation
habituelle ; il n'était d'ailleurs pas sans ressources ;
il donnait, je l'ai déjà dit, des leçons dont le produit
suffisait à ses besoins. Il se consolait aussi en continuant
ses études et dans la pensée que grâce à ses protecteurs
il finirait par trouver quelque occupation plus en
rapport avec son mérite. La démarche de Gœthe dont
j'ai parlé plus haut, comme celle de Böttiger auprès
de Millin, lui prouvait l'intérêt réel qu'ils lui portaient
l'un et l'autre. Il savait aussi qu'il pouvait compter
sur le bienveillant appui de Wieland, et ne pouvait
douter de l'attachement de Knebel ; mais les soucis
que causait au « major » son projet de mariage avec
l'actrice Louise Rudorff (2) et l'opposition que cette
union rencontrait de la part de ses amis et des siens
ne lui permettaient guère d'être utile aux autres, et
son départ de Weimar en juin 1797 vint priver Duvau
d'un ami aussi cher que dévoué.

Mais le jeune émigré avait d'autres bienfaiteurs.
La sympathie qu'à son premier voyage il avait inspirée
à la Duchesse mère ne s'était pas démentie. Anne-
Amélie lui témoigna après son retour à Weimar la
plus affectueuse amitié. Elle l'admit dans son intimité
et dans la société de ses écrivains favoris : Knebel,
Wieland, etc. Dans un billet malheureusement non

1. Millin, évidement, voulait dire « Je vais en rendre compte » il l'avait
annoncé en effet dès le mois d'avril 1796. Le compte-rendu parut, on l'a
vu plus haut, dans le deuxième volume de cette seconde année, c'est-à-dire
en mars 1797.

2. H. von Knebel Dœberitz, *Karl Ludwig von Knebel*, p. 89.

daté, (1) mais antérieur au milieu de 1797, Duvau
annonçait à Böttiger « son cher voisin » qu'il dînait chez
la Duchesse mère et le priait, s'il voyait ses élèves, de
leur dire qu'il ne pourrait leur donner de leçon à
quatre heures. La veille il avait passé la soirée chez la
duchesse avec Knebel et von Einsiedel, il avait lu
des vers à Olympia, et avait eu plus de succès qu'il ne
l'espérait .«A Weimar, remarquait-il, on estime les
choses plus qu'elles ne valent. » Wieland qui était
invité, avait été empêché de venir par des maux d'yeux
et de poitrine et il l'en avait averti par un billet aussi
sprituel qu'aimable. Dans un autre billet également
non daté (2) Duvau informe Böttiger qu'en le quittant
la veille, il avait trouvé une invitation de Mlle de
Gœchhausen pour passer la soirée chez la Duchesse ;
cette fois Wieland s'y trouvait et, comme Duvau
voulait parler d'*Adolphe* qu'il avait eu dans un moment
malheureux l'idée de traduire, Wieland l'arrêta en
lui disant : « Je sais ce que vous voulez dire, etc.
Mounier est de retour ici ». Duvau, on le voit, ne
vivait pas isolé ni sans relations à Weimar, et la mention
qu'après son départ il fait dans plusieurs lettres de
quelques-unes des femmes les plus distinguées de
la société de Weimar, montre que, s'il ne fréquentait
pas chez elles, il les connaissait du moins et les avait
rencontrées plus d'une fois ; nous le verrons, d'ailleurs,
en correspondance avec l'une d'elles, Mme de Schardt.
On ne peut douter non plus qu'il n'ait entretenu des
relations avec d'autres écrivains que ceux dont je viens
de parler ; avec Herder, par exemple, qui lui avait,
lors de son premier voyage à Weimar, témoigné un

---

1. *Briefe an Böttiger*. t. X L, nº 54, s. d.

2. *Briefe an Böttiger*, t. X L, nᵣ 61, s. d. Je serais tenté de croire que ce
billet a été écrit vers le mois de juillet 1797, après le retour du voyage de
Mounier à Dresde.

si vif intérêt et qu'il dut rencontrer plus d'une fois
chez la duchesse Amélie. On peut en dire autant de
Jagemann. Il ne put manquer aussi — un billet, dont
je parlerai plus loin, le prouve d'une manière incon-
testable — d'être en rapport avec Bertuch, l'ami de
Böttiger, et qui, comme celui-ci, s'était lié intimement
avec Le Chevalier (1), quand cet helléniste vint en
1793 à Weimar. On peut affirmer aussi que Duvau
fit la connaissance de quelques-uns des écrivains
qui venaient visiter Weimar. Dans une lettre d'une
date postérieure (2) il parle d'un long entretien qu'il
eut, dans l'été 1796, avec Alexandre de Humboldt sur
l'Amérique. On ne peut douter non plus que, s'il n'eut
guère de relations avec eux, il n'ait connu du moins
les frères Schlegel, dont l'aîné, Auguste-Guillaume,
professa à Iéna de 1796 à 1801.

Mais ce n'est pas seulement avec les écrivains de
Weimar ou ceux qui y étaient de passage dans cette
ville que Duvau entretint des relations, il en eut aussi
avec les écrivains ou les savants de Iéna. Il semble bien
être allé dans cette ville dès le premier temps de son
installation en Saxe, où Griesbach, dit Bélanger (3)
qui tenait sans doute ce renseignement de la bouche
même de Duvau, l'accueillit « comme un enfant ».
Sa maison hospitalière était le rendez-vous des écrivains et des savants non seulement de Iéna, mais encore
de Weimar (4). Duvau y put faire la connaissance de

---

1. Charles Joret, *Un «helléniste-voyageur» normand, J.-B. Le Chevalier,
d'après sa correspondance avec Böttiger*. Paris 1903, in-8°, p. 14.

2. Lettre du 6 avril 1808 ; *Briefe an Böttiger*, t. X L, n° 29.

3. Griesbach (Johann.-Jacob), célèbre théologien, né en 1745 ; après
avoir voyagé en Hollande, en Angleterre et en France, il devint professeur à l'Université de Holle, d'où il passe en 1775 à celle d'Iéna.

4. Robert Springer, *Anna-Amalia von Weimar und ihre poetische Tafe-
lrunde*. Berlin, s. d. in-8°, t. II, p. 99.

quelques-uns des professeurs les plus distingués de
la célèbre Université : Schutz, l'éditeur d'Eschyle,
Schiller, qui demeura quelque temps chez Griesbach,
le philosophe Reinhold, gendre de Wieland, Hufeland,
dont il traduira la *Macrobiotique*, etc. On comprend qu'il
aima à aller dans une ville où il était sûr de rencontrer
toujours une affectueuse réception. Nous le verrons
y faire d'aussi fréquentes visites que le lui permettaient
ses occupations, et, quand il ne pouvait s'y rendre, il
chargeait Böttiger de ses commissions auprès de
Griesbach et de ses autres amis, se chargeant en retour,
de faire les siennes à l'occasion. C'est ainsi que dans un
billet non daté, mais que je suis tenté de faire remonter
à l'année 1797 (1), on le voit demander à son ami, s'il
va à Iéna — pour lui, il ne savait quand il pourrait
s'y rendre — de vouloir bien faire ses compliments
à M. Griesbach et à M. Schutz, et de reporter à ce
dernier le *Lessing* qu'il lui avait prêté.

C'est grâce à sa correspondance avec Böttiger que
nous connaissons ces relations de Duvau. Dans les
nombreux billets qu'il lui adresse à cette époque, il
le tient au courant, pendant deux ans, de tout ce qu'il
fait ou projette ; il ne lui arrive rien d'important
qu'il ne l'en informe aussitôt. On est surpris aussi de
ne trouver dans aucun de ces billets la moindre allusion
à un épisode de sa vie resté jusqu'ici inconnu, épisode
que le mauvais état des lettres qui s'y rapportent —
on n'en a que le brouillon incomplet et écrit en abrégé —
permet à peine d'entrevoir. « On s'amuse ici à me marier
tantôt avec l'une, tantôt avec l'autre », écrivait de
Dresde, le 2 mars 1797, Mounier à son beau-frère (2),
et pourtant il était veuf et avait trois enfants. Duvau,

1. *Briefe un Böttiger*, t. X L, n° 51.

1. Comte d'Hérisson, *Girouettes politiques, Un constituant*, Paris, 1892,
in-12, p. 215.

jeune, aimable, dut être sans doute bien autrement
recherché à Weimar. Songea-til à s'y marier (1) ?
Je ne saurais le dire ; mais, vers la fin de la seconde
année de son séjour, il ressentit un amour partagé,
dont rien malheureusement ne nous fait connaître
l'objet (2) ; mais des fragments informes d'une correspondance qui va du 10 octobre 1797 au mois de janvier
1798, nous en laissent deviner le caractère tendre et
passionné (3).

1. Son frère aîné venait de se marier en Allemagne, et, on le verra, assez
mal. v. plus haut, p. 4.

2. Son amoureuse s'appelait L..., Louise et Lotte (Charlotte), *Papiers
Mounier*, liasse X, cote 1 *bis*.

3. « Vergiss m(ein) nicht, meine theure L.(nur wünsche ich dich glücklich zu wissen, d(ich) glücklich zu machen. Lebe wohl, gute L., ein
lieb(evoller) Handedruck. »   La tendresse du cœur de Duvau était-elle
connue ? Böttiger, qui n'hésitait pas à dire en arrière du mal de ceux même
qu'il comblait le plus d'éloges dans sa correspondance, rapporte que Wieland ne voulait pas faire du chevalier Duvau *un ami de la maison*, car,
disait-il, j'ai de grandes filles et les Français sont des diables. (*Literariche
Zustande*, t. I, p. 165).

CHAPITRE III

L'INSTITUT DU BELVÉDÈRE

(Septembre 1797 — Septembre 1801)

Tandis que se déroulait cette idylle sentimentale
et mystérieuse, une vie nouvelle commençait pour
Duvau. Son existence incertaine et précaire avait pris
fin et il avait trouvé une situation modeste, il est
vrai, mais stable et qui le mettait à l'abri des soucis du
lendemain. Au printemps de 1796, Mounier avait, pour
subvenir à ses besoins et à ceux de sa famille, songé
à fonder à Weimar un établissement d'enseignement
supérieur. (1) Il s'en ouvrit au duc qui se montra
favorable à ce projet et promit une partie de sa résidence du Belvédère pour y installer cet « institut » (2)
Le 12 avril, Mounier fit paraître le programme d'enseignement qu'il se proposait d'y donner. Mais entre
temps la guerre avait repris entre la France et l'Autriche, et l'émotion que la marche des armées de

---

1. Lettre de Mounier à son beau-frère, du 25 mars 1796, Le comte
d'Hérisson, *Les girouettes politiques*, p. 205.

2. Archives de Weimar, *Acta*, B. 475, a, n°s 1, 2, 3.

Jourdan et de Moreau causa en Allemagne et hors
de l'Allemagne, fit penser à Mounier que le moment
n'était guère propice pour inaugurer une école destinée
surtout à des étrangers, et il en remit l'ouverture à
des temps meilleurs. Au mois de novembre il quitta
même Weimar et se retira à Dresde où il passa l'hiver
et le printemps suivant (1). Mais il n'avait pas abandonné son projet ; il le reprit vers le milieu de l'année
1797. Le duc ne s'y montra pas moins favorable que
l'année précédente ; il écrivit au chambellan de Wolzogen de s'entendre avec Mounier. Peu de temps après,
celui-ci revenait à Weimar. Au bout de quelques
jours, tout fut réglé, et les derniers préparatifs furent
bien vite terminés (2). Six élèves s'étaient déjà annoncés
pour le mois de septembre ; l'Institut s'ouvrit à cette
date, et « commença à se peupler » (3).

Quelqu'étendues que fussent les connaissances de
Mounier, il ne pouvait à lui seul donner l'enseignement inscrit à son programme. Il lui fallait des collaborateurs. Il en trouva à Weimar, à Iéna, ailleurs encore,
professeurs ou savants, Allemands et étrangers, émigrés même : Jagemann, bibliothécaire de la Duchesse
douairière, Scherer, Privatdocent à l'université de
Iéna, l'helléniste, Matthiae de Göttingue, dont Böttiger
lui assura le concours (4), l'anglais Walker, l'ingénieur
Du Buat, Duvau enfin, auxiliaire désigné d'avance
dans une entreprise qu'il avait sans doute un des
premiers connue et approuvée, et au succès de laquelle

---

1. *Papiers Mounier*, liasse A, cote 2. Itinéraires de voyages.

2. Archives de Weimar, *Acta*, ibid., n° 8 et 9.

3. Lettre de Charles-Auguste à Knebel du 23 septembre 1797. *Briefe
des Herzogs Karl August an Knebel und Herder*, von H. A. Düntzer,
Leipzig, 1883, in-8°, p. 107, note 3.

4. Lettre de Mounier à Böttiger du 2 mars 1798. *Briefe an Böttiger*,
t. 134, n° 2.

il devait, en venant se fixer au Belvédéré (1) puissamment contribuer. Mounier s'était réservé l'enseignement de l'histoire et de la philosophie; il joignit un cours sur le droit public. Jagemann enseigna l'italien Matthiae le grec et l'allemand, Walker l'anglais, Scherer professa l'histoire naturelle, la physique et la chimie, Du Buat les mathématiques et un cours sur l'art de la fortification. Duvau se chargea du latin qu'il possédait à fond grâce aux excellentes humanités qu'il avait faites au Collège Duplessis, et du français, (2) à l'enseignement duquel il s'était préparé avant même son arrivée à Weimar, et dont il donnait déjà des leçons depuis longtemps.

On ne peut douter que Duvau n'ait rempli les fonctions qu'il avait ainsi assumées, avec sa conscience et son zèle habituels. On ne doit pas moins penser qu'il fut un maître doux et aimé. L'affection, que lui témoigna toute sa vie son élève Edouard Mounier, en est une preuve manifeste ; mais c'est à peu près tout ce qu'on peut dire de son enseignement. Les quelques notes éparses dans les *Papiers Mounier* — remarques sur la langue française, explications d'expressions latines — ne sont pas suffisantes pour nous apprendre de quelle manière il le comprit et comment il le donna. Quant aux extraits, analyses, commentaires, etc, qu'on rencontre dans ces mêmes *Papiers*, et dont plusieurs au moins semblent bien être de la main de Duvau, ils

2. Dans une des lettres à (Louise) citées plus haut, Duvau parle d'une excursion à la ville, c'est-à-dire à Weimar, preuve qu'il n'y demeurait pas, et une note sur la botanique contenue dans la liasse J des *Papiers Mounier* parle d'une plante observée « dans le jardin de M. Duvau au Belvédère », Il devait donc y résider. Divers passages de la correspondance de Duvau avec Böttiger prouvent d'ailleurs que depuis la fin de 1797 il n'habitait plus Weimar.

3. P. von Bojanowski. *J.-J. Mounier. Ein franzosischer Parlementarier in Weimar. (1795-1801). (Deutsche Rundschau)*, t. XXIII, 1897, p. 256.

durent être destinés non à ses cours, mais à ses travaux personnels.

Avec quelque soin que Duvau remplit les devoirs de sa profession, ils ne pouvaient absorber tout son temps, ni satisfaire son inlassable activité. Il employait les loisirs qu'ils lui laissaient à poursuivre, en les élargissant, les études qui l'occupaient depuis son arrivée à Weimar et celles qu'il entreprit après son installation au Belvédère.

Il avait une curiosité d'esprit trop grande, il était trop avide de s'instruire, pour ne pas prendre intérêt aux recherches de ceux qui l'entouraient. Nous le verrons, six ans plus tard, suivre des cours de l'Université de Leipzig, pour compléter, disait-il, son éducation insuffisante. Il dut faire quelque chose d'analogue à Weimar, et s'associer aux recherches des savants et des amis au milieu desquels il vivait. On y parlait et on s'y occupait beaucoup du système de Kant. A Iéna, Reinhold, le gendre de Wieland, s'était donné pour mission de le vulgariser ; Schiller y avait puisé les éléments d'une esthétique nouvelle ; Herder s'apprêtait à le combattre ; en 1797, Mounier envoyait au *Magasin encyclopédique* une *Lettre sur la philosophie du penseur de Kœnigsberg* (1), lettre que Millin s'empressa de publier, encore qu'il n'en connût pas l'auteur (2). Il n'est pas téméraire de croire que Duvau lui aussi voulut s'initier en partie à cette philosophie — les extraits des écrits de Kant que l'on trouve dans ses *Papiers* (3), autorisent à le penser. Mais il n'eut pas le dessein de l'étudier à fond, et il ne s'en occupa jamais dans la suite.

1. *Magasin encyclopédique*, 3e année, 1797, t. v, p. 409.

2. Lettre de Millin à Böttiger, février 1798. *Briefe an Böttiger*, t. 131, nr 15.

3. *Papiers Mounier*, Liasse X, cote 1 et 1 *bis*.

Il est un autre genre d'études, au contraire, qu'il aborda seulement à cette époque, l'étude de la botanique, et qu'il cultiva avec passion jusqu'à la fin de sa vie Dans la notice qu'il lui a consacrée, Charles Bélanger (1) dit que Duvau prit le goût de la botanique à Genève, pendant son séjour dans la maison du docteur Odier. C'est là une affirmation qui est contredite par les faits ; nous verrons en effet Duvau, un an avant son départ pour Genève, pendant son séjour à Leipzig, s'occuper avec ardeur de recherches botaniques. Ce ne fut donc pas à Genève qu'il avait pris le goût de cette science ; c'est plutôt et, je crois, pendant qu'il était au Belvédère, qu'il en commença l'étude. Mounier, de bonne heure, s'était occupé de botanique. Dans une lettre de Berne datée du 3 juin 1793, le prince de Salm disait de lui : « qu'il n'ignorait rien depuis le cèdre jusqu'à l'humble fougère » (2) Mounier continua ses études de botanique en Saxe, où l'attrait d'une flore en partie nouvelle, l'encourageait à les poursuivre. Les liasses A et J des *Papiers Mounier* contiennent des notes relatives à la botanique, attribuées par le catalogue à Edouard Mounier et dont plusieurs sont de lui, mais qui, prises sous la direction ou plutôt sous la dictée de son père (3), nous montrent que l'ancien constituant continuait pendant son exil de se livrer à une étude qui lui était chère, et avait tenu, malgré son jeune âge, à y initier son fils (4). Vivant dans l'intimité de Mounier, associé

1. Notice nécrologique, p. 4 (*Bulletin des sciences naturelles*, p. 79).

2. Comte d'Hérisson, *ibid.*, p. 161.

3. Les observations botaniques faites à Dresde ne peuvent guère être attribuées au jeune Edouard Mounier, mais à son père.

4. Edouard Mounier resta fidèle au goût pour les recherches botaniques que lui avait inspiré son père ; en 1807-1808, alors qu'il était gouverneur de la Silésie, on le voit, malgré les soucis du pouvoir, herboriser aux environs de Breslau et, dans la cote 5 de la liasse E, il est question d'observations botaniques faites en 1839 dans un bois des environs de Dijon.

à ses travaux et à ses pensées, il était inévitable que
Duvau ne prît pas goût à une des études de prédilection
de celui qu'il regardait comme son maître et son guide.
C'est aussi à l'époque de son séjour au Belvédère
qu'il faut, je crois, faire remonter les premières études
de botanique de l'émigré tourangeau ; quel en fut
alors l'objet ? Il est impossible de le dire, mais elles
se bornèrent sans doute tout d'abord à apprendre les
éléments de la classification et à faire, quelques herborisations, soit seul, soit en compagnie de Mounier. Il est
probable toutefois qu'il n'ajoutait pas à ces recherches
une très grande importance puisqu'il n'en parle
jamais dans les lettres qu'à cette époque il adressa à
Bottiger. Il l'entretenait sans cesse au contraire de
ses lettres, de ses études historiques ou littéraires.

C'est ainsi qu'un jour il lui demande de lui envoyer
une traduction de Tacite, « n'importe en quelle langue
que ce soit, dit-il, pourvu que ce ne soit pas en hébreu,
mais de préférence en allemand, ou le texte accompagné
de notes ». (1) Peut-être avait-il besoin de ce Tacite
pour son enseignement. Un autre jour, il le prie de
lui envoyer, s'il le possède, l'ouvrage de Meiners
relatif à la Grèce ; il s'agit on peut le croire, de *l'Histoire
de l'origine, des progrès et de la décadence des arts et des
sciences dans la Grèce*. Dans une autre lettre, il lui
avait déjà demandé le second volume des œuvres de
cet historien (2). On a là une preuve que les études
historiques ne lui étaient pas indifférentes. Les extraits des *Idées sur la philosophie de l'histoire de l'humanité* de Herder qu'on trouve dans ses *Papiers* (1),
en sont un autre preuve non moins frappante ; mais

---

1. *Briefe an Böttiger*, t. X L, billet n⁰ 44, s. d.

2. *Briefe an Böttiger*, t. X L, n° 49, s. d. et n⁰ 6, lettre du mois de mars
1799.

1. Papiers Mounier, liasse X, cote 1.

la littérature allemande n'en était pas moins restée l'objet de ses études favorites. Dans un billet d'une date inconnue il prit Böttiger de lui prêter *Gœtz de Berlichingen*, le livre favori, il l'avait remarqué, de Mlle de Knebel (1), qu'il « ne voulait pas en priver plus longtemps ». Dans une autre lettre, probablement postérieure, il demande à l'érudit de lui envoyer, s'il l'a sous la main, le *Sempronius Gundibert* de Nicolaï (2), et l'entretient du plaisir que lui avait causé la lecture des poésies d'Utz et de l'admiration qu'elles lui avaient inspirée (3).

Mais il est question de bien autre chose dans les billets que Duvau écrivait du Belvédère à Böttiger ; tantôt il lui demande de la part de Mounier, si le diplomate Caillard, qui, en rentrant de Berlin en France, s'était arrêté à Weimar, était encore chez eux, tantôt il lui apprend le retour de Mounier qui avait dû faire quelque excursion dans le voisinage (4). Il le tient au courant de ses affaires, des nouvelles qu'il reçoit maintenant des siens dont jusqu'ici nous ne savions rien ; ainsi nous apprenons par un billet malheureusement toujours non daté que son père et sa mère vivent pauvrement retirés en Bretagne ; en mars 1798 il l'informe qu'il a reçu de sa sœur une lettre qu'il a lue, dit-il, plusieurs fois et qu'il lui communiquera ; il la lui envoie, en effet, avec un billet dans lequel il lui dit que cette lettre le touchera (5). Dans ce billet

1. Henriette, sœur du poète, gouvernante de la fille de Charles-Auguste. (*Briefe an Böttiger*, t. X L., n' 56 sans date, mais probablement de 1797).

2. *Leben und Meinungen Sempronius Gundibert's, eines deutschen Philosophen* : Berlin 1798.

3. Lettre du mois de mars 1799. *Briefe an Böttiger*, t. X L, n° 6.

4. *Briefe an Böttiger*, t. X L, billet n° 52, du dimanche 8 juillet (1798), car c'est en cette année que le 8 juillet fut un dimanche, n° 61 s. d.

5. *Briefe an Böttiger* t. X L, n° 5, (du mois de mars 1798) ; billets n' 53 et 57, s. d.

Duvau entretenait aussi Böttiger de son compagnon de Bocholt, « son frère », comme il l'appelait, — M. de Préseau (1) — dont il vantait à son ami le talent épistolaire : « Tout son esprit est dans son cœur. Depuis Cicéron jusqu'à Sterne et Rousseau personne n'a écrit de plus belles lettres. » Malheureusement Duvau ne nous apprend pas ce qu'était devenu cet ami si cher. Une autre fois il renvoie à Böttiger une foule de livres qu'il lui a prêtés, en s'excusant de les avoir gardés si longtemps ; ou bien il l'informe d'un prochain voyage qu'il doit faire à Iéna (2), ou encore il lui annonce qu'il ira un de ces jours le voir, s'il a la complaisance de lui accorder un quart d'heure ou quelque chose de son temps précieux. Une autre fois il lui demande s'il connaîtrait par hasard une occasion d'expédier de petits paquets à Paris, sauf, ajoute-t-il, à lui rendre à son retour le même service, ou bien (3) il lui annonce le voyage d'Edouard Mounier en France — voyage qui n'eut pas lieu — ce qui devait lui permettre de faire passer à Paris les paquets qu'il pourrait avoir a expédier. Ailleurs, (4) il revient, même sur un duel auquel le duc — il l'avait dit à Mounier — ne donnait aucune importance, mais qu'il regrettait seulement d'avoir vu se passer à sa cour, et à propos duquel il reprochait au maréchal du palais Eglofstein de n'avoir pas amené Seckendorf — car Du Manoir avait complètement raison — de faire des excuses.

Duvau, on le voit, n'avait pas de secret pour Böttiger ;

1. Serait-ce par hasard l'émigré pour lequel il demandait des renseignements à Böttiger, émigré qui aurait voulu donner des leçons d'escrime à Iéna ? (*Briefe an Bottiger*, t. X L, n° 47, billet s. d.).

2. « J'irai samedi à Iéna ». (Billet du dimanche 8 juillet 1798, déjà cité). — « Je vais demain à Iéna » (*Briefe an Böttiger*, t. X L, nᵣ 53.

3. *Briefe an Böttiger*, t. X L, n° 44 et 53, s. d.

4. *Briefe an Böttiger*, t. X L, nᵣ 46 (s. d.).

il en avait fait le confident de tous ses projets et de toutes ses pensées, il avait en lui une confiance qui n'avait d'égale que l'affection qu'il lui portait. On devine aussi l'intérêt qu'il prenait à tout ce qui touchait Böttiger. « J'espère, lui écrivait-il en mars 1798 (1), à la suite d'un froissement fait à l'amour-propre de l'érudit, que la douloureuse blessure que vous avez reçue, commence à se cicatriser. Les sympathies de vos amis, d'ailleurs, en adouciront l'amertume ».

On peut bien penser qu'il est question dans les lettres et les billets de Duvau, de ses amis de Weimar qu'il n'avait que des occasions assez rares de voir en particulier de Wieland, celui qui, depuis le départ de Knebel, lui était le plus cher après Böttiger. C'est ainsi par exemple qu'en mars 1798, (2) il demande à Böttiger des nouvelles de la santé du poète qu'on avait dit être malade — il espère bien que ce n'est qu'un bruit — que l'année suivante, il le prie, s'il a une occasion, de lui faire tenir un paquet à Osmanstadt résidence de Wieland depuis 1798. (3) Mais il est un ami dont il n'a pas été question, et qui doit nous arrêter un instant, tout inconnu qu'il est. C'est l'Ecossais James Macdonald. Ancien pensionnaire de Böttiger, Duvau avait dû le connaître dès les premiers temps de son séjour à Weimar et il semble s'être lié avec ce jeune étranger qui avait été comme lui l'ami de Knebel et en relations avec Herder et Gœthe. Depuis assez longtemps Macdonald avait quitté Weimar, en annonçant l'intention de se rendre peut-être en Amérique, et Duvau s'inquiétait de ce qu'il était devenu « Ne le reverrons-nous pas ici, ? écrivait-il à ce sujet à Böttiger. Je lui écrirai à Leipzig, Hambourg, Londres,

2. Lettre déjà citée.
2. *Briefe an Böttiger*, n° 5.
3. *Briefe an Böttiger*, n° 5 et 6, lettres de mars 1798 et de mars 1799.

etc. (1) » Böttiger s'empresse de lui répondre le 11 mars, et, après lui avoir donné des nouvelles de la santé de Mme Wieland, lui parle longuement de Macdonald, qui parcourant alors l'Allemagne, lui disait-il, pourrait bien aller voir Förster à Halle et repasserait peut-être par Weimar « Si, *Jupiter pluvius* ne déverse pas de nouveau son urne sur eux (2) ». Que devint Macdonald ? Nous l'ignorons (3). Mais nous ne pouvons douter, ses lettres le prouvent, que l'éloignement de cet étranger, jeune encore et distingué, dut être singulièrement pénible à Duvau ; il perdait en lui un ami de cœur auquel il était profondément attaché.

On voit, par ce qui précède, quels renseignements précieux, quoique incomplets, nous donne la correspondance de Duvau avec Böttiger sur les dix-huit premiers mois de son séjour au Belvédère ; elle nous fait pénétrer dans l'intimité de sa vie et nous laisse entrevoir les études auxquelles il se livra pour satisfaire son insatiable curiosité pendant les loisirs que lui laissa son enseignement, mais elle nous apprend aussi qu'à côté de ses études désintéressées, il entreprit vers ce temps des travaux de longue haleine et d'une véritable importance, dont quelques-uns sont restés jusqu'ici aussi ignorés que curieux.

Il était encouragé par ses amis de Weimar, en particulier par Böttiger ; celui-ci, on se le rappelle, avait

---

1. *Briefe an Böttiger*, t. X L, lettres 5.

2. *Papiers Mounier*, liasse X, cote 1, lettre de Böttiger du 11 mars 1798.

3. En mars 1799 Duvau annonce à Bottiger qu'il vient d'écrire à Macdonald une longue lettre, mais sans dire où elle était adressée. *Briefe an Böttiger*, t. X L, n° 6.

offert à Millin la collaboration de son jeune protégé pour le *Magasin encyclopédique*. Millin n'avait pu accepter, mais Böttiger ne renonça pas pour cela à faire de Duvau un critique littéraire. Les lettres qui, du 31 janvier au 13 décembre 1798, nous restent de lui (1) — ce ne sont pas les seules qu'il lui ait alors écrites (2) — nous montrent qu'il lui demandait son avis sur les ouvrages d'imagination récents. Il les lui faisait au besoin envoyer par les éditeurs et Duvau s'empressait de faire part à Böttiger des jugements qu'il en portait. Un des premiers qu'il eût ainsi à apprécier fut *Agnès de Lilien* de Mme de Wolzogen (3). Après avoir paru sous le voile de l'anonyme, dans les *Heures* de Schiller, et avoir fait sensation — on alla jusqu'à l'attribuer à Gœthe ; — ce roman, qui venait d'être publié (4) avec le nom de l'auteur, n'avait pas provoqué moins d'admiration. Duvau ne partagea point l'engouement dont il était l'objet ; on le voit par deux lettres où il exprime ouvertement à Böttiger son opinion sur cette œuvre à son avis trop vantée. Dans la première datée seulement de lundi soir (5) et adressée à « Monsieur l'Oberkonsistorialrath » après avoir dit que celui-ci avait une trop haute opinion de son jugement, il explique pourquoi le roman n'a pas répondu à son

1. *Papiers Mounier*, liasse X, cote 1 et 1 *bis*.

2. Il est question, dans la lettre du 31 janvier 1798, de remarques sur la 2ᵉ partie de *Flaming* ; cette lettre avait dû dès lors être précédée d'une autre ou même de plusieurs autres.

3. Caroline von Lengefeld, belle-sœur de Schiller, mariée d'abord à Herr von Beulwitz, divorcée presqu'aussitôt, avait épousé en 1796 Herr von Wolzogen.

4. Berlin, 1798, 2 t. in-8. Böttiger en annonçait l'envoi dans sa lettre du 31 janvier 1798.

5. *Briefe an Böttiger*, t. 231, n° 8.

attente et ce qu'il y trouve à blâmer et à louer (1),
et dans la seconde lettre du 27 avril 1798, (2) il motive
plus longuement le jugement qu'il porte sur le roman
de Mme de Wolzogen ; le caractère d'aucun des personnages ne lui paraît nouveau ou original ; les trois
héroïnes se ressemblent entre elles, ont toutes la même
faiblesse de cœur ; les hommes ne se distinguent pas
assez non plus les uns des autres ; Nodheim lui-même,
le personnage principal, n'a rien de vraiment grand .
Ce qui choque surtout Duvau, c'est l'invraisemblance
et le peu de tenue morale de certaines scènes — il en
donne des exemples ; — le style même de l'ouvrage
lui paraît médiocre, encore qu'on y trouve çà et là
des pensées fortes, des observations fines. « Je puis me
tromper, dit-il en terminant, mais je n'en persiste pas
moins dans mon sentiment. » Duvau fit plus. L'éloge
du roman de Mme de Wolzogen, éloge qu'un correspondant avait, sans craindre de contredire son ancienne opinion envoyé d'Allemagne à Paris, l'engagea à
revenir sur cet ouvrage et à confirmer, sur un
ton humoristique, les premières critiques qu'il
en avait faites. Cette fois c'est à l'héroïne prin-
cipale qu'il s'en prend ; il relève l'inconvenance de
certaines scènes où elle figure, par exemple sa rencontre
avec Nordheim, les promenades nocturnes où elle
se complaît, etc. Il n'épargne rien, et la forme qu'il
donne à ses critiques les rend aussi piquantes que
justes.

L'examen d'*Agnès de Lilien* ne retint pas Duvau
longtemps ; il se hâta de l'achever pour revenir aux

---

1. Les caractères ne lui paraissaient pas assez neufs, ni dessinés d'un
trait assez net, cependant on y trouve des situations intéressantes, des
remarques très justes et des vues profondes sur le cœur humain. Il le
priait, en terminant, d'attendre avec patience encore quelques jours le
renvoi du troisième volume.

2. *Papiers Mounier*. Liasse X, cote 1.

œuvres d'un écrivain — Auguste Lafontaine, — qui avait pour lui bien autrement d'attrait que Caroline de Wolzogen. Nous avons vu comment, dès les premiers temps du séjour de Duvau en Allemagne, le célèbre romancier avait attiré son attention; quel intérêt et quel profit il avait trouvés dans la lecture de ses ouvrages, comment il avait été tenté d'en traduire quelques-uns. Il dut s'entretenir plus d'une plus fois avec Böttiger d'un auteur qui lui était cher ; on ne doit pas être surpris aussi que celui-ci ait songé à lui demander son avis motivé sur les romans de Lafontaine. A cette intention, il lui envoya dès la fin de 1797 les deux premières parties de l'un des plus célèbres : *Flaming* (1). Duvau en fit aussitôt l'analyse détaillée. Le 31 janvier 1798, Böttiger, enchanté, lui adressait ses plus chauds remerciements pour les fines et justes remarques qu'il avait faites sur la seconde partie. En même temps, il lui annonçait l'envoi prochain de *Wardenberg* (2), autre roman de Lafontaine, avec l'*Agnès de Lilien* de Mme de Wolzogen. Duvau cependant poursuivait ses études sur *Flaming*. Le 14 février, Böttiger, à qui il avait adressé de nouvelles remarques sur cet ouvrage, le félicitait d'avoir si magistralement relevé les inégalités d'un des plus spirituels roman du jour et, en le priant de continuer sa bienveillance à l'auteur, il lui envoyait la quatrième partie de *Flaming*, où il trouverait peut-être, disait-il, encore plus à exercer sa critique au sujet du plan, aussi bien que du détail de l'exécution. « Nous autres Allemands, ajoutait-il, nous nous complaisons dans des scènes d'une intimité un peu vulgaire, que le goût français peut trouver au-dessous de la dignité de l'écrivain.

1. *Leben und Thaten des Freiherrn Quinctius Heymeran von Flaming*, von Gustav Freier, Berlin, 1795-1796, t. IV, in-8. Une seconde édition parut en 1798.

2. *Rudolph von Wardenberg*, publié dans les *Familiengeschichten*.

Mais votre merveilleuse connaissance de la langue et des choses allemandes vous permettra de porter sur tout cela un jugement compétent. » Duvau s'acquitta de sa tâche avec la mesure et l'équité qui étaient dans sa nature ; il parla de *Flaming*, plus tard de la *Famille de Halden* et de *Saint-Julien* (1) d'une manière qui satisfait pleinement Böttiger ; il fut si content des appréciations du jeune critique,qu'à la fin de cette même année, il lui fit envoyer un livre nouveau édité par Sander, et lui demanda (2) de dire à ce dernier ce qu'il en pensait.

A qui étaient destinés ces articles critiques de Duvau ? Ont-ils été publiés ? Cela est plus que probable ; mais je n'ai pu découvrir (3) dans quelle revue ils ont paru Quoiqu'il en soit, ils furent bientôt connus, non pas seulement de Böttiger et de son entourage, mais encore, nous le verrons, de Lafontaine lui-même. Wieland, qui les lut un des premiers, fit, dès le mois de mars 1798 (4) ,part à Duvau de la satisfaction que lui avaient donnée les jugements qu'il avait portés sur le *Flaming* de Lafontaine.

Tout a son temps, dit-il en débutant d'une manière humoristique, être amoureux et fou, faire des vers et souffler des bulles de savon..., critiquer et dormir, témoins les Gazettes littéraires, les Annonces savantes... Mais où nos vénérables criticistes ont dormi, vous avez agi bravement ; aussi je vous serre courtoisement la main pour vos remarques sur *Flaming*. Ne vous récriez pas ; vos critiques le méritent bien... Elles m'ont fait un grand

1. *Papiers Mounier*, liasse X, n°s 7, 8-10, 17-18. Sous les n°s 19 et 20 se trouvent des remarques dont les quatre premières pages ont été perdues ; elles semblent, comme le n° 7, se rapporter à *Saint-Julien* ; ce roman et la *Famille de Halden* forment la première et la seconde partie des *Familiengeschichten*, dont la publication commença en 1797.

2. Lettre V, du 31 décembre 1799.

3. M. Bernhard Suphan, le savant éditeur de Herder, n'a pu me donner aucun renseignement à cet égard.

4. Le 27 mars 1798, *Papiers Mounier*, liasse X, cote 17 *bis*.

plaisir, encore que je les aie lues sans connaître *Flaming*, ce qui est une assez mauvaise chose. Mais faire le compte-rendu d'un ouvrage sans l'avoir lu, est une méthode encore plus mauvaise, et pourtant c'est celle qu'on a appliquée à *Flaming* ; ou si nos critiques ont lu ce roman, ils ne l'ont ni compris, ni su apprécier. Pour moi, si je n'ai pas lu ce roman et ne le connais que par ce que vous en dites, c'est-à-dire ne le connais qu'à moitié ou même pas du tout, vos remarques, vos critiques, il me semble, n'en sont pas moins pour la plupart parfaitement justes, fines et pénétrantes ; je les trouve si vraies, si frappantes, si délicatement pensées, si profondément et vivement senties, que je suis aussi persuadé de la justesse et de la finesse de celles que je ne puis apprécier, que je le suis de votre existence, de votre bonté et de votre excellence en tout. Donc elles sont justes, encore que je n'en puisse juger d'après *Flaming*, mais je les estime telles d'après vous, et cela suffit.

Et après avoir dit combien il souhaiterait de pouvoir témoigner publiquement du haut et très vif intérêt que les critiques de Duvau lui avaient inspiré, et de se rendre ainsi digne, en quelque sorte, d'en avoir reçu communication, Wieland ajoutait :

Vos remarques générales sur Lafontaine peuvent compter sur le *votum* (l'approbation) de tous ceux qui sont capables de voter, c'est-à-dire sur la plus petite partie des critiques allemands. Oui, c'est chose déplorable et une honte pour notre littérature qu'on n'ose pas blâmer librement et ouvertement les grandes et petites fautes de Lafontaine contre le bon goût, contre la vérité des caractères et l'art de la composition. Ses nombreuses et rares qualités méritent plus que des louanges aveugles et une *lâche appréciation*... Mais on lit et on dort, on juge et on dort, de même qu'on écrit en robe de chambre et en bonnet de nuit, on sème à la fois le grain et la paille, on laisse des épisodes s'enfler jusqu'aux nues, et *Desinit in piscem*. En un mot on fait des romans de la même manière que cette lettre est écrite. Sur ce, je vous recommande à Dieu, à l'amitié et aux Muses. 'O ανδ, i. e. *celui qui est en haut*. (1)

On voit quel cas Wieland faisait du goût et des jugements de Duvau ; non seulement il le considérait comme l'égal des meilleurs critiques allemands, il lui accordait encore une impartialité et une indépendance d'appréciation qu'il se refusait à leur reconnaître à tous. Sa lettre dut singulièrement plaire au jeune

____

1. Les mots écrits en italiques sont en français dans la lettre de Wieland.

émigré ; et l'on comprend qu'il l'ait précieusement conservée. Mais elle dut aussi l'encourager à continuer l'examen critique qu'il faisait des romans de Lafontaine. Après *Flaming*, il soumit à son analyse pénétrante la *Famille de Halden* et *Saint-Julien*, et porta sur ces deux œuvres du célèbre romancier un jugement aussi indépendant et équitable que sur *Flaming*.

Ces articles critiques ne furent pas les seuls travaux qui occupèrent alors Duvau. Il en entreprit d'autres tout différents, des traductions, qu'il aborda d'autant plus facilement qu'il s'y était déjà livré dès son arrivée à Weimar. Dans un billet non daté, mais qui est évidemment de cette époque, : « Vous recevrez lundi prochain, écrivait-il (1) à Böttiger, le 1ᵉʳ volume de la *Famille Halden*, et la semaine prochaine le second, avec la traduction de ce qui m'a été envoyé ensuite.» et dans un autre billet encore non daté, mais évidemment antérieur (2) : « Si vous écrivez à Berlin, ayez la complaisance de demander au bon Sander de m'envoyer le second volume, sinon ma traduction sera en retard. En attendant j'ai fait dire à Levrault de l'annoncer. » Dans un troisième billet (3) on lit encore : « Pardonnez-moi d'avoir tant tardé à vous envoyer ma traduction. L'été est une mauvaise saison pour ceux qui veulent travailler, surtout à Weimar. Je vous en envoie le commencement et je vous demande la suite de l'ouvrage. J'ai dû omettre bien des expressions que je n'ai pas comprises..... J'ai laissé de côté toute la fin. »

Enfin, dans deux autres billets, Duvau parle encore longuement des difficultés qu'il a rencontrées. « Excu-

1. *Briefe an Böttiger*, t. X L, nᵣ 59.
2. IC. nᵣ 44.
3. IC. nᵣ 57.

sez-moi, dit-il une fois (1), que je vous envoie mon travail si tard. Je ne m'en suis pas occupé tout de suite parce que je croyais que la seconde partie était plus pressée. Cette circonstance, le manque de temps et la difficulté de nombreux passages m'ont empêché de commencer mon travail avant jeudi où vous avez eu la complaisance de me le demander, et ne m'ont permis de terminer qu'aujourd'hui. Je n'ai pu traduire la métaphore tirée des abeilles. Cela tient, suivant l'expression de Macdonald, à la pruderie de notre langue qui n'a pas voulu s'y prêter. J'ai pensé aussi que vous n'y teniez peut-être pas beaucoup. J'ai laissé de même de côté deux mots, le premier : Gewand-haus (p. 330) parce que j'ignore s'il est pris au figuré ou au propre, le second (2)   (p. 339) parce que je ne sais dont il s'agit, n'étant pas encore allé à Dessau, où un bon génie, je l'espère, me conduira un jour. J'ai beaucoup de choses à faire encore la semaine prochaine, mais je vous promets de vous l'envoyer lundi en huit. Je vous remets mon travail sans le recopier, comme vous m'y aviez autorisé autrefois. » Enfin, dans un quatrième billet : « Je vous envoie, écrit-il (3), ma traduction, qui est aussi bonne qu'il m'a été possible de la faire en un sujet qui m'est presque complètement étranger. Il y aura aussi beaucoup de choses à changer. Ayez donc la complaisance de vouloir bien la parcourir et de me dire ce que vous en pensez. Bien des mots me sont complètement inconnus, par exemple *Prasser, Sinecure*, etc. Pour d'autres, je n'ai pas, probablement, trouvé le sens exact, parce qu'il s'agit d'une anecdote ou d'une chose qui m'est inconnue, par exemple le passage on l'on

1. *Briefe an Böttiger*, t. X L, n° 50.
2. Mot laissé en blanc.
3. *Briefe an Böttiger*, t. X L, n° 53 a.

voit W. dupé par Casanova. » Et après avoir cité diverses tournures de phrases qu'il n'avait pu comprendre « Partout, continue-t-il, où j'ai laissé de côté un ou deux mots ou ai craint de ne pas bien saisir le sens, j'ai mis un trait dans la marge. Je vous prie de m'excuser de vous donner tant de peine, en même temps, de ne pas abandonner l'espoir de faire quelque chose de moi... Je vais recopier le tout pour que ce soit plus lisible, et je changerai partout le *je* en *nous*. »

On voit qu'il s'agit de traductions que Duvau avait entreprises sous la direction où à l'instigation de Böttiger. Quelles étaient ces traductions ? S'agit-il, même dans ces billets, de la traduction d'un seul ou de plusieurs ouvrages différents ? Rien ne nous permet de le dire, et leur nature et la date de leur publication nous sont également inconnues. Heureusement nous sommes mieux renseignés sur la traduction d'un ouvrage plus scientifique que littéraire, entreprise aussi à cette époque, la *Macrobiotique ou l'art de Prolonger la vie* de Hufeland. Publié à la fin de 1796 à Iéna, ce livre eut un grand retentissement ; traduit dès l'année suivante en anglais, il eut, en 1798, une seconde édition. Hufeland avait exercé la médecine à Weimar. Böttiger l'y avait connu intimement et ils étaient restés en relations suivies l'un avec l'autre, quand Hufeland eut été nommé professeur à Iena. Est-ce Böttiger qui suggéra à Duvau l'idée de traduire la *Macrobiotique* ? Est-ce la lecture et le succès de cet ouvrage qui engagèrent Duvau à le faire passer dans notre langue ? Les deux hypothèses sont également vraisemblables. En tous cas, à peine la seconde édition avait-elle paru, qu'il se mit à l'œuvre ; et malgré les difficultés, inhérentes à la nature du sujet, qu'il rencontra et sur lesquelles il semble avoir consulté Böttiger, le travail avança vite et fut terminé vers la fin de l'année 1798. L'impression s'en fit sans retard, et au mois de mars

de l'année suivante, Duvau put envoyer à Böttiger,
comme « témoignage de sa reconnaissance », un exemplaire de sa traduction, en souhaitant qu'elle fut aussi
bonne que la traduction anglaise, quoique, écrivait-il,
« celle-ci fourmille de fautes » L'érudit dut recevoir
avec plaisir un ouvrage qu'il avait contribué à améliorer ;
et l'accueil qu'il lui fit fut comme le prélude de celui
qui l'attendait. En dix ans, il eut jusqu'à six éditions,
dont trois, fait caractéristique et à noter, en Allemagne
même. (1) Si la renommée de Hufeland et la nature
du sujet furent pour beaucoup dans ce succès, on ne
peut mettre en **doute** que, malgré quelques défauts
et des coupures qu'il avait faites volontairement,
l'élégance générale de la version de Duvau n'y ait
aussi puissamment contribué.

*
* *

Dans la lettre du mois de mars 1799 (2), Duvau ne
se bornait pas à annoncer à Böttiger l'envoi de sa
traduction. Il l'entretenait de bien d'autres sujets.
Il le remerciait, en particulier, de l'avoir fait nommer membre de son club littéraire, et ajoutait qu'il
ferait son possible pour assister à la prochaine séance.
Et, après un mot sur une lettre qu'il avait écrite à
Macdonald et sur une visite qu'il espérait faire bientôt
à son ami, il lui parlait d'un voyage qu'il se proposait
de faire à Halle. Ce n'était pas sans raison que Duvau
entretenait ainsi Böttiger de ce voyage. Dès l'année
précédente, celui-ci l'avait engagé d'aller voir Lafontaine. Après lui avoir dit quelle satisfaction lui avait
causé la lecture de ses observations critiques sur

---

1. En 1799 à Iéna ; à Coblence, s. d. et à Lausanne ; en 1804 à Lausanne
in-12, et à Hambourg ; en 1809, in-8°, à Lausanne et à Lyon.

2, *Briefe an Böttiger*, t. X L, n° 5.

Flaming, « pleines de goût et presque parfaitement fondées ». « L'auteur, remarquait-il, (1) est bon comme un enfant et sans aucune prétention. Vos comptes rendus vous donnent les droits les plus grands à sa vive reconnaissance. (2) Allez donc le voir l'année prochaine dans sa charmante résidence champêtre de Halle. » C'était prévenir un des vœux les plus chers de Duvau. Mais avant de faire la connaissance personnelle de Lafontaine, il résolut — ce à quoi il songeait depuis longtemps — de lui écrire. Le 20 août 1798, il lui adressa une longue lettre (3). Après avoir dit quels sentiments d'admiration avait excités en lui la lecture de ses ouvrages, et rappelé tout ce qu'il y avait appris, il le remerciait des choses aimables qu'il avait écrites sur lui à Böttiger ; puis il s'excusait de s'être montré si sévère dans ses critiques et de n'avoir peut-être pas tenu assez compte du goût particulier au public allemand ; mais ne valait-il pas mieux être tranchant qu'indulgent ? Et n'est-ce pas en aspirant toujours davantage vers la perfection et une culture plus haute que l'Allemagne a pu produire des fleurs aussi belles qu'*Agathon, Werther, Obéron, Iphigénie, le Printemps, Saint-Julien, l'Homme de la Nature* ? Et, ce qui devait singulièrement flatter Lafontaine, Duvau lui disait combien sa petite D. — évidemment *Clara Duplessis,* — qu'il avait lue, il y avait un an, avait éveillé en lui une émotion telle qu'il n'en avait pas ressenti de semblable depuis la lecture de la *Nouvelle Héloïse.* Il avait voulu écrire alors, mais il remerciait le ciel de ne pas l'avoir fait ; — il n'eût pu faire qu'une élégie. On comprend, d'après cela, que Duvau s'estimait heureux de la

---

1. Lettre du 11 mars 1798. *Papiers Mounier,* liasse X, cote 17.

2. Lettre du 11 mars 1798.

3. *Papiers Mounier,* liasse X, cote 17.

résolution prise par l'éditeur de Lafontaine de lui envoyer les œuvres du romancier. Elles occupaient, disait-il, une place d'élite dans sa bibliothèque. Rappelant ensuite l'essai de traduction que, deux ans auparavant, alors qu'il pouvait travailler sans être dérangé dans le parc de Weimar, il avait fait de quelques nouvelles de Lafontaine, ainsi que l'étude ininterrompue de la langue et de quelques-uns des meilleurs ouvrages allemands, à laquelle il se livrait depuis cinq ans, les connaissances qu'il avait ainsi acquises et les progrès intellectuels qu'il leur devait, Duvau parlait au romancier du désir qu'il aurait de l'aller voir, de passer quelques temps dans son voisinage et de se lier avec lui. Tout ce qu'il avait entendu dire de sa personne avait augmenté le désir qu'il avait de faire sa connaissance. « Vous avez écrit aussi que vous m'aimiez à cause de mes critiques, mais c'est là une amitié purement idéale ; je voudrais une amitié réelle. » Malheureusement, ses cours à l'Institut du Belvédère et d'autres occupations accessoires l'empêchaient pour le moment de mettre son projet à exécution. Mais, dès qu'il le pourrait, il irait le visiter dans sa belle résidence de Halle. Seulement il lui demandait l'assurance qu'il n'y regarderait pas plus de près avec lui que lui avec ses romans.

Lafontaine ne se pressa pas d'écrire. Au mois de mars de l'année suivante, Duvau n'avait pas encore reçu de réponse à la lettre qu'il lui avait adressée et il se demandait si elle lui était bien parvenue. (1) Il se réjouissait néanmoins « comme un enfant » d'aller voir le célèbre romancier. En attendant il continuait de travailler. On le voit renvoyer à Böttiger une foule

---

1. Lettre à Böttiger du mois de mars 1799, déjà citée. « Dès que j'aurai reçu sa lettre, vous le saurez, et nous nous verrons avant mon départ ».

de livres que l'obligeant bibliothécaire lui avait prêtés et lui en demander d'autres. Enfin le 10 avril, Lafontaine se décida à répondre à Duvau (1) ; il n'avait pas été libre plus tôt ; maintenant il l'était jusqu'au 19 mai, où il serait obligé d'aller à Magdebourg ; il attendait Duvau le jour qu'il choisirait lui-même « avec joie et le cœur plein d'amitié ». Rien ne dut être plus agréable au jeune critique qu'une invitation ainsi adressée. Il ne manqua pas aussi de s'y rendre, et une de ses lettres à Böttiger (2) nous apprend que lors de la visite qu'il fit à Lafontaine, — il était accompagné du Danois Peterson — il eut avec lui un long entretien, dans lequel, à la surprise du romancier, il ne fut pas, durant sept heures, dit un seul mot de politique. Mais on dut, sans doute, y parler beaucoup de littérature, et on ne peut que regretter de ne pas savoir de quels sujets s'entretinrent Lafontaine et son visiteur.

Quoiqu'il en soit, la lettre dans laquelle Duvau avait exprimé à l'auteur de *Flaming* le désir de l'aller voir et de faire sa connaissance, est une preuve, entre bien d'autres, de l'empressement qu'il mettait à entretenir des relations avec les écrivains allemands. Mais elle nous offre encore une autre espèce d'intérêt ; elle nous fait connaître quelles étaient alors ses nouvelles occupations et son genre de vie. « Je suis placé en ce moment à l'Institut d'éducation du Belvédère, et ne puis m'éloigner pour longtemps. Je ne veux pas m'en plaindre, car ma situation est aussi bonne que peut être celle d'un émigré qui a tout perdu ; et, si j'y joins la société continuelle de M. Mounier, je suis en vérité beaucoup plus heureux que mille autres. »

1. *Papiers Mounier*, liasse A, cote 5 *bis*.

2. Lettre du 18 août 1802, écrite à Genève, commencée à Florence le 26 juin. *Briefe an Böttiger*, t. X L, nᵣ 7. — Duvau dit qu'il y alla de Lauchstadt, ville autrefois connue pour ses eaux sulfureuses.

On reconaît là la résignation habituelle de Duvau ; mais on conmprend aussi qu'il fût content de sa situation actuelle, et l'on entrevoit quel charme il trouvait dans la société de Mounier. Le noble caractère de l'ancien constituant, l'élévation de ses sentiments, son expérience des hommes et son stoïcisme, étaient bien faits pour séduire Duvau ; il subit son influence dès le premier jour, et conserva toute sa vie pour lui le plus respectueux attachement et un inoubliable et reconnaissant souvenir de leurs relations : «Un service inappréciable, écrivait-il longtemps après à Camille Jordan (1), fut mon séjour de quatre ans avec notre ami Mounier dont les principes ne peuvent s'effacer en moi et me dirigent en tout ; je me persuade qu'il répand en moi une petite parcelle de son esprit c'est-à-dire de cette justesse, de cette exactitude, de cette raison d'impartialité qui nous le rendent vénérable». Duvau reporta quelque chose de ses sentiments sur le fils de Mounier, Edouard, son élève à l'Institut du Belvédère, et la lettre de sa veuve, qu'on a lue en tête de cette étude, nous montre quelles étroites relations ne cessèrent d'exister entre l'ancien maître et son disciple ; nous en verrons des preuves nombreuses par la suite.

Duvau eut-il aussi pour élève le fils du comte Du Manoir, que Charles-Auguste avait pris comme page ? Cela est assez vraisemblable, mais rien ne nous l'apprend, comme rien ne nous renseigne sur les relations qu'il put avoir avec le Comte lui-même. Celui-ci vivait surtout dans l'entourage du Duc, où Duvau n'apparaît jamais. Tout au plus put-il le rencontrer dans un de ces thés dont parle Mme de Schardt, où se trouvaient parfois réunis les Français réfugiés

1. Lettre du 6 mars 1804, v. chap. V, p.

à Weimar (1). Un autre émigré qu'il dut y voir fut le
marquis de Fouquet, arrivé seulement à Weimar à la
fin de l'été de 1797 ; mais il m'est impossible de dire
quels rapports il put avoir et même s'il en eut jamais
avec ce descendant du célèbre intendant de Louis
XIV. Nous savons, au contraire, par les débris de
leur correspondance, combien furent intimes les relations de Duvau avec Camille Jordan, dont il fit la
connaissance vers l'époque où Lafontaine lui écrivit.
Rentré en France, au commencement de 1796, de
l'Angleterre où il s'était réfugié après la chute de Lyon,
Jordan avait été envoyé au Conseil des Cinq-Cents
par le département du Rhône ; proscrit à cause de
son opposition au pouvoir au lendemain du 17 fructidor, il se réfugia avec son ami de Gérando en Suisse,
d'où il passa en Souabe et de là dans le duché de Bade.
Pendant leur séjour en Allemagne, les deux amis
s'occupèrent de l'étude de la littérature allemande. (2)
Ils songèrent même un instant à se rendre ensemble à
Weimar, mais de Gérando renonça à ce voyage pour
rentrer en Alsace où il épousa Mlle de Rathsamhausen.
Jordan alla seul à Weimar (3) ; il était muni de lettres
de recommandation de Mme de Stein de Nordheim.
Il n'en avait pas besoin ; la distinction de ses manières,

1. Entre autres au thé donné par le maréchal de Witzleben en l'honneur des Fouquet. H. Duntzer, *Zwei Bekehrte*, p. 386.

2. Lettre de Mlle de Rathsamhausen (la future Mme de Gérando)
à Joseph de Gérando et à Camille Jordan, du 17 février 1708. *Lettres
de Madame de Gérando*, Paris, 1880, in-12, p. 45.

3. Dans une lettre du 13 mars 1799, où elle entretenait de Camille
Jordan la baronne de Stein, Mme de Gérando écrivait : « Console
bien cet excellent ami, assiste-le de tout ton pouvoir pour lui faire
trouver un séjour agréable. Weimar lui conviendrait beaucoup, ne
saurais-tu l'y faire recommander ? » Au commencement de mars 1799,
Jordan n'était donc pas à Weimar, mais il ne dut pas tarder à y arriver.
La correspondante de Mme de Gérando est Mme Fritz de Stein de
Nordhein, née Octavie de Berckheim.

que ne gâtait pas, aux yeux des étrangers, une certaine
gaucherie provinciale qui le ne quitta jamais, sa
réputation d'éloquence, sa qualité de proscrit, le
charme enfin qui s'attachait à sa personne, lui gagnèrent
tous les cœurs, et il trouva l'accueil le plus empressé
à la cour ducale, ainsi qu'auprès des grands écrivains
réunis dans la capitale de Charles-Auguste, mais
surtout — sa correspondance le montre — auprès
des femmes distinguées qui y résidaient alors, Mme
de Schardt (1), Mlle de Imhoff (2), Mme de Seebach.
— C'est alors qu'il fit son apprentissage de directeur
de consciences féminines qui l'a rendu célèbre —.
Il ne fut pas moins bien accueilli, cela se comprend,
par la colonie d'émigrés qui se trouvait à Weimar ;
mais personne ne le reçut avec plus de joie que Duvau.
On conçoit quelle bonne fortune ce fut pour lui de rencontrer un homme dont les opinions étaient si bien
en harmonie avec les siennes ; l'étude que Jordan,
depuis son départ de France, faisait de la littérature
allemande, le recommandait d'ailleurs au traducteur
de Wieland ; aussi se forma-t-il bientôt entre les deux
émigrés la plus étroite amitié et des relations intimes
qui survécurent à leur séparation.

Le coup d'état du 18 brumaire rouvrit à Camille
Jordan le chemin de sa patrie ; il quitta Weimar peu
de temps après, et au mois de mai 1800 il était à Paris,
où il retrouva de Gérando. (3) Le départ de Camille
Jordan dut attrister Duvau et réveilla en lui, avec les

1. Frederica-Sophie-Eléonore de Bernstorff, née en 1755, mariée en
1778 à M. de Schardt.

2. Anne-Amélie de Imhoff, née en 1770 à Weimar, demoiselle d'honneur
de la Duchesse, épousa, en 1803, le colonel suédois de Heldvig. Elle commençait à se faire connaître par ses essais poétiques.

3. « Camille est resté cinq mois avec nous ». Lettre du 22 septembre 1800.
Lettre de la baronne de Gérando, p. 167.

regrets de l'exil, le désir toujours vivant de revoir sa patrie ; mais de longs mois devaient s'écouler avant qu'il lui fût permis d'y rentrer. Que fit-il pendant ce temps ? L'interruption ou la perte, à partir de 1799, de sa correspondance avec Böttiger, ne nous permet pas de répondre à cette question, mais on est en droit de supposer que, comme par le passé, il partagea son temps entre ses cours à l'Institut du Belvédère et ses études favorites. Les relations nouvelles qu'il se créa à cette époque l'aidèrent aussi à supporter les ennuis de son exil prolongé. Parmi ces relations il faut mentionner celles qu'il forma avec Kotzebue. Après de longues années d'absence, l'auteur de *Misanthropie et Repentir* était revenu dans sa ville natale. (1) C'était une occasion toute naturelle que Duvau ne pouvait laisser passer de faire la connaissance du célèbre dramaturge. Il ne manqua pas de la mettre à profit, et sa correspondance nous montre quels rapports de plus en plus affectueux il entretint avec lui. (2)

Duvau ne restait pas d'ailleurs toujours renfermé dans sa solitude du Belvédère. Il en sortait parfois pour trouver au dehors une distraction à ses occupations sédentaires. Des parties de campagne faites aux environs de Weimar en compagnie de Mounier et de quelques intimes étaient pour lui un délassement aussi agréable qu'utile. Une lettre de Mme de Schardt (3) à Camille Jordan nous fait assister à une de ces réunions d'une aimable simplicité et d'une cordialité charmante où ces amis se rencontraient.

Nous avons passé avec les rossignols une journée fort agréable à Tiefurth. C'est Mounier et sa famille, c'est Mlle de Jouy ; c'est Duvau et

1. Kotzebue était né à Weimar le 3 mai 1761. Ch. Rabany. *Kotzebue ; sa vie et son temps ; ses œuvres dramatiques.* Paris-Nancy, 1893, in-8°, p.57.

2. Lettre du 2 octobre 1802. *Briefe an Böttiger* t. X L, n° 8.

3. Lettre du 17 mai 1800. Robert Boubée, *Camille Jordan à Weimar Lettres inédites. (Correspondant,* t. L XXIII, p. 724).

moi. Nous prîmes un dîner frugal à l'ombre d'un arbre. Mounier chanta des duos avec Renette, entre autres la *Faridondaine*, chanson fort spirituel. Il finit par renverser toute la cafetière sur les genoux de Mme Gruber. Jugez comme on se récria sur ses distractions. Nous passâmes la soirée entière sous ces ombrages frais. Nous étions presque aussi heureux que Philippine. Ce fut cela qui me fit naître une idée bien triste. Dans un an d'ici peut-être, me dis-je, toutes ces personnes seront loin d'ici.

L'éditeur de cette lettre, M. Boubée ne nous a rien appris de Mlle de Jouy ; il a ignoré aussi tout d'abord qui portait le nom familier de Renette ; On sait (1) aujourd'hui que c'était la fille du marquis de Fouquet, si vantée par Mme de Schardt et dont les talents et la grâce lui gagnèrent dès les premiers jours tous les cœurs. Quant à Mme de Schardt, M. Düntzer (2) lui a consacré une longue étude qui nous l'a fait connaître. Née de Bernstorff, belle-sœur de la baronne de Stein, l'amie de Gœthe, n'ayant pas d'enfants elle se consolait d'une union assez mal assortie et de la tristesse de son intérieur en fréquentant beaucoup de monde. Elle se plaisait en particulier dans la société des émigrés ; de même qu'elle prenait intérêt aux traductions de Pernay ; elle avait en haute estime le caractère élevé et l'austérité morale de Mounier ; la parole séduisante et l'affabilité de Camille Jordan ne la charmèrent pas moins ; elle fut une de ses admiratrices les plus déclarées, et après son départ elle resta en correspondance avec lui comme elle y fut plus tard avec Mounier. Personne plus qu'elle n'était capable d'apprécier les qualités de cœur et d'esprit de Duvau, mais elle semble l'avoir vu surtout en compagnie de Mounier, dont la haute personnalité rejetait un peu dans l'ombre le mérite naturellement modeste de l'émigré tourangeau. Elle dut donc d'abord

1. *Revue Germanique*, t., VII, n° 17, p. 21.
2. H. Duntzer, *Zwei Bekehrte*, p. 386 : « Fraülein von Fouquet ist ein wahrer Schatz, was man einen Schatz nennt ».

peu le remarquer ; du moins le nom du jeune émigré ne se rencontre-t-il dans aucune de ses premières lettres, où elle parle si longuement de la plupart des autres émigrés. C'est plus tard seulement, à ce qu'il semble, dans ses visites au Belvédère, et pendant le séjour de C. Jordan à Weimar, qu'elle connut mieux Duvau, et qu'elle conçut pour lui toute l'estime que méritait son talent et son noble caractère.

Les excursions champêtres n'étaient pas les seules distractions que Duvau se permettait. Il continua pendant les deux dernières années, comme pendant les premières de son séjour au Belvédère, d'aller parfois à Weimar, soit pour se procurer des livres, soit pour s'entretenir avec Böttiger, pour faire une visite à la Duchesse douairière, où même pour assister à quelque représentation théâtrale. Il continua aussi sans doute, d'aller, après 1799, comme avant, à Iéna, où il comptait plus d'un ami : Schütz, avec qui, nous l'avons vu, il s'était lié dès les premiers temps de son séjour à Weimar, peut-être aussi Scherer, qui enseignait les sciences physiques et naturelles à l'Institut du Belvédère, Hufeland, avec qui sa traduction de la *Macrobiotique* avait dû forcément le mettre en relations étroites, enfin « le bon » Griesbach qui, depuis le jour de leur première rencontre, n'avait jamais cessé de lui témoigner le plus bienveillant intérêt, et après son départ, entretint avec lui une correspondance dont on ne saurait trop regretter la perte irréparable. Mais Duvau avait un ami plus éloigné, Knebel, dont il était séparé depuis longtemps et qu'il devait désirer revoir. Le départ du « Major » de Weimar et son installation à Ilmenau (1) n'avait pas, il est vrai,

1. Après avoir quitté Weimar au mois de juin 1797, Knebel alla demeurer à Nuremberg, puis au commencement de 1798, il se retira à Ilmenau où il se maria quelques jours après son installation. H. von Knebel Dœberitz, *Karl Ludwig von Knebel*. p. n° 94.

mis fin aux relations du traducteur de Lucrèce avec
Duvau. Celui-ci continuait de lui écrire ; il lui envoyait
des livres et des journaux qui étaient les bien venus
pour Knebel dans sa solitude ; mais ce ne pouvait
être assez pour l'amitié de Duvau ; il résolut de faire
visite au poète ; dans le courant de 1800, il se rendit
à Ilmenau (1). Les circonstances étaient graves :
la guerre avait éclaté de nouveau, et la fortune s'était
déclarée en faveur de nos armes. Du fond de sa retraite, Knebel suivait d'un œil attentif les évènements
et cherchait à pénétrer les secrets desseins du vainqueur
de Marengo. Cependant Duvau songeait à rentrer
en France. Son ami ne pouvait qu'approuver ce
projet et, quoique la situation parût encore bien troublée
il le félicitait d'aller « au soleil levant de la liberté,
respirer un air plus vivifiant, tandis, disait-il, que
nous sommes encore au milieu de ténèbres cimmé-
riennes, opprimés par le cauchemar des préjugés
et des abus ». Et revenant aux nouvelles que lui avait
données Duvau : « Le souvenir des bons Griesbach
m'a réjoui ; saluez-les de ma part à la première occasion.
Je doute maintenant que je puisse aller cette année
dans l'Athènes de la Saxe (2). » Et après avoir parlé
du voyage de sa femme à Dessau, où demeuraient
quelques-uns de ses parents : « Donnez pour moi le
bonjour, ajoutait-il en terminant, à M. Mounier
et à tous les autres amis qui se souviennent de moi
et — si vous le pouvez aussi — aux deux gentilles
poétesses, en votre langue, dont vous m'avez envoyé
les vers tendres et gracieux ». On aimerait à connaître
le nom de ces deux poétesses — deux émigrées évidemment, — dont les vers avaient plu à Knebel,

1. Lettre de Knebel à Duvau, du 14 juillet 1800, *Papiers Mounier*, liasse
X, cote 1 *bis*.

2. Iéna. On donne plus souvent ce nom à Weimar.

comme ils avaient charmé sans doute les cercles littéraires de Weimar ; mais rien n'est venu me les révéler. (1)

Le désir que Duvau avait de revoir sa patrie, et dont le félicitait Knebel, ne lui était pas particulier. C'était aussi celui de tous ses compagnons, depuis que la chute du Directoire leur avait laissé entrevoir la possibilité de rentrer enfin en France. Après l'établissement définitif du Consulat, la plupart d'entre eux firent des démarches pour obtenir la permission d'y revenir. Si l'on s'en rapporte à une lettre de Mme de Schardt à Camille Jordan écrite le 5 juin 1800, sans attendre qu'il eût reçu l'autorisation de rentrer en France, et même avant de l'avoir demandée (2), Du Manoir quitta Weimar. Quelques jours après, Mlle Renée de Fouquet partait à son tour et se rendait à Paris pour hâter le retour de son père (3). Mounier, de son côté faisait agir à Grenoble. Le 19 ventôse an VIII (8 mars 1800) son père avait adressé au ministre de la police générale une pétition, demandant pour son fils l'autorisation de rentrer en France. Une déclaration, signée de 75 habitants de Grenoble, attestait qu'il ne s'était expatrié que pour échapper aux menaces injustifiées dont il était l'objet. Six mois après, le 9 brumaire an IX (30 octobre 1800), Fouché faisait aux Consuls un rapport favorable à la radiation

1. Seraient-ce Mlles de Jouy et de Fouquet ?

2. Lettre de Mme de Schardt à Camille Jordan « Je ne saurais laisser partir Dumanoir sans lui donner quelques lignes pour l'ami chéri ». Boubée, *Camille Jordan à Weimar*, p. 75. — Du Manoir n'adressa sa demande que le 10 juin 1800, et ne reçut l'autorisation de rentrer qu'au mois d'octobre suivant. Charles Joret, *Le Comte Du Manoir et la cour de Weimar*, pp. 31 et 35.

3. ‹Ma fille ira à Paris dans le courant de juin». Lettre de Mme de Fouquet à Gœthe, du 30 avril 1800. F. Baldensperger, *Gœthe et les émigrés français à Weimar*, p. 22.

de l'ancien constituant. (1) Mais il semble que le
rôle politique que Mounier avait joué aux débuts de
la Révolution, retarda pendant des mois la réponse
des consuls.

On ne peut douter que Duvau n'ait fait, comme ses
compagnons d'exil, des démarches pour rentrer
en France. Mais l'autorisation qu'il demandait, se
fit, elle aussi, longtemps attendre. L'arrivée de Kotzebue, revenu à Weimar au mois de mai 1801 (2), fut
pour lui une agréable diversion au milieu de l'incertitude dans laquelle il vivait. Il eut plaisir à revoir le
célèbre dramaturge, et il se lia encore plus étroitement avec lui. Dans une lettre dont il sera question
plus loin, il est fait mention d'un manuscrit de pièces
de Kotzebue que celui-ci aurait confié à Duvau, et
même d'une convention qui aurait été faite entre eux.
Etait-ce pour traduire quelques-unes de ces pièces ?
Etait-ce pour en faire une adaptation ? Je ne saurais
le dire. D'ailleurs, le départ prochain de Duvau
devait l'empêcher de mettre son projet, quel qu'il
ait été, à exécution. Mais ce projet montre l'intimité
des rapports qui existaient alors — et qui ne cessèrent
d'exister — entre le poète allemand et l'émigré français. Dans le courant du mois d'août Duvau eut une
autre joie non moins grande, celle de faire la connaissance de Seume (3).

Quelque temps auparavant, celui-ci avait publié
un recueil de poésies que Böttiger avait annoncé dans

1. Lanzac de Laborie, *Jean-Joseph Mounier...* p. 327 s s.

2. Ch. Rabany, *Kotzebue, sa vie et son temps...*, p. 65.

3. Voir, sur Seume, dont il sera plus d'une fois question par la suite,
l'article que Duvau lui a consacré dans la *Biographie Universelle*. (Cf. chap,
VIII, p. 205).

le *Nouveau Mercure allemand* (1), mais en ce moment, cédant à son penchant naturel, il se préparait à faire un nouveau et grand voyage. Cette fois, il se proposait de visiter l'Italie et la Sicile. Mais il se demandait quelle route il devait suivre pour se rendre dans la Péninsule, celle de Dresde, la plus courte mais qui présentait des difficultés, ou celle qui passait par Weimar. En attendant, il semble bien qu'il vint dans cette ville, et à cette occasion sans doute Böttiger ménagea une entrevue entre lui et Duvau. Il savait que rien ne serait plus agréable à ce dernier que de faire la connaissance de l'écrivain voyageur. Il ne fut pas moins agréable à Seume de rencontrer Duvau, si l'on en juge par la lettre qu'il écrivit peu après à Böttiger, et que je crois devoir reproduire ici en partie (2).

« Vous m'avez fait un grand plaisir en me procurant la connaissance de M. Duvau. J'ai rarement rencontré un homme qui, à la finesse et à la souplesse de sa nation, unit tant de véritables connaissances et l'expression si vraie d'une haute moralité. Il faudrait, s'il n'était pas réellement bon, qu'il fût un hypocrite consommé. Mais voilà une bien vilaine pensée que peut seul avoir un coureur du monde comme moi. Il m'a demandé quelques lignes pour son album, et m'a prié de vous les adresser. Ce n'est donc pas être trop indiscret que de vous prier à mon tour de lui remettre cette feuille ; en y joignant tous mes souhaits et mon assurance nouvelle que je lui accorderai volontiers quelques heures en passant par Lyon, *si sator volens.* »

On le voit, au mois d'août, Duvau espérait recevoir

---

1. Oskar Planer und Camillo Reissmann. *Johann Gottfreid Seume, Geschichte seines Lebens und seiner Schriften.* Leipzig, 1898 in-8°, p. 275. — *Der neue teutsche merkur*, année 1801, t. III, p. 172.

2. Planer et Reissmann, *Joh. Gottfried Seume...* p. 276.

l'autorisation de rentrer dans sa patrie, et songeait — sans doute pour voir Camille Jordan — à y retourner en passant par Lyon. Ici se place un double épisode qui nous est révélé par un de ces billets à Böttiger que l'absence de date et une rédaction hâtive rendent doublement énigmatiques (1). Au moment de son départ, Duvau — on ignore pour quelle raison — avait chapitré d'importance Edouard Mounier. « Depuis lors, dit-il, il m'a écrit trois fois, encore que, dans ma première réponse, je lui eusse adressé des remontrances encore plus vives. Aucun homme ne l'a traité aussi sévèrement que moi : il faut qu'il soit foncièrement bon pour m'aimer autant qu'il le fait », En même temps que la lettre d'Edouard Mounier, Duvau en avait reçu une d'une « Weimarienne qui, écrit-il, n'est pas aussi connue qu'elle le mérite, lettre qui m'a paru pleine de sentiment » et dans laquelle, sans doute, cette inconnue lui faisait ses adieux. Il semble bien qu'avant le départ dut avoir lieu à Weimar — ce même billet nous l'apprend — un dernier dîner qui réunit tous les amis de Duvau. « Tous nos invités viendront. Bertuck, ce qui est bien de lui et gentil de sa part, m'a amené mon Griesbach » Le lendemain ou le surlendemain de cette réunion, Duvau se mit en route. Mais au lieu de rentrer en France — il n'en avait pas encore reçu l'autorisation — il entreprit un long voyage à travers l'Allemagne et en Italie.

____

1. Billet s. d. *Briefe an Böttiger*. X L, nᵣ 58.

CHAPITRE IV

VOYAGE EN ALLEMAGNE ET EN ITALIE

RETOUR EN FRANCE

(Septembre 1801 — Mars 1803)

Dans le courant de 1800, le sénateur Perrégaux (1) avait demandé à Mounier de vouloir bien recevoir à l'Institut du Belvédère son fils Alphonse (2). Celui-ci accepta à la condition expresse toutefois que la présence du jeune étudiant ne mettrait pas obstacle à son départ, s'il était autorisé à rentrer en France. M. Perrégaux y consentit, et son fils se mit en route pour l'Allemagne au mois de novembre (3). Mais le 17 août de l'année suivante (4) Mounier obtint

1. Perrégaux (Alphonse-Claude-Charles-Bernardin, comte), banquier né à Neuchâtel (Suisse) en 1740, mort à Paris en 1808. Sénateur, puis régent de la Banque de France en 1800.

2. Né en 1784.

3. Lettre de Mounier à Böttiger, du 27 novembre 1800. *Briefe an Böttiger*, t. CXXXIV, n° 9.

4. Lettre de Mounier à Böttiger, du 17 août 1801. *Briefe an Böttiger*, t. CXXXIV, n° 15.

la permission qu'il sollicitait. Il écrivit aussitôt à M. Perrégaux pour l'en informer, et il ajoutait (1) : « J'ai remis votre fils à M. Duvau, dont je ne puis trop vous garantir le zèle, la probité et les lumières. Ils sont partis ensemble pour Francfort, le 21 de ce mois. Ils y attendront votre décision et s'occuperont là du latin et de l'allemand »

Duvau dut prendre, pour se rendre à Francfort, la route la plus courte et la plus rapide. Il dut donc y arriver au plus tard vers le 23 ou 24 septembre. La foire, qui se tient alors dans cette ville, était finie ou sur le point de finir. Cette année elle avait été mauvaise, autant par le manque des vendeurs que des acheteurs. Seuls quelques anglais, qui cédaient leur marchandise au-dessous du cours, firent des affaires. Duvau s'est complu à donner à Böttiger ces détails assez inutiles. Il s'est même attardé à rechercher pourquoi la foire de Francfort avait moins d'importance que celle de Leipzig, et n'a pas hésité à parler d'un projet assez peu vraisemblable du transfert de la première de ces foires à Mayence : question qui ne devait avoir pour lui qu'un intérêt médiocre, mais qu'il croyait pouvoir satisfaire l'insatiable curiosité de Böttiger. Ce n'était pas au reste pour assister à la foire ou s'occuper d'affaires qu'il était venu à Francfort, mais pour y attendre l'arrivée de Mounier et la décision que prendrait le père du jeune Perrégaux.

Une lettre de recommandation que Bottiger lui avait donnée pour M. de Schwarzkopf (2), lui aida à passer d'une manière aussi agréable qu'instructive les quel-

---

1. Lettre du 23 septembre 1801, conservée à la Bibliothèque royale de Berlin, et que M. Fernand Baldensperger a bien voulu me communiquer.

2. Lettre de Bamberg, 21 octobre, continuation de la lettre commencée le 13. *Briefe an Böttiger*, t. X L, nᵣ 3 a.

ques jours qu'il resta dans la vieille cité. « Le lendemain
de mon arrivée, écrit-il à son ami (1), j'ai pu voir M.
de Schwarzkopf, et j'ai trouvé en lui l'homme complaisant que vous m'aviez dépeint. Il m'a introduit dans
plusieurs maisons, en particulier chez Mme de Brock-
haus, dont la fille est très spirituelle. Sa maison est
le lieu de réunion de toute la noblesse de Francfort
et de quelques riches banquiers, une partie seulement
de ceux-ci, car ils sont trop nombreux pour ne fréquenter qu'un seul salon. Ils ont d'ailleurs un cercle
à eux, qui est le lieu où l'on danse et joue le plus, et
où l'on mange le mieux ; les repas s'y prolongent
indéfiniment. Je suis allé souvent chez les Schwarzkopf,
une fois avec les Mounier. Mme de Schwarzkopf est
pleine d'esprit et sa conversation intéressante. M. de
Schwarzkopf m'a beaucoup parlé de vous et m'a fort
questionné sur Weimar. Lors de mes deux dernières
visites il était absent, il était allé à Stuttgart. Il n'a pas eu
le temps de vous écrire et m'a chargé de ses bien sincères
compliments pour vous. Dans le monde des banquiers
j'ai fait aussi la connaissance des Bethmann, où je me
suis beaucoup plu ; le fils conduit très bien la maison.
Rappelez-moi au souvenir de M. Kraus. J'ai pris la
liberté de faire ses compliments au conseiller de
Francfort M. Roentgen, dans le but *to be introduced*.
Sa lettre à Mme de la Roche m'a été très utile, et je
l'en remercie vivement. Je l'ai trouvée toujours exaltée
et enthousiaste, et aussi avec cette grande bonté dont
on a dû abuser plus d'une fois ». On comprend l'empressement que dut mettre Duvau à aller voir l'auteur
de *Mademoiselle de Sternheim*, l'ancienne amie de
Wieland.

Ce ne furent pas là les seules connaissances qu'il

1. Même lettre.

fit à Francfort. Il rencontra, dit-il (1), à son hôtel *Roses Haus*, un certain Klebe, que Böttiger devait connaître, et qui publiait en ce moment un *Voyage sur les bords du Rhin*, ouvrage écrit d'une manière assez triviale, même quand il veut embellir, mais au demeurant très exact. Duvau parle aussi de plusieurs Anglais qu'il y vit et qui, eux, étaient enchantés de la foire, l'un entre autres d'Edimbourg, auquel il remit une lettre pour Macdonald. Dans une excursion à Offenbach il rencontra trois autres Anglais : le médecin Headlam, le Gallois Vaughan qui avait pour cinq ans une bourse de 300 livres par an de l'Université d'Oxford, à la seule condition de rester à l'étranger ; enfin Richardson, jeune homme d'Edimbourg, très digne d'intérêt : « J'ai donné à ces deux derniers quelques mots pour vous. Mais ils vont d'abord à Paris, où les Anglais affluent en ce moment». Germing, qu'il dut voir aussi à Francfort, lui donna, dit-il encore, son *Carmen sæculare*.

Les visites et les relations mondaines dont je viens de parler ne suffirent pas à Duvau. Il fréquenta aussi le théâtre, et a donné à Böttiger sur les représentations auxquelles il assista, les détails les plus circonstanciés et parfois bien superflus. (2)« La salle de spectacle de Francfort, dit-il, est assez mesquine et assez mal éclairée. Au-dessus du rideau est placé un cadran d'où l'on voit sortir des marionnettes qui font une parodie de la pièce représentée sur la scène. J'ai vu jouer l'opéra *Palmyra*. Une actrice de passage a chanté le principal rôle d'une manière bien ordinaire. Le ténor rappelle Schulz (3), mais il est bien au-dessous

---

1. Même lettre, continuée, le 22, à Saalfeld.

2. Même lettre, continuée le 23, à Gera.

3. Probablement acteur à Weimar, comme les autres dont Duvau parle dans la suite.

de lui. Le quatuor des rois a produit un effet magnifique. L'orchestre, sans avoir pour directeur un Franz, est excellent. Les instruments à vent sont des meilleurs Les décorations très belles. Et il compare plusieurs des artistes à ceux de Weimar ; *Beniorski* (1) n'a pas été mal joué. L'acteur Werdy a beaucoup de l'organe de Voss, mais il n'a pas l'extérieur aussi imposant, encore qu'il déclame de temps en temps mieux que lui. Le dimanche 18 (2) on a représenté la *Mort de Wallenstein*, arrangée pour la scène par Vogel. Quel est ce Vogel, je n'en sais rien (3). Je n'ai pas assisté au commencement de la représentation. Il a réuni en une seule pièce les *Piccolomini* et la *Mort de Wallenstein*, et a laissé, par suite, de côté bien des scènes importantes, par contre le beau monologue d'Octavio et la scène du défilé des cuirassiers de Pappenheim. Et le jeu ! Tout étranger que je suis, j'étais loin d'être content de la manière dont déclament les acteurs. Les meilleurs ont été Werdy dans le rôle de Max et la jeune Bullo dans celui de Thekla. Mais ils ont été bien au-dessous des acteurs de Weimar, la Bullo surtout au-dessous de la Jagemann, et l'actrice qui représentait la Terzky. Pas même un Buttler comme Malkholm, et au-dessous de toute critique. Et Gordon ! Rappelez-vous le Petit-Jean dans les *Plaideurs* : Quand *je vois le soleil...* etc. Et la Neubrunn ! *Mademoiselle, se meurt* ! elle prononce ces mots comme si elle voulait dire : « Soyez sans inquiétude, elle est tranquillement étendue sur le canapé. Point de mouvement, point de vie, point d'harmonie ; en un mot, j'ai été on ne

1. Drame de Kotzebue.

2. S'il n'y a pas de lapsus. La représentation dont parle ici Duvau, ne put avoir lieu qu'au retour de son voyage aux bords du Rhin.

3. Duvau écrit, en plaisantant : *loser vogel*, qui veut dire : gaillard éveillé ; et il ajoute : « *Ex ungue leonem, ou ex cule asinum.*

6

peu plus mécontent. Un trait pour peindre le parterre de Francfort. A la place de la belle marche qui termine le quatrième acte, on a joué une mélodie quelconque, mélodie assez insignifiante, qui a cependant tellement enthousiasmé les spectateurs qu'ils ont crié bis à plusieurs reprises.

Cependant M. Perrégaux, renonçant pour le moment à faire étudier son fils en Allemagne, résolut de le rappeler auprès de lui. Cette décision aurait pu mettre Duvau dans l'embarras si, presque en même temps, il n'avait pas été engagé, par qui, et dans quelles conditions, on ignore, pour accompagner un jeune Irlandais — il ne le désigne que sous le nom de Cléments (1) — qui allait faire un voyage à travers l'Allemagne et en Italie. A peine installé, Duvau avait écrit à Mounier pour lui donner de ses nouvelles, et le 28 Mounier, en le remerciant de sa « bonne lettre», lui annonçait que dans trois jours il se mettrait en route avec sa famille pour Francfort. Mais il l'entretenait d'autres choses encore que de son départ, en particulier d'une attaque dont il avait été l'objet, ce qui lui avait été doublement pénible, de la part d'un ancien professeur du Belvédère. « J'ai reçu, disait-il (2), le coup de pied de l'âne. L'*Homme au petit souffle* ou le *Moine Jagemann* m'a envoyé un billet d'une insolence extrême. Mais le lendemain mes actions ont éprouvé une hausse subite. On m'a invité à la cour ! Nous nous quittons dans la meilleure intelligence. Le prince m'a donné pour ma fille un superbe diamant. Je vous conterai tout cela ».

Mounier ne tarda pas à arriver à Francfort ; (3)

---

1. Il était allié aux Waterford, dont il sera question plus loin, v. p.

2. Lettre du 28 septembre 1801. Le comte d'Hérisson, *Les Girouettes politiques...*, p. 258.

3. Parti le 1er octobre du Belvédère, Mounier arriva à Francfort le 5 à 9 heures du matin. Il descendit à l'Hôtel du Cygne. *Papiers Mounier.*

il y resta deux jours entiers. Duvau, on l'a vu, parle d'une représentation théâtrale à laquelle ils assistèrent et d'une soirée qu'ils passèrent ensemble chez les Schwarzkopf. Bientôt il fallut se quitter. La séparation fut pénible à Duvau. La pensée seule qu'il reverrait bientôt son ami, en adoucit l'amertume. On se mit en route, et tandis que Mounier, par Darmsadt et Heppenheim, remontait la vallée du Rhin pour de là rentrer en France, Duvau avec Cléments gagnait Cassel. C'est là, dit-il, (1) qu'il apprit la signature de la paix d'Amiens. De Cassel, dont il ne dit rien, il se dirigea sur Neuwied où il s'embarqua pour visiter les bords pittoresques du Rhin. Arrivés à 8 heures du matin à Saint-Goar, ils se dirigèrent sur Rudesheim d'où ils se proposaient de faire l'ascension du Johannisberg.

C'était le mardi 13 octobre. Insoucieux des dangers que pouvaient lui faire courir les bancs de sable devant Saint-Goar, le cours rapide du Rhin ou le Bingerloch, Duvau, pour chasser la monotonie d'une ennuyeuse navigation, songea à écrire (2) à Böttiger auquel il n'avait pas donné de ses nouvelles depuis son départ, quoiqu'il eût tant de choses à lui dire et à l'informer de sa nouvelle situation ; mais l'arrivée de Mounier l'avait empêché de le faire, et, depuis, le temps lui avait manqué. Toutefois il se borna, pour le moment à quelques lignes. Et ce fut seulement

1. Même lettre, continuée, le 21, à Bamberg. — Duvau, un peu plus loin, parle du mécontentement des habitants des deux rives du Rhin contre les Anglais qui les auraient abandonnés, de l'état de dévastation du pays, surtout autour de Mayence et de Cassel où les fruitiers avaient été en grande partie coupés.

2. Même lettre, commencée le 13 octobre, « sur le Rhin, entre Bacharach et Bingen ».

cinq jours plus tard (1) qu'il continua sa lettre et raconta
à Böttiger en détail son excursion sur les bords du Rhin.

Le 14 ils étaient revenus dîner à Saint-Goar, et
comme ils n'avaient pas été inquiétés, ils résolurent
d'y retourner passer la nuit, assurés d'y trouver un
bon gîte et une chère non moins bonne. Ils venaient
de s'installer quand, arrivèrent deux gendarmes.
Bonjour, citoyens ! — Bonjour citoyens ! Voulez-vous
prendre un verre de vin avec nous ? Les gendarmes
acceptèrent. Mais à peine assis, ils demandèrent à
Duvau, s'il avait un passeport. Duvau montra le sien
il était bon, quoique non visé par un ministre français.
— Et le citoyen ? — Il n'en a pas. — Alors il faut
aller chez le maire. C'était un juif comme ils le sont
tous dans le pays. Je lui exposai le fait en allemand.
J'en suis fâché, dit-il, mais les ordres son formels.
Il faudra que vous repassiez le Rhin. — Soit. — Là-
dessus arriva un autre gendarme qui trouva, lui aussi,
l'affaire sérieuse, et dit qu'il était obligé de nous con-
duire à Coblentz, etc. Ils rentrèrent à l'hôtel,
et le « second acte » allait commencer. Cléments
s'était déjà mis au lit, quand arriva le secrétaire de la
mairie, pour prendre notre signalement. Il faut donc
que nous allions à Coblentz ! m'écriai-je furieux.
Mais que faire ? Il fallut réveiller Cléments. Enfin il
put retourner dans sa chambre. Pour moi, après avoir
mis en ordre une partie de mes papiers et détruit
les autres, je me couchai et essayai de dormir, mais
en vain. Car eussè-je été sur un lit de roses, qu'elles
auraient été pour moi autant d'épines. Le lendemain
matin je cachai sur moi la lettre que Wieland m'avait
donnée pour Barbé-Marbois, (2) et une autre de Mou-

1. Même lettre.

2. Barbé-Marbois (François comte de) né à Metz en 1745. Avait traduit
en 1772, le *Socrate en délire ou Dialogues de Diogène à Sinope* de Wieland.

nier pour le général Zabiello à Dresde. Après une ou deux heures d'attente, nous nous mîmes en route. La contrée était magnifique, mais nous étions fort tristes. Je craignais qu'on ne nous gardât jusqu'à ce qu'on eût écrit de France ce qu'il fallait faire de nous. Le secrétaire m'avait demandé si Cléments, qui n'avait pas de passeport, n'était point, par hasard, un émigré. Non, c'est un Anglais, lui avais-je répondu. Mais les gendarmes et les autres. qui n'avaient pas entendu ma réponse, s'obstinèrent à prendre Cléments pour un Allemand, et un Alsacien se mit à lui parler dans son dialecte qu'il n'entendait pas. Je répondis pour lui et la chose en resta là. Mais la situation fut désagréable et j'étais sur des charbons. A moitié chemin un troisième gendarme se joignit à nous, singulier mélange de vivacité, de bravoure, de sentiment, de bonté, de franchise, de bonne humeur et de sottise ou plutôt d'étroitesse d'esprit. Il conduisait à Coblentz deux soldats accusés de meurtre ; et tout en partageant avec eux son pain et ses aliments : Ils seront fusillés, ces pauvres diables, disait-il.

Enfin on arriva. Le Préfet ne vit dans le cas de Duvau et de Cléments rien de particulier. Il les laissa en liberté. Ils en profitèrent pour visiter la ville, allèrent même au théâtre où ils assistèrent à une représentation « très médiocre », et passèrent gaiement la soirée. Dans l'après-midi, ils étaient allés aussi à Ehrenbreitstein (1), la forteresse démantelée de Coblentz et l'un des plus beau point de vue de la contrée. De là on aperçoit Neuwied et Andernach, le cours du Rhin à 4 lieues de distance, celui de la Moselle, et la contrée à demi sauvage de Coblentz. A distance, on croit encore voir debout la vieille citadelle, attendu que le château

---

1. Même lettre, continuée, le 21, à Bamberg.

du commandant n'est pas complètement détruit. Mais de près l'aspect est fort triste, surtout pour un Allemand, et même pour un étranger qui aime l'Allemagne. Et à ce propos, Duvau s'étend sur les défaites éprouvées par les Autrichiens — il s'étonne même qu'ils aient pu être parfois vainqueurs —, défaites qu'il s'explique par la nature et la différence du commandement et de l'esprit militaire dans l'armée française et l'armée autrichienne ; la nécessité où sort des chefs dans la première de ces armées, de payer de leur personne, etc. L'arrestation de Duvau et de Cléments mit fin à leur excursion sur le Rhin. Le lendemain, après une entrevue avec le secrétaire du préfet, qui ne voulut voir en eux que des Saxons, car sur une question qu'il leur avait adressée, Duvau avait répondu qu'ils venaient de Saxe, ils partirent, le cœur plus léger. Ils firent le chemin par eau. Là se place l'épisode d'un danger qu'ils coururent dans la traversée.

En passant devant la douane de Mayence, à Oberlahnstein, ils reçurent l'ordre de s'arrêter. Mais le gendarme qui les accompagnait dit à Duvau de recommander aux bateliers d'appuyer à gauche. Bientôt le sifflement d'une balle se fit entendre, le gendarme riposta, avec le soldat. Un second projectile tomba près de la nacelle. Alors le gendarme tira de nouveau, et ce fut une vraie fusillade. Heureusement le bateau s'éloigna sans aucun encombre, et l'aventure, plus risible que dangereuse, finit ainsi .

Où Duvau alla-t-il aborder sur la rive droite du Rhin ? il ne l'a pas dit. Il n'a pas dit davantage quelle route il suivit en quittant les bords du fleuve ; mais l faut supposer, comme il était le 18 à Francfort — il y assiste, nous l'avons vu, à une représentation — qu'il se rendit directement dans cette ville. C'est de là

aussi qu'il écrivit (1) pour la seconde fois à Böttiger
et qu'il se dirigea sur Bamberg, où nous le trouvons le
21. Il n'a pas parlé à Böttiger de son séjour dans cette
dernière ville, mais c'est là qu'il continue, pour la
troisième fois, le récit de son voyage (2) et qu'il a
raconté la fusillade à laquelle il fut exposé sur le Rhin,
et sa visite à Ehrenbreitstein. Depuis plus de quinze
jours qu'il était avec Cléments, il avait eu temps d'apprécier son caractère ; et il lui plaisait. « Je reste avec
Cléments, écrit-il, et je m'en réjouis ; avec le jeune
Perrégaux ma responsabilité eût été plus grande ».
Avec ce dernier aussi, il aurait dû probablement se
fixer dans une ville pour lui faire continuer ses études,
tandis qu'avec Cléments il s'agissait uniquement
de voyager. Le programme du voyage qu'il devait
entreprendre, était déjà fait, et dans cette même lettre
il en faisait part à Böttiger. Le 23 il comptait être à
Leipzig où il se réjouissait d'aller surprendre le « bon »
Göschen. Vers le 28 ils partiraient pour Dresde où
ils resteraient jusqu'au 12 ou 15 novembre. De là,
par Worlitz, ils iraient à Berlin et gagneraient ensuite
Vienne. Enfin, si sa *Surveillance* lui arrivait à temps,
à travers l'Italie et la Suisse ils retourneraient dans sa
« terre promise ». « Nous éviterons Weimar, ajoutait-il,
car il faudrait y rester huit jours au moins ou ne pas
s'y arrêter du tout. Cléments a ici voix au chapitre. »

Le lendemain, 22, de Saalfeld, où ils étaient arrivés,
et dont il ne parle pas plus que de Bamberg, Duvau (3)
écrivit encore à Böttiger ; et cette fois, revenant plus
en arrière, il l'entretenait de la foire de Francfort
et des relations qu'il avait eues dans cette ville. Quant
aux représentations dramatiques auxquelles il avait

1. Même lettre, continuée le 18.

2. Même lettre, continuée, le 21, à Bamberg.

3. Même lettre, continuée, le 22, à Saalfeld.

assisté, c'est à Gera seulement, où il passa une partie de l'après-midi du 23, qu'il fit part à son ami qui, il le savait, « aimait ces bagatelles », des impressions qu'elles lui avaient laissées. Mais il l'entretenait d'autre choses encore. Cette fois il lui parle (1) du « beau pays » qu'est la Franconie, et des Franconiens, qui doivent passer, en hiver, leurs journées et une partie de leurs nuits à boire leurs vins ou de la bière de Bam-berg.

« Demain, disait-il en terminant, nous verrons peut-être Matthiae (2) à Altenburg. Mes compliments au digne conseiller Wieland, et faites lui part de ma lettre, si vous croyez qu'elle puisse l'intéresser. Mes compliments aussi à la famille Kotzebue ; combien je regrette de ne pas la rencontrer à Berlin. Rappelez-moi au cordial souvenir de tous ceux qui s'intéressent à moi et que je ne puis nommer ici. Mon départ de Weimar a été adouci par la manière dont on s'est conduit et montré envers Mounier ; car j'étais trop irrité pour pouvoir éprouver un vrai chagrin. Pourtant je suis content que les choses se soient passées ainsi ; il est bon que les courtisans soient parfois morigénés par un homme comme Mounier. Si l'exemple seulement pouvait servir ! — J'espère recevoir, ajoutait-il, à Dresde (au Goldener Engel) quelque mot de vous. Je vous écrirai aussi souvent que cela me sera possible. Pour vous, vous avez autre chose à faire; je renonce aussi par avance à recevoir de longues et fréquentes lettres. Mais un témoignage de votre amical souvenir me causera toujours beaucoup de joie ».

Son départ pour Leipzig et son arrivée dans cette ville furent retardés par la difficulté de trouver à Gera une voiture et des chevaux, tout étant retenu par les voyageurs qui se rendaient à la foire. Il finit cependant par s'en procurer et partit plus tôt qu'il ne le pensait. « Je suis enfin ici, écrivait-il le lendemain (3), et j'ai passé toute la journée avec Göschen, dont je ne puis rien vous dire de mieux si ce n'est qu'il n'a pas changé.

1. Même lettre, continuée, le 23, à Gera.

2. Professeur de grec au Belvédère.

3. Même lettre, continuée à Leipzig. Duvau a daté cette letttre du 23 par un lapsus évident, puisque le 23 à 6 heures du soir il était encore à Gera à la recherche d'une voiture.

Ce matin nous sommes allés voir Thümmel (1),
et après dîner Küttner, qui malheureusement, doit
aller demain à Grimma où il a acheté une maison.
Il a une telle profondeur de sentiment, un jugement
si juste et tant de délicatesse que j'éprouve pour lui
la plus haute estime et la plus grande affection. Il
m'a donné une lettre pour Racknitz et une autre pour
le comte de Harrach à Vienne. Ce dernier est allié
à la famille de Lichtenstein. J'en ai une de Bethmann
pour le banquier Bernsteiner. Nous pouvons ainsi
compter sur de bons dîners et une société choisie.
Si je pouvais encore me procurer une lettre pour Schikaneder, j'aurais tout ce qui m'est nécessaire à Vienne
Pourtant s'il vous est possible, ainsi qu'à Kotzebue,
de me faire faire quelques autres connaissances intéressantes, cela me sera bien agréable. Au cas où
vous m'écririez à Berlin, adressez votre lettre à Sander,
pour lequel sera ma première visite ».

Le 26, Duvau alla chez Weisse, le plus aimable vieillard
qu'il eût jamais vu (2). « Nous avons beaucoup parlé
de son ami Garve (3). Il a, dit-il, donné toutes les
lettres qu'il a de lui, à Manso, et celui-ci doit s'en
servir pour la biographie qu'il prépare de cet écrivain.
Küttner a accompagné dans son voyage un marquis
de Waterford, proche parent de Cléments ; il connaît
très bien, par suite, toute la famille de Beresford.
Nous venons de passer 1 ½ heure ensemble, et nous
irons encore souper chez lui. Que j'ai été heureux

1. Thummel (Moritz-August von), « der Reisende », comme dit Duvau.
Il s'agit en effet de l'auteur de : *Reisen in die mittäglichen Provinzen von
Frankreich im jahre* 1785-86. Dix parties, 1795-1805. Il était né en 1738,
près de Leipzig.

2. Même lettre, continuée encore à Leipzig.

3. Garve (Christian), né à Breslau en 1742. Successeur de Gellert
dans sa chaire de littérature, et auteur d'articles sur les sujets les plus
divers. Mort en 1798.

d'apprendre par Göschen que Madame Wieland est de nouveau mieux! Mais il est temps de finir. Ecrivez-moi au plus tôt — vous savez ce qui peut m'intéresser — des lettres aussi longues que vous le pourrez, ou même seulement quelques lignes. Je saurai apprécier le temps qu'elle vous auront fait perdre. Adieu. Vous savez combien je vous suis attaché, aussi bien par penchant naturel que par reconnaissance. A toujours votre fidèle ami (1).

Cette lettre est la dernière que Duvau ait adressée de Leipzig à Böttiger. Quand quitta-t-il cette ville ? Il ne nous l'a pas appris. Tout ce que nous savons, c'est qu'arrivé à Dresde, il écrivit à l'érudit un billet pour lui annoncer qu'il n'irait pas à Berlin. Malheureusement ce billet, confié à Göschen, s'égara ou parvint en retard à son destinataire. Entre temps, le 4 novembre, Böttiger, qui avait sans doute reçu les lettres de Duvau du mois précédent, se décida à écrire à son ami. Mais ignorant que Duvau et Cléments avaient changé leur itinéraire, il adressa sa lettre à Berlin, et celle-ci, expédiée de là sur Vienne, y attendit sept semaines l'arrivée de Duvau. On comprend quels troubles ces méprises et ces malentendus apportèrent à la correspondance des deux amis. Ils expliquent qu'ils soient restés si longtemps sans nouvelles l'un de l'autre et que Duvau ait attendu jusqu'à la fin de son séjour à Dresde pour informer Bottiger de ce qu'il devenait

Je crains presque, écrivait-il, (2) la veille de son départ à l'érudit, que vous n'ayez pas reçu ma lettre (2). Et je le regretterais, car vous y auriez

1. En post-scriptum : Esslinger de Francfort va publier *un voyage pittoresque sur le Rhin*, en 40 — 52 feuilles. Les gravures sont faites par un peintre de Berlin ; le texte est de Klebe. Mais vous le savez peut-être déjà mieux que moi.

2. Billet s. d. *Briefe an Böttiger* t. X L, n^r 42.

3. Les différentes lettres écrites pendant le mois d'octobre par Duvau à Böttiger ayant toutes été expédiées en une fois, il les considérait, malgré leurs dates différentes, comme n'en formant qu'une.

trouvé des renseignements peut-être non sans intérêt sur Francfort, la contrée du Rhin, mon arrestation, etc. Nous partons demain, non pour Berlin, mais tout droit pour Vienne. Cela dépendra des circonstances, si nous nous bornons au petit tour par Venise, le Tyrol, la Suisse, ou si nous faisons le grand tour par Naples et Rome. Vous l'apprendrez à temps, et vous n'aurez qu'à me donner vos ordres pour les divers lieux où j'irai. Je vous écrirai sans retard de Vienne. Quelle peine cela me fait, de ne pouvoir surprendre l'excellent Sander ».

Et il continuait en donnant à son ami quelques détails sur son séjour à Dresde, sur l'accueil qu'ils y avait trouvé et les représentations théâtrales auxquelles il avait assisté : récit qu'il interrompit brusquement et ne devait reprendre et compléter qu'après son installation à Vienne, dans ses lettres du 23 et du 24 décembre. Ce récit, repris alors et continué maintenant sans que rien ne fût oublié, nous montre quel intérêt Duvau prenait aux choses de l'art et avec quel soin il s'était préparé à en observer et à en étudier les diverses manifestations.

Avant de quitter Leipizg, Duvau on se le rappelle avait demandé à Göschen et à Böttiger des lettres de recommandations pour Dresde. S'il ne put voir Racknitz, auquel l'avait adressé le premier, il fut plus heureux avec les amis de Böttiger : Geyer, Heusinger et Naumann (1). « J'ai été, écrivait-il(2) on ne peut plus satisfait de notre bon Geyer. Je l'ai mis à diverses reprises à la torture, en le questionnant pendant des heures sur ce qu'il y avait à voir à Dresde. J'ai trouvé dans le professeur Heusinger un homme aussi complaisant qu'intéressant et j'ai été très content de lui ». Naumann le charma et lui plut encore davan-

1. Naumann (Joh. Gottlieb), né en 1741 près de Dresde, à Blasewitz ; nommé en 1776 chef d'orchestre de l'opéra ducal. La *Deutsche Biographie* le fait mourir le 2 octobre 1801, ce qui est inconciliable avec ce que dit Duvau, qui n'arriva à Dresde que dans les derniers jours de ce mois ou même au commencement de novembre.

2. Même billet et lettre du 24 décembre 1801, écrite de Vienne. *Briefe an Böttiger*, t. X L, n° 3 b.

tage. Doué du sens le plus délicat pour tout ce qui touche à l'art, artiste lui-même, personne mieux que lui ne pouvait renseigner Duvau et lui servir de cicerone. La famille du célèbre artiste ne plut pas moins à Duvau que lui-même. « J'ai passé, dit-il, les heures les plus agréables au milieu des Naumann. Ils sont tous également bons, distingués, sympathiques, sans prétentions, entièrement selon mon cœur ; en un mot, des hommes tels que je les aime ».

Mais la connaissance « la plus intéressante » que fit Duvau « depuis son départ de Weimar » fut celle du Français Triklir, artiste distingué entre tous, très versé dans la société, aimé et estimé partout, « même chez ses confrères », d'un caractère aimable l'un des compagnons les plus agréables qu'on pût rencontrer et qui, ami des sciences et des lettres, possédait une belle collection de minéraux et une jolie bibliothèque (1)

Une autre connaissance, moins profitable peut-être, mais non moins agréable, fut celle que Duvau fit de Fischer « J'ai été souvent chez Fischer, dit-il (2), en qui je crois avoir un ami véritable. Vous le connaissez comme un homme dont on recherche la conversation. Il faut regretter seulement qu'il soit ainsi porté à l'hypocondrie. Il soupire après le midi de la France vous verrez prochainement de lui une vue de Madrid et d'autres choses encore ». Aux noms qui précèdent, il faut ajouter encore l'archéologue Becker, directeur

1. Le portrait que Duvau fait ici de Triklir, ainsi que celui de Naumann, de Fischer et des trois peintres Klengel, Graff et Grassi, ainsi que la description, que je n'ai pas cru devoir reproduire, d'un cercle attenant au Musée description qui, si elle est inutile, prouve avec quel empressement Duvau informait son ami Böttiger de tout ce qu'il croyait pouvoir piquer la banale curiosité de ce dernier, ont été publiés dans le Mercure allemand sous le titre *Musiciens et arts plastiques à Dresde* (Neuer *teutscher Mercur*, ann.1802 (février), p. 144-1449).

2. Lettre de Vienne, du 24 décembre, déjà citée.

du Musée des Antiques, que Duvau connaissait déjà depuis longtemps et qui, malgré sa mauvaise santé et ses nombreuses occupations fit tout ce qui dépendait de lui pour rendre service à l'ami Böttiger (1).

Avec de tels guides, Duvau s'initia rapidement à ce qui faisait la vie artistique de Dresde. Il en eut connu bientôt ou vu de près ses artistes les plus célèbres et il observa ou étudia sans retard les riches collection de la résidence ducale. Dans ses lettres du 23 et du 24 décembre (2) il a longuement entretenu Böttiger de tout ce qu'il avait vu et observé. C'est du théâtre d'abord qu'il parle à son ami ; il était alors dans un état de singulière médiocrité. *Jeanne de Montfaucon* de Kotzebue, à la laquelle il eut le regret de ne pouvoir assister, fut, dit-il, (3) la seule pièce raisonnable qui en quatre semaines fut jouée, avec les *Souvenirs* d'Iffland. « Le reste est au-dessous de toute critique ». Tandis qu'il juge si sévèrement le théâtre de Dresde, Duvau n'a qu'éloge pour l'Opéra qui lui paraît vraiment irréprochable, surtout depuis que Naumann en a banni le mauvais goût (4). Au moment de son arrivée, le principal acteur était Alberti, « brave artiste », mais qui n'était pas digne de dénouer les cordons des souliers de Benelli. Mais sur le désir de l'électeur, celui-ci, qui avait accepté un engagement pour Paris, (5) donna encore quelques représentations et Duvau put voir deux fois dans le *In matrimonio secreto* cet artiste, aussi bon acteur que chanteur agréable, et le meilleur ténor qu'il eût entendu en Allemagne. « Je signerais

1. *Musiciens et arts plastiques à Dresde*, p. 148.

2. Lettre du 22 décembre, continuée, le 23, 24 et 27. *Briefe an Böttiger*, t. X L, nᵣ 3 b. — Lettre du 28 février, *Briefe an Böttiger*, t. X L, nᵣ 6.

3. Billet s. d., déjà cité. *Briefe an Böttiger*, t. X L, nᵣ 42.

4. Lettre du 24 décembre 1802, déjà citée.

5. Billet s. d. déjà citée. *Briefe an Böttiger*, t. X L, nᵣ 42.

presque en entier l'éloge qu'en a fait Naumann dans la *Zeitung fur die elegante welt* (1). »

L'orchestre lui parut aussi l'un des plus parfaits qui existât. « Les amateurs y abondent, dit-il (2), et cependant l'ensemble est irréprochable ». Parmi les artistes qu'il y avait remarqués, il cite son ami Triklir, connu comme violoncelliste, et un certain Roth, qui jouait avec une grâce sans égale de la clarinette. « Je voudrais que l'orchestre de Weimar, d'ailleurs si bon, vint prendre des leçons ici. On aime beaucoup la musique à Dresde. L'excellent orchestre de l'Opéra, bien fait pour en donner le goût aux natures les moins musicales, et les œuvres et les efforts de Naumann ont en grande partie contribué à cet heureux résultat. On craint que la mort de cet artiste si méritant et si aimable ne porte un coup fatal à cet état de choses, car c'est lui qui autrefois a arrêté les progrès du mauvais goût et maintenu intact dans sa simplicité la grande musique. Il n'a pu toutefois empêcher de se répandre la passion des trilles et des cadences, mais qui toutefois sévit moins à Dresde qu'à Vienne. »

Les extraits de ces lettres nous montrent quel vif intérêt, que rien jusqu'à présent ne nous permettait de soupçonner, Duvau prenait aux manifestations de l'art musical. Il ne portait pas un moindre intérêt aux arts du dessin, en particulier à la peinture. Et les descriptions détaillées qu'il a données à Böttiger des chefs-d'œuvre qu'il vit à Dresde, en sont la preuve. « Je ne vous dirai rien, écrit-il à son ami, (3) du Musée des Antiques — cela se comprend, Böttiger le connaissait à fond — sinon que je l'ai visité par deux fois, et en détail. Quant à la Galerie de peintures, malgré la tem-

---

1. Lettre du 23 décembre 1802, déjà citée.

2. Lettre du 24 décembre 1802, déjà citée.

3. Lettre du 23 décembre 1802, déjà citée.

pérature assez basse, j'y ai fait de nombreuses stations
et je suis resté la plus grande partie du temps devant
la *Madonne* de Raphaël et la *Madeleine* du Corrège.
S'il me fallait choisir entre ces deux œuvres, je choisi-
rais peut-être la dernière, parce que tout me plaît en
elle, à l'exception d'un pied trop courbé, et par suite
rien ne trouble ma jouissance. On y trouve une grâce,
une expression de repentir profond qui chaque fois
m'a retenu en extase pendant des heures. Dans la
Madonne, il y a une majesté, une dignité et une simplicité, une légereté dans le mouvement et l'arrangement du costume assez grossier d'ailleurs un charme
qu'on ne saurait décrire. Et pour l'enfant Jésus, il a
les traits d'un petit Jupiter qui semble dire : Oui, je
sais que je puis te foudroyer ; et non la grâce, l'innocence et la dignité qu'on voit empreintes sur la figure
du Sauveur de Hannibal Carrache. Et, ce qui m'avait
échappé la première fois, le fond du tableau, est couvert
de têtes d'anges. Œuvre d'art, en somme, sur laquelle
on écrirait des volumes. Vous parlerai-je des autres
toiles, excellentes d'ailleurs et qui m'ont aussi captivé ;
mais, pardonnez-moi ce blasphème je les donnerais
toutes pour les deux premiers tableaux, sans excepter
les célèbres *Nuits* du Corrège ; le colori est splendide ;
mais que m'importe le colori là où les figures m'inspirent
le dégoût. Diederich de Weimar m'a séduit. Le
Jugement de Paris de Van der Werfft a toute mon admiration et je ne m'attarderai pas à des paroles inutiles
sur Claude Lorrain : il y a chez lui une grandeur, un
charme qui m'émeuvent autant que la figure de la
Madonne. En un mot, mes deux tableaux favoris,
les Deux *Lorrains*, le *Jugement de Paris* et quelques
Diederich feraient à mes yeux d'une cabane un magnifique palais ».

Duvau ne pouvait exprimer sous une forme plus

ingénieuse l'admiration que lui inspiraient les chefs-d'œuvre anciens, réunis dans la Galerie de Dresde. Il n'éprouvait guère une moindre admiration pour quelques artistes contemporains, entre autres Klengel, Graff et Grassi, qu'il connut personnellement et chez qui il fréquenta assidûment. « Vous connaissez écrivait-il à Böttiger, (1) le professeur Klengel. C'est un artiste bien digne d'estime dans sa simplicité. Ses paysages m'ont inspiré le plus vif intérêt ; ils ont quelque chose de vraiment original. Peut-être s'est-il en partie formé d'après Ruisdael, ce qu'il n'a pas nié, quand je lui en ai fait la remarque. Mais ses paysages se distinguent par un caractère de force et de simplicité, et en cela ils diffèrent de ceux de Diederich et de Ruisdael. Je suis allé souvent chez lui et en ai reçu de nombreuses marques d'amitié. Il compte aller l'année prochaine à Paris. Son fils, âgé de 17 ans, sera un virtuose sur le piano ; au printemps il ira à Paris. J'ai été aussi plus d'une fois chez Graff. C'est un artiste plein de force et de vérité, un vrai Suisse de la vieille roche. Il a perdu une grosse somme d'argent dans son pays, pendant la Révolution, ce qui a compromis pour ses vieux jours son repos et son bien-être. Et avec cela sa vue va s'affaiblissant. » Duvau s'étend encore avec plus de complaisance, sur le portraitiste Grassi (2) et sur ses œuvres. Il n'a qu'éloge pour son colori d'un charme et d'une beauté sans égal, pour l'attitude pleine de grâce de ses personnages et l'originalité de ses compositions. « Il a peint la duchesse de Rohan posée sur un nuage comme un autre Iris, avec son écharpe qui forme autour d'elle une espèce d'arc-en-ciel. J'aime encore mieux néanmoins le portrait de sa sœur, battant du tambourin,

1. Lettre du 24 décembre, déjà citée.

2. Même lettre.

avec ses yeux espiègles et cet esprit tout à elle qui illumine sa physionomie. Mais la meilleure de ses œuvres est le portrait à mi-corps de la fille du banquier viennois Arnsteiner, vue de côté et tenant d'une main une corbeille de fleurs, etc. On l'a surnommé le peintre des grâces ; et, en vérité, s'il savait former, créer une femme aussi bien que la peindre, je lui en commanderais une, pourvu que Jupiter voulût bien la doter de ce qu'il y a de meilleur dans l'homme, à savoir la tête et le cœur. (1)

On voit par ce qui précède, combien les quelques semaines que Duvau passa à Dresde, furent occupées, et l'on comprend qu'il ait peu cherché, versé comme il était dans le monde des artistes, à fréquenter la société « aristocratique ou non ». Si l'on en excepte aussi quelques familles, il n'alla nulle part. Mais il ne resta pas toujours renfermé à Dresde, et, malgré la saison avancée, il fit quelques, excursions aux environs de cette ville, par exemple à Freyberg ; il accompagna aussi Cléments à Meissen, et rendit visite, dans sa maison de campagne, à un ami de Mounier dont celui-ci avait sans doute fait la connaissance à l'époque de son séjour en Saxe, à la fin de 1796 ou durant les premiers mois de l'année suivante. Cependant vient le moment du départ. Duvau ne nous dit rien de son voyage de Dresde à Vienne, sinon qu'il alla voir à Prague le professeur Mader et sa belle collection de médailles, en particulier du moyen-âge. « On attend, de lui, dit-il (2), un grand ouvrage sur la numismatique ;

---

1. Le Mercure allemand, dans l'article *Musiciens et arts plasiiques à Dresde*, p. 148, donne : « mit dem, was Rousseau den himmlischen Instinkt der weiblichen Seele nennt » (de ce que Rousseau appelle l'instinct divin de l'âme féminine).

2. Lettre de Vienne, du 27 décembre 1802, continuation de celle du 22, 23 et 24, déjà citée. — *Auszüge aus Briefen. Uber Prag. Mader, Vogler, Meissner* (*Neuer teutscher Mercur, année 1802*, t. I, p. 232 et s.) — Mader

et il m'a donné un *Essai*, en 100 pages, *sur les Bractéactes* en particulier ceux de Bohême, sujet auquel je n'entends rien. »

Duvau ne paraît pas s'être arrêté en allant de Dresde à Prague plus qu'il ne le fit de Prague à Vienne, contrée, dit-il, « où il n'y a rien à voir ».

A quelle époque Duvau arriva-t-il à Vienne ? Il ne nous l'a pas appris. Mais on peut croire qu'il n'y était pas depuis longtemps quand le 22 décembre il écrivit à Böttiger (1). Il ne dut guère attendre, en effet, pour répondre à la lettre que celui-ci lui avait adressée le 4 novembre et qui, on se le rappelle, l'attendait depuis des semaines. C'est de cette lettre et du regret qu'il éprouvait de n'avoir pu aller dans la capitale de la Prusse qu'il entretenait d'abord son ami. « J'ai enfin, disait-il, une lettre de vous ! Mais du 4 novembre et venue par Berlin ! Une lettre que je vous ai envoyée par l'intermédiaire de Göschen, a dû vous apprendre que je ne suis pas allé dans cette ville. Je ne puis vous dire combien cela m'a fait et me fait encore de la peine. J'apprends aujourd'hui même que le conseiller Gentz m'aurait donné des lettres de recommandation. Sander m'a écrit les choses les plus aimables. Si je reviens jamais en Allemagne, rien ne m'empêchera de visiter Berlin. Je vous remercie cordialement pour votre lettre qui renferme tant de choses en deux pages. Elle m'a fait plaisir et en même temps m'a

(Joseph von), né à Vienne en 1754, membre de l'Académie de Bohême. Son *Essai sur les Bractéates* avait paru en 1797 et la publication de son grand ouvrage, celui même dont parle Duvau, les *Kritische Beitrage zur Münzkunde des Mittelalters,* commença en 1803 et ne devait se terminer qu'en 1813 (Prague, 6 vol. in-8°).

1. *Briefe au Böttiger* t. X L, nʳ 6.

affligé... » Elle l'avait affligé à cause de Mounier qui depuis son départ, ainsi que le lui apprenait Böttiger, avait été l'objet des attaques les plus injustes et les moins fondées. On comprend combien cette nouvelle irrita Duvau et ce n'est rien moins qu'une défense ou une apologie en règle de son maître qu'il entreprit de faire dans sa réponse à Böttiger.

L'indépendance de son caractère, l'énergie avec laquelle il réclama toujours ce qu'il regardait comme son droit ou celui de ses subordonnés, avaient suscité contre Mounier bien des rancunes. Elles s'étaient fait jour timidement déjà avant qu'il eûtquitté le Belvédère ; elles se manifestèrent ouvertement dès qu'il fut parti. On saisissait tous les prétextes pour l'incriminer et le critiquer. Quoiqu'il ne fût arrivé à Grenoble que le 22 octobre, on lui fit, dès la fin du mois, un crime de n'avoir pas encore écrit à Weimar. On affectait d'y voir un oubli et un manque de reconnaissance pour la protection qu'il avait trouvée dans la résidence ducale. Duvau s'éleva avec force contre cette accusation. « Qu'on n'eût pas encore reçu de lettre de Mounier, disait-il (1), cela ne prouvait pas qu'il n'eût pas écrit. Et s'il ne l'avait pas fait, ne pouvait-on pas supposer qu'il en avait été empêché par des raisons indépendantes de sa volonté ? J'ai reçu, l'année dernière, pour la première fois une lettre de ma mère après un silence de sept ans et demi, et depuis trois ans je n'ai pas eu une seule ligne de ma sœur. Et je ne les accuse pas, pour cela, d'indifférence ou d'oubli. »

Duvau arrivait ensuite à un ouvrage dont les *Mémoires sur le jacobinisme* de Barruel (2) avaient dans les derniers temps de son séjour au Belvédère suggéré l'idée à Mounier. Dans cette indigeste compilation,

1. Même lettre.
2. 5 vol. Londres.

l'ancien jésuite s'était efforcé de prouver que les philosophes ainsi que les francs-maçons, et même les illuminés d'Allemagne étaient les promoteurs de la Révolution et des excès qui l'avaient accompagnée et suivie.
Mounier s'est attaché à montrer combien cette assertion
trop générale ne tenait pas compte des causes si diverses
qui avaient amené le grand bouleversement de 1789.
Son livre (1) fit sensation, mais souleva aussi plus d'une
critique — on se rappelle le « coup de pied de l'âne »
de Jagemann — et, depuis son départ, de vives attaques.
Duvau s'indigna de voir qu'on eût attendu l'éloignement de Mounier pour attaquer ouvertement cet
ouvrage. « La Duchesse ne l'avait-elle pas loué autrefois
sans réserve, et Herder n'en avait-il pas été entièrement content ? » Ce sont ces critiques posthumes,
qui irritent l'ami de Mounier, et contre lesquelles
il s'élève dans sa lettre à Böttiger, en cherchant surtout à justifier la conclusion dans laquelle Mounier
établit en quelque sorte les règles de la soumission
que l'on doit à un pouvoir de fait. Il affirme que
« *tout gouvernement établi est légitime, même celui qui
doit son origine à des conquêtes, dès qu'il est devenu
nécessaire au repos et à l'ordre publics, dès qu'il est le
conservateur des propriétés, le défenseur de la liberté
personnelle* etc. (2).« Je ne veux pas croire, dit Duvau,
qu'il y ait un seul honnête homme qui ne contresignât
cette proposition. Que veut dire, par là, Mounier ?
Prétend-il affirmer que tout gouvernement est *bon*,
dès qu'il est établi ? — Pas le moins du monde, encore
qu'il pût l'affirmer. Il a en vue seulement *le gouvernement qui est devenu nécessaire au repos et à l'ordre publics.
Devenu nécessaire !* Qui voudrait, ajouta-t-il, renverser

---

1. *De l'influence attribuée aux philosophes, aux francs-maçons et aux
illuminés sur la révolution de France.* Tubingue, 1801 in-8°.

2. *Ib.* p. 244.

le gouvernement prussien parce qu'il soutient tant d'abus ? N'est-il pas *nécessaire* ? Ou même le gouvernement de la Hesse électorale ? — Qui a les droits les plus légitimes au trône de France, de Louis XVIII ou de Buonaparte ? — Le premier, incontestablement. N'est-ce pas pourtant un devoir même, pour les ex-royalistes, de donner leurs voix au second, qui *est devenu nécessaire* etc, et qu'on ne pourrait renverser sans répandre des flots de sang ?... Peut-on croire que Mounier aurait jamais conseillé aux Polonais de se jeter sur les Prussiens, les Russes et les Autrichiens ? Non, certes. Son langage est si précis ! Qu'on veuille bien lire seulement ce qu'il a dit »

Duvau s'enflammait trop vite et trop complètement, quand Mounier était en cause, pour qu'il se fût borné à le défendre comme il le faisait dans sa lettre du 22. Le jour suivant il donna dans une nouvelle lettre (1) cours à son indignation. Ce qui l'irritait, c'était de voir combien peu de personnes en Allemagne étaient « assez hardies » pour parler en faveur de son ami. « On accuse en général les Français de légèreté. Et pourtant j'en connais au moins 30 à 40 qui seraient disposés à se jeter dans le feu pour Mounier et à repousser les bruits qu'on répand sur lui. Combien de Weimariens seraient capables d'en faire autant ? J'en sais bien peu, et vous aussi. Combien d'exemples d'amitié désintéressée pourriez-vous trouver dans votre entourage ? Il y en a plus d'un à Weimar pour lequel j'ai rompu une lance, et qu'aujourd'hui ne ferait rien pour moi. Sans doute je n'aurais pu m'attendre à plus de témoignages de bonté de mes compatriotes ou même de mes parents que je n'en ai reçu des Griesbach et de quelques autres. Mais à les prendre dans leur ensemble, Français et Allemands, ce sont

---

1. Même lettre.

les premiers qui sont le plus capables de générosité. Voilà un langage que je tiens seulement quand je suis irrité ou qu'il me faut parler pour un ami ; et la cause de Mounier l'exigeait. Qu'on accorde à M. Zimmerman (1) tous les avantages possibles, très bien ; il le mérite. Mais qu'on fasse tant pour un inconnu, tandis qu'au lieu de tenir les promesses faites à Mounier on a accumulé devant lui les obstacles, ... qu'on ait traité d'une manière révoltante un homme qui à lui seul en vaut tant d'autres, voilà ce que je n'oublierai jamais. Pardonnez-moi, mon ami, que je m'échauffe ainsi ; I could not help ; c'est chose à laquelle mes amis doivent s'attendre. »

Arrivant enfin, après cette longue digression, à son voyage, « Que vous dirai-je de Dresde que vous ne connaissiez mieux que moi ? » Et il racontait (2) comme je l'ai fait plus haut d'après ses lettres, ce qui l'avait frappé dans ses visites au musée et aux diverses collections publiques ou privées, les relations qu'il s'était créées, enfin tout ce qu'il avait vu et appris pendant son long séjour dans la résidence électorale.

Comme s'il n'eût pas voulu s'exposer aux reproches qu'il avait encourus à Dresde, en attendant, pour écrire à Böttiger, la veille même de son départ, Duvau, dès le 27 décembre (3), entretint son ami de ce qu'il avait, depuis son arrivée, vu et observé à Vienne. Ses premières visites avaient été pour le théâtre, et c'est des théâtres de Vienne aussi qu'il parle d'abord à Bottiger dans sa lettre, des pièces qu'il avait vu représenter, de quelques-uns des directeurs alors en vue, de la situation morale et matérielle de ces théâtres, etc. Les premiers jours il était allé au théâtre populaire,

---

1. Probablement le nouveau directeur du Beldvédère.
2. Même lettre, continuée.
3. Continuation de celle du 22, 23 etc. Même lettre.

« n'ayant rien de mieux à faire. On ne peut s'empêcher
d'y rire, tant parfois c'est bête, dit-il. Une pièce à
laquelle il assista, représente la prise d'assaut d'une
forteresse, et après l'action on voit des soldats jeter
du hauts des remparts un mannequin, en criant :
Voilà votre général ! Dans une autre pièce figure
Jupiter qui se fait raconter ce qu'on se propose de
faire, et qui, pour ne rien oublier, chaque fois fait
un nœud à son mouchoir. » Je ne sais ce que Böttiger
pouvait penser de telles inventions, mais elles ne
donnent guère une haute idée de ce qui était alors le
théâtre à Vienne, et on comprend qu'il eut besoin
d'être relevé de son abaissement. Mais je doute que
les innovations d'une Schikaneder, que Duvau semble
approuver, aient pu contribuer beaucoup à son relè-
vement. Ce n'est pas l'apparition d'un carosse sur
la scène et la vue de l'héroïne de la pièce qui en descend, qui durent augmenter beaucoup l'intérêt de
cette pièce. Et l'on comprend que Schikaneder ait eu
le monopole de ces innovations et d'autres semblables
et qu'un directeur rival, Braue, n'ait pas voulu les
imiter, encore que le premier eût par là réussi à faire
revivre un instant des pièces qui étaient tombées.
Cette médiocrité des inventions théâtrales et la difficulté de recruter les acteurs avait été une des causes
principales de la décadence du Hoftheater et du Karnt-
nerthortheater, dont parle Duvau. Quant au nouveau
théâtre, Duvau en fait un grand éloge. Mais, chose
surprenante, il ne dit rien de la pièce de *Titus* qu'il
y vit représenter. Il se borne à parler de la salle et de
ses dimensions exceptionnelles. « Le nouveau théâtre
est le plus beau, dit-il, que j'ai vu en Allemagne.
Il est peint bleu et argent, nuances très agréables à
l'œil, de forme circulaire, avec la galerie qui sur-
plombe le parterre. La scène est si vaste que les 200
personnages de la pièce de *Titus* n'en occupent que

la moitié et qu'on y peut faire manœuvrer presque des régiments entiers et des chars attelés de dix chevaux ».

Peu de jours après l'arrivée de Duvau, un artiste qui avait été célèbre, Müller, fit ses adieux au public, et on joua à son bénéfice la pièce de Kotzebue : *La Réconciliation ou la Querelle des deux frères* (1). « La salle était bondée. Kotzebue assistait, je crois, à la représentation. Brehme m'a beaucoup plu. Il a joué à merveille la scène où la nièce vient féliciter son oncle. Il est plus acteur que Müller, mais celui-ci m'a ému davantage ». Et revenant le soir même sur cette représentation, il ajoutait : « La dernière scène de *La Querelle des deux frères* a été merveilleusement jouée. Mais pourquoi le rideau ne tombe-t-il pas au moment où les deux frères s'embrassent ? Les larmes me coulaient des yeux ; j'étais enthousiasmé. Mais quand mes voisins se mirent à me faire part de ce que je sentais mieux qu'eux, j'en fus scandalisé et de rage mes larmes se séchèrent. J'espère pouvoir me procurer et vous envoyer la pièce de vers où Müller a fait ses adieux au public. Il paraît qu'il a été si touché de l'accueil qu'on lui a fait, qu'il a eu l'intention de donner une seconde représentation, en jouant *Le Portrait de la mère.* »

Duvau racontait ensuite une anecdote au sujet de la jeune Goldmann, actrice qui faisait alors fortune encore qu'elle n'eût pas de talent. Un jour qu'elle jouait et qu'elle remplissait le rôle d'une jeune fille dont le père disait qu'elle n'avait ni talent ni l'art de plaire, « Pardieu, je le crois bien », dit un de mes voisins. Et je suis entièrement de son avis. Duvau ne manqua pas aussi de communiquer à Böttiger une espèce de plaisanterie satirique qui courait alors sur

1. Une des pièces de Kotzebue les plus célèbres et la plus connue en France après *Misanthropie et Repentir.*

le singulier recrutement des acteurs. Un acteur allemand se présente devant Casperle pour être enrôlé. « Savez-vous voler », lui demande celui-ci. — « Je n'ai pas entendu dire, répond le postulant, que ce soit là une qualité exigée d'un acteur ». — « Eh bien, répond le directeur, je ne puis vous employer ». Ensuite chez Schikaneder. « Savez-vous monter à cheval » lui demande celui-ci. Sur sa réponse négative « Je ne puis vous employer », dit Schikaneder. Enfin il arrive chez Braue. Celui-ci à sa vue se borne à dire : « Je ne puis vous employer » — « Oh, répond alors l'acteur, c'est que chez vous tout est par terre ». — En présence d'un état de choses sur lequel s'exerçait ainsi la satire, de bons esprits auraient désiré que Kotzebue reprît à Vienne la direction des théâtres. « Mais, remarque Duvau, c'est à quoi, notre ami se résoudrait difficilement ».

En même temps que Duvau envoyait à Böttiger ces renseignements détaillés sur le théâtre et tout ce qui s'y rapporte, il lui en donnait de non moins curieux sur les auditions musicales auxquelles il avait assisté depuis son arrivée à Vienne. « On a donné, il y a trois jours, au théâtre de la cour, les *Saisons* sous la direction personnelle de Haydn, avec 180 musiciens. Cet oratorio m'a plu beaucoup et m'a fait plus de plaisir que celui de la *Création* que j'avais entendu une fois, l'année dernière. Mais aujourd'hui que je l'ai entendu une seconde fois, je retire mon jugement. L'oratorio des *Saisons* est plus simple. Seulement Haydn, suivant sa manie habituelle, a voulu y décrire tout, et même le lever du soleil. Mais dans l'oratorio de la *Création* il y a un trésor de pensées, plus de chant et de meilleur chant, et une grande richesse d'orchestration. On n'a pu à Weimar jouer comme il convient la *Création* faute de voix convenables, celle de la Jagemann naturellement exceptée, faute aussi d'un orchestre dirigé

par un pianiste comme Weigel, avec son père comme
violoncelliste et un violon tel que Wranitzky et —
Haydn ! J'ai eu une très grande joie à voir cet admirable
artiste qui appartient au monde entier » Si ce furent
les premières, ce ne furent pas là les seules auditions
musicales qu'entendit Duvau durant son séjour à
Vienne. « J'ai assisté, chez la Paradis, dit-il dans une
autre lettre (1) à un opéra — assez médiocre d'ailleurs —
composé par elle, et qu'elle dirigeait seule. J'ai entendu aussi le jeune Mozart (2), qui n'a que neuf ans,
jouer une sonate de son père sans plus de façons que
je ne mettrais à chanter l'air de Marlborough..... »
Mais Duvau n'entretenait pas Bottiger seulement
des mucisiens vivants, il lui parlait aussi de ceux qui n'é-
taientplus. « Vous connaissez sans doute déjà la mort de
Schulz, lui écrivait-il dans sa lettre du 27 décembre
au soir (3). L'année dernière il avait eu à Prague des
vomissements de sang, et depuis lors il n'avait plus
chanté. Il est mort d'une pneumonie, maladie qui est
ici très fréquente ».

Duvau ne pouvait guère manquer de parler à Böttiger
des nombreuses personnes pour lesquelles il avait eu
des lettres de recommandation Neumann à lui seul
ne lui en avait pas donné moins de huit (4) — et chez
qui il alla, Lange, par exemple, qui lui parla beaucoup
de Kotzebue auquel il rendait pleine justice ;
le baron Petzer, « tête éveillée — à ses propres yeux
surtout — » ; le banquier Arnstein, « mais, dit-il,
comme ces dames ne sont pas là, nous y allons peu ;

1. Lettre du 28 février 1802, de Vienne. *Briefe an Böttiger*, t. X L,
n^r 6.

2. Fils du grand compositeur. Pianiste célèbre, né en 1791 ; il avait
donc alors 10 ans.

3. Lettre déjà citée.

4. Lettre du 27 décembre 1801, déjà citée.

elles m'apporteront des nouvelles de Sander » ; le comte de Keller, frère de Mme Bechtolsheim ; Schreyvogel, « la meilleure tête qu'il y ait à Vienne ; il a voulu fonder ici un journal dans le genre des *Daily papers* anglais ! mais le gouvernement a repoussé son projet ; depuis, il a fondé, avec quelques amis, une librairie artistique. Je passe mes heures les plus agréables chez la baronne Eybenberg, veuve du prince Reuss. Dites-le à Mlle de Gœchhausen, en lui faisant des meilleurs compliments. — Je vais souvent, dit-il encore, chez les Schönberger ; ils ont d'excellents paysages à l'huile. » Leur fils d'ailleurs se faisait déjà remarquer comme paysagiste. « Il me semble, dit Duvau dans une lettre postérieure (1), que le jeune Schönberger est appelé à faire plus et mieux que la plupart des paysagistes d'aujourd'hui. Il a étudié très soigneusement Claude Lorrain, et il y a déjà dans ses tableaux je ne sais quoi de vaporeux, ce qui n'est pas le moindre mérite de Claude ». Duvau fréquenta aussi chez le peintre Füger (2). « Son dernier ouvrage, dit-il (3), est un Achille saisissant ses armes, etc. Il est assis sur le lit où est étendu Patrocle mort. De la main gauche il tient son épée, le pied droit est posé sur son bouclier. Ses traits expriment la force et respirent le courage et la vengeance ; seulement la tête est trop petite, trop délicate, et a quelque chose de trop féminin. Le coloris et les chairs sont merveilleux. Derrière lui se tient un esclave dont la figure porte l'empreinte de l'étonnement et de l'effroi. Il a

---

1. Lettre déjà citée, du 28 février 1802. — Schönberger (Lorenz), né en 1770 à Voslau près Vienne, fut probablement élève de Wutki, dont Duvau dit (même lettre) qu'il a vu beaucoup de ses paysages.

2. Füger (Heinr), né à Heilbronn en 1751. Depuis 1783 il était vice-directeur de la classe de peinture à l'Académie des Beaux-Arts de Vienne.

3. Lettre du 27 décembre 1801, au soir.

commencé aussi deux petits tableaux : Socrate devant
ses juges, tel que Wieland le montre dans son *Aristippe*,
tableau qui sera peut-être excellent ; et d'après Wieland aussi un Phidias assis, auquel, il semble,
apparaît Jupiter écartant les nuages et se montrant
à lui dans toute sa magnificence : idée peut-être très
originale, mais difficile à rendre et qui ne peut produire aucun grand effet » (1).

Passant ensuite à un autre ordre d'idées, Duvau
racontait à Böttiger une anecdote qui montre quel était
alors à Vienne l'état des esprits. « La cour a été hier,
en grand apparat, à l'église Saint-Etienne — l'entrée
et la sortie ont eu lieu sans le moindre vivat. Le peuple
est très mécontent et murmure tout haut, car on ne
cesse pas de lever des impôts de guerre, et la cherté
à Vienne est effrayante. L'archiduc Charles même
a perdu sa popularité ; le peuple avait pensé qu'il travaillerait à alléger les charges publiques, mais il en
a été autrement. L'archiduc d'ailleurs n'y peut rien ;
dans son propre département il arrive à peine à faire
quelque bien » — Et cédant au penchant qu'il avait
à communiquer à Böttiger tous les racontars qu'il
croyait propres à satisfaire sa curiosité : « Champagny,(2)
disait-il, est assez bien vu ici, ainsi que ses deux secré-
taires. Le premier, Amée, aide de camp de Buonaparte
qu'il a accompagné partout, jusqu'à S. Jean d'Acre
et qui, dit-on, s'est distingué à Marengo, jeune homme
plein d'esprit et de feu. Le second, Dodun, que vous
avez vu avec Caillard (3), m'a demandé hier de vos
nouvelles et de celles du conseiller Wieland. Le

1. Une lettre du 28 février 1802, déjà citée, et dont il sera question
plus loin, nous apprend que l'*Achille* allait être gravé par Kinzinger
pour Schreyvogel et que l'original était destiné à la galerie de Prague.

2. L'ambassadeur de France à Vienne.

3. On se rappelle que Caillard était venu à Weimar. v. chap. III, p.

prince de Ligne s'entretenant avec quelqu'un qui avoua que la liberté en France n'était pas bien grande : Oui, reprit-il, ils n'en ont gardé que l'écorce (les Corses). En présence de je ne sais plus qui un des grands personnages d'ici, parlant d'une façon désobligeante des Français, demanda à son interlocuteur s'il n'avait jamais été à Vienne. — Non, mais j'en ai été deux fois très près, à Leoben et au lendemain de Hohenlinden. » Et revenant à lui-même : « J'ai entendu deux fois le Docteur Gall (1). J'aurais continué de suivre son cours, mais il eût fallu payer 3 fl. pour les 16 à 18 leçons. Vous savez ce qu'il faut penser de son système ; toutefois, ses observations sont intéressantes ». Et se rappelant qu'il n'avait pas encore parlé de son installation, « Nous demeurons, dit-il, sur le Kohlmarkt, vis-à-vis du théâtre Braue, et payons 36 florins par mois pour deux chambres. Le lendemain de mon arrivée j'ai rencontré Walker et Hope (2). Nous nous voyons beaucoup. Nous mangeons ensemble, et malgré la cherté nous avons pour 6 florins un dîner qui suffirait pour huit personnes. Walker et Hope vont à Florence, Naples et Rome, puis à Florence et Milan et de là en France. Nous autres, nous irons certainement à Venise et Milan, etc., et il faut l'espérer, aussi à Naples et à Rome. J'attends vos commissions ! Que devient Benzon à Weimar ?

1. Gall (François-Joseph), né en 1758 à Tiefenbrunn (grand duché de Bade). Fondateur de la cranioscopie. Il fut reçu médecin à Vienne en 1785 et y exposa son système dans des cours à partir de 1796. Accusé de matérialisme, il vint en 1807 en France où il se fit naturaliser 12 ans plus tard.

2. Probablement deux anciens élèves de l'institut du Belvédère, — il a été déjà question du premier (v. chap. III, p.) — Duvau dut rester en relations avec eux. Fait singulier, ils figurent dans l'inventaire fait après le décès de Mme Duvau, Hope pour une somme de 2.500 francs et Walker (James), qualifié de ministre anglais à Edimbourg, pour une somme de 600 francs, que Duvau leur aurait dûes.

Dites-lui que je me fâcherai pour de bon, s'il ne m'écrit pas, mais en même temps donnez-lui une bonne poignée de main. C'est un jeune homme qui n'a que des sentiments nobles et délicats. Je ne crains pas qu'on ose dire du mal de Mounier devant lui..... Pourquoi ne m'avez-vous pas donné de nouvelles du conseiller Wieland ? J'écris d'une manière bien négligée, mais ma lettre en est d'autant plus longue. Ecrivez-moi bientôt. Qu'arrive-t-il de l'anoblissement de Herder ? On raconte ici que Schiller s'est brouillé avec Gœthe au sujet de *Jeanne d'Arc*, et qu'il ira à Dresde. Mais je pense que Göschen et Körner m'en auraient dit quelque chose. *Jeanne* est une production vraiment originale et géniale, et j'aurais beaucoup de choses à en dire..... Que je voudrais parfois vivre dans le cercle de Kotzebue ! Saluez tout le monde de ma part ; je n'oublie personne. »

Le 2 janvier Duvau ajoutait à sa lettre une espèce de post-scriptum, dans lequel il parlait à Böttiger surtout de la police autrichienne et de la surveillance qu'on exerçait à Vienne sur toute chose.

« Je donne ma lettre au jeune Jagemann qui se rend à Paris par Munich ; elle pourrait bien n'être pas très agréable à la police ; on continue ici d'ouvrir les lettres. Les leçons de Gall ont été interdites sous prétexte qu'elles conduisent au matérialisme. Je ne suis pas content de l'article de Küttner sur la police de Vienne ; de ce qu'elle veille à la sûreté publique, soit, on est de ce côté très heureux ici, à condition qu'on n'ait pas de langue. Mais Küttner était-il obligé de parler de la terreur que personne ne cherche à excuser ? Je voudrais bien voir combien de temps pourrait rester à Vienne quelqu'un qui parlerait ici aussi librement qu'on peut le faire en Angleterre dans la société la plus ministérielle. Je pourrais écrire des volumes à ce sujet. L'ouvrage de Kotzebue (1) sera défendu ici . Des livres qu'on avait interdits sous Marie-Thérèse, qui depuis avaient été autorisés, sont défendus de nouveau. Une dame de ma connaissance a été avertie de ne pas laisser traîner son *Kant*, parce que les femmes qui s'occupent

1. *L'année la plus mémorable de ma vie*, ouvrage où il raconte son exil en Sibérie. V. p.

de choses sérieuses, sont soumises à une surveillance particulière. Dans les salles de l'Université il y a habituellement quelqu'un de la police mêlé aux auditeurs. Voilà des faits. Mon salut le plus amical à Mlle Amalie d'Imhof Je répondrai très prochainement à son aimable lettre ».

Chose surprenante et à peine explicable, Duvau resta ensuite près de deux mois sans donner de ses nouvelles à Böttiger, et ce fut le 28 février seulement qu'il lui adressa quelques lignes, en lui annonçant son départ de Vienne. (1) « Un mot seulement, car je suis excessivement pressé. Notre serviteur nous quitte demain, parce qu'il ne sait ni français ni italien. Nous partons jeudi 4 mars pour Trieste, Venise, Padoue, Vicence, Vérone, Bologne et Rome. Je vous écrirai de Naples. Et se rappelant qu'il n'avait rien dit à son ami de ce qu'il avait fait ou lui était arrivé à Vienne depuis le commencement de janvier : « Rien de nouveau ici, »disait-il ; puis, après lui avoir parlé de la représentation d'une pièce à laquelle il avait assisté et dont il avait admiré le rôle principal, encore qu'il ne fût pas tenu par un Iffland, il ajoutait : « J'ai vu chez le duc Albert beaucoup de dessins originaux de Raphaël ; 200 volumes in-folio de toute espèce de maîtres, chacun contenant environ 160 gravures. N'est-ce pas là quelque chose de prodigieux et d'unique ? 400 volumes de gravures en taille douce ! — La collection Fries, continuait-il, est estimable ; quelques beaux tableaux, un Claude Lorrain rare. Demain je vais chez le comte Bamberg, qui depuis la dispersion de celle de Hamilton possède la plus belle collection de vases étrusques. Je suis allé quelquefois à l'Université, mais j'ai été peu satisfait. Peu d'ordre, beaucoup de professeurs ne commencent leur cours qu'à la demi (2) ; leur nombre

1. *Briefe an Böttiger*, t. X L, nᵣ 6.

2. En Allemagne les cours commencent au quart et ne durent que trois quarts d'heure.

est d'environ 350 à 360. Le rétablissement du Theresianum leur a fait un grand tort ». Et il terminait — j'en ai parlé plus haut — en lui donnant quelques renseignements sur l'*Achille* de Füger et l'entretenant du jeune Schönberger et de ses travaux, de l'opéra de la Paradis et du jeune Mozart dont il avait admiré le précoce talent.

Duvau ne quitta pas Vienne le 4 mars, comme il l'avait annoncé à Böttiger. Il resta encore dans cette ville — j'ignore pour quelle raison — jusqu'au 12, et ce fut le lendemain seulement qu'il se mit en route (1) avec Cléments pour se rendre — il ne paraît pas s'être arrêté à Trieste — directement à Venise. La vue de l'ancienne reine de l'Adriatique, son aspect unique qui frappe d'étonnement l'étranger, le souvenir de son glorieux passé et le spectacle de sa décadence présente inspirèrent à Duvau un sentiment mêlé de tristesse et d'admiration. Tout y rappelait la conquête et l'occupation étrangère. Les Vénitiens n'étaient pas plus contents de la domination française que de celle de l'Autriche. La décadence du commerce était complète, et dans leur indolence les habitants ne faisaient rien pour le relever ; la monnaie seule avait été améliorée. Les plaisirs que les pouvoirs publics encourageaient autrefois, avaient fui avec les étrangers qu'ils attiraient. La plupart des nobles avaient perdu une grande partie de leur fortune ; la classe moyenne, qu'ils faisaient vivre, était dans la détresse et Venise était devenu un « hôpital de pauvres ». Partout s'étalait le spectacle de la misère du peuple. Enfin les plus beaux chefs-d'œuvre de l'art — Duvau fait la même remarque pour la plupart des villes de l'Italie qu'il

---

1. Lettre du 28 février 1802, déjà citée, continuée le 12 mars.

visita — avaient été enlevés par les vainqueurs. Il
n'en restait qu'un petit nombre dans les églises et
ça et là dans quelques palais. On pouvait toujours
voir aussi les fresques de Paul Véronèse au palais
ducal et dans quelques autres édifices, ainsi que celles
du Guide et du Titien. L'immense collection du
Tintoret, qui se trouvait dans la Scuola di S. Rocco,
était également restée ; les Français avaient reculé
devant les frais qu'en aurait occasionnés le transport,
« et je ne saurais les en blâmer, dit Duvau (1). Le Tintoret n'est pas mon peintre ajouta-t-il ; son dessin
est plein de hardiesse et sa fantaisie est pleine de feu.
Mais, grand Dieu, où est la grâce, la noblesse, la simplicité de l'école romaine, ou même le coloris de celle
de Bologne ? En dehors de Venise, je n'ai vu en Italie
aucun tableau de lui ; j'en serais désolé, si j'étais
le Tintoret ». Chose surprenante, Duvau ne parle
pas de l'église de Saint-Marc, ni de la place du même
nom, mais il a cru devoir dire quelques mots des
canaux qui depuis deux ans étaient à l'abandon et
des murazzi — immense muraille située à quelques
lieues de Venise et qui la protège contre la mer, mais
qui commençait à tomber en ruines, faute d'entretien.

Duvau ne resta que huit jours à Venise... « et qui,
dit-il (2), pourrait-y rester plus longtemps dans l'état
de choses actuel ? » De Venise il se rendit avec Cléments à Padoue et y passa à peine un jour, tant il y
avait peu de choses à voir. Il y dîna chez le général
Bellegarde dont il fut enchanté, ainsi que de sa femme.
Il eut la bonne fortune d'y rencontrer le célèbre
abbate Melchior Cesarotti. « Vous connaissez, écrit-il
à Böttiger (3), son excellente traduction d'Homère et

1. Lettre de Florence, 28 juin 1802. *Briefe an Böttiger*, t. X L, n^r 7.
2. Même lettre.
3. Même lettre.

d'Ossian. Après dîner il nous a lu une petite étude intitulée : *Des avantages que présente sur les autres le gouvernement monarchique,* étude qui est une vraie perle et qui m'a paru d'une grande pénétration et pleine de bon sens. On a parlé de l'Allemagne, de la Saxe, de Wieland, dont il a salué le nom avec respect ; il connaît, mais seulement d'après mauvaises traductions si l'on excepte celle de Sotheby, la plupart de ses poèmes entre autres l'*Obéron* et le *Musarion*, et il a pour lui une grande admiration. En un mot, tout s'est réuni pour me faire passer trois à quatre heures de la façon la plus agréable. »

De Padoue Duvau gagna Vicence. Il ne s'y arrêta qu'une demi-journée. Cela lui suffit pourtant pour visiter le théâtre olympique, chefd'œuvre de Palladio, et deux édifices remarquables situés à 2 ou 3 lieues de la ville. — De Vicence, il se rendit à Vérone ; il y resta un jour et demi et alla deux fois visiter l'ancien théâtre « où, dit-il, (1) il resta longtemps assis en rêvant au passé. La contrée est peut-être encore plus belle que celle de Vicence, mais la situation politique de la ville est singulièrement triste. Les Français en occupent la plus grande et la plus belle partie. J'y ai rencontré le banquier berlinois Schickler, que j'avais déjà vu à Vienne et à Venise, et j'ai eu encore le plaisir de parler allemand avec lui ». A. Mantoue, qu'il gagna ensuite, Duvau ne trouva rien à voir que les remarquables fresques du Jules Romain dans le Palais du Té « et — 4000 Français» A Parme il restait encore moins d'œuvres d'art. Les Français n'avaient rien pris, mais seulement demandé, et on leur avait largement donné, à commencer naturellement par les beaux Corrèges, la *Madonna dello Scudello* et autres tableaux

---

1. Même lettre.

du prix. « Seulement, dit-il (1), on n'a pu emporter l'immense théâtre, le plus vaste certainement qu'il y ait en Europe ; mais il est comme s'il n'existait pas, puisqu'on ne peut s'en servir. C'est dommage qu'il ne soit pas à Paris où à Londres. Et dommage aussi que le Duc n'ait pas été rasé et enfermé dans un cloître ».

Duvau et son compagnon ne firent guère que traverser Reggio et Modène. Ils ne s'arrêtèrent pas beaucoup plus à Bologne. Tout y avait été enlevé. Toutefois les collections particulières étaient restées, et, ce qui vaut des collections entières, les *Pleurs de Saint-Pierre* du Guide — « un des meilleurs chefs-d'œuvres de l'Italie dit Duvau (2) ou plutôt le meilleur, puisque les principales peintures de Rome et la *Madonna della Sedia* ont été emportées. Je parle bien entendu des tableaux, car les fresques de Raphaël sont au-dessus de tout..... De Venise à Bologne, continue-t-il, on traverse la plaine la plus belle, la plus riante et la plus fertile. Les nombreux mûriers me rappelaient les bords de la Loire. Chose singulière, à Padoue, Vicence, etc, et à Florence tout était en avance de trois semaines sur les environs de Bologne qui est située au milieu de ces villes. Dans les descriptions poétiques, dans les tableaux de Salvator Rosa, et au moins sur un parcours de plusieurs lieues les Apennins en réalité offrent aux yeux le plus bel aspect. Il faut deux jours — et quels jours — pour aller de Bologne à Florence ! Mais aussi quel dédommagement, quand tout à coup on aperçoit les bords gracieux de l'Arno et la plaine non moins gracieuse des environs de Florence ! ». Duvau s'arrête ici, remettant à parler de Florence après le récit de son voyage de cette ville à Rome et à Naples.

1. Même lettre, continuée le 28.
2. Même lettre.

Duvau et Cléments arrivèrent à Rome le 12 avril,
le lundi de la semaine sainte, durant laquelle seulement
ils se proposaient de rester dans la ville éternelle.
Ils purent ainsi assister aux cérémonies autrefois si
célèbres de cette semaine. Duvau n'a pas manqué
d'en entretenir Böttiger, et il l'a fait avec une liberté
de langage inconnue chez lui jusque-là et qui montre
à quel point l'ancien élève du collège Du Plessis
s'était, pendant son séjour à Weimar, imbu de l'esprit
protestant. C'est ainsi qu'il rappelle à son ami comment
il avait vu le Pape porté solennellement à l'église à
travers la foule prosternée en adoration (1). « Trois
choses, ajoute-t-il, ne peuvent manquer d'attirer
l'attention : 1º Les chants des castrats de la chapelle
Sixtine, qui observent le crescendo et le diminuendo
d'une manière vraiment merveilleuse. On espère
toutefois que ces castrats — honte de la société humaine — disparaîtront bientôt, condamnés comme ils
le sont par les lois de tous les pays. 2º L'illumination
de la Croix qu'on descend du haut de la coupole,
tandis que toutes les autres lumières de l'église sont
éteintes : d'où un mélange de lumière, d'ombre et
de clair obscur qui remplit l'église et produit un effet
étonnant, effet que les peintres viennent le jeudi et le
vendredi saints essayer de saisir et de fixer sur la
toile. 3º Enfin la bénédiction pontificale. La foule
massée sur la place Saint-Pierre derrière les gardes
qui la contiennent, entassée aux fenêtres et sur les
toits — vous auriez pu voir votre Duvau perdu au
milieu de ces innombrables curieux — le Pape avec
sa suite debout devant l'autel, les canons du château
Saint Ange qui tonnent tout cela réuni produit le

____

1. Lettre, déjà citée, du 28 juin 1802. Duvau dit : « sahen wir dem
unwsesen zu, wie der Papst, als ein Grosslama, in die Kirche getragen und
dort angebetet wurde... ».

plus grand effet. Le Pape actuel, dit-il, ne représente pas aussi bien que son prédécesseur ; ce n'est pas un acteur ; il lui faut d'ailleurs danser sur l'air qui plaît aux Français. Comme mon cœur se souleva quand j'appris que des hérétiques tels que Griesbach, Wieland, Böttiger et d'autres non moins bons avaient été mis à l'interdit. Que n'ai-je pu saisir au vol à leur intention une des indulgences déversées alors sur la foule. A la vérité, j'en aurais besoin autant qu'eux, car qui est devenu hérétique, ne vaut pas mieux qu'un hérétique de naissance. (1) Je n'ai vu qu'en courant ce qu'il y a de plus remarquable à Rome, pressés que nous étions de partir pour Naples.

Duvau, on le comprend toutefois, s'éloigna de Rome avec regret. « La douleur que j'éprouvais, dit-il, quand j'ai quitté cette ville, a dû vous prouver combien je m'y étais plu ». On comprend aussi qu'il s'y soit arrêté à son retour. Duvau n'a pas dit à quelle date il arriva à Naples ni quand il repartit, et le récit de son séjour dans le Napolitain est tellement confus et incomplet qu'il est difficile de savoir ce qu'il fit pendant le temps qu'il passa dans ce pays. Des anecdotes sans grand intérêt y remplacent trop souvent les descriptions auxquelles on se serait attendu. Il ne dit rien par exemple de la situation incomparable de Naples, des bords enchanteurs de son golfe, du mont Vésuve. Mais il nous apprend que le prétendu laurier de Virgile vit toujours, renouvelé qu'il est soigneusement dès qu'il vient à mourir. « J'avais cueilli sur cet arbre vénéré un tout petit rameau ; alors le jardinier envoya ses enfants couper sur un laurier voisin une branche entière qu'il me donna. »

Et passant sans transition à un autre sujet : « Les

1. Ce langage inaccoutumé de Duvau étonne doublement parce qu'il le tient à Rome.

meilleurs tableaux de Capo di Monte (1) sont à Palerme » ; il en était de même des quelques-unes des plus belles sculptures, tandis que l'*Hercule* et la *Flora* étaient restés à Naples (2). « Les catacombes de Naples sont plus remarquables que celles de Rome ». Duvau ne pouvait manquer de visiter les localités voisines, par exemple, Pompéi et Portici. Mais il se borne à dire qu'il est allé deux fois à Pompéi. Quant à Portici, cette ville construite sur l'emplacement d'Herculanum, il ne parle pas de ce qu'il y vit plus qu'il ne l'a fait pour Pompéi. Il dit seulement que l'ancien aumônier du prince de Galles, nommé Hater, y résidait alors et recevait une subvention de la cour d'Angleterre pour reconnaître et déchiffrer les manuscrits au nombre de 1.400 qui se trouvaient conservés dans cette ville. Il en avait déjà trouvé un d'Epicure « qui renfermait, je crois, dit Duvau, un traité d'Astronomie (3). »

Duvau ne se borna pas à visiter les environs de Naples. Il poussa ses excursions jusqu'à Salerne et Pestum. Il ne resta que trois heures dans cette dernière localité où il était allé sans doute pour voir le temple de Neptune, et sur ces trois heures il en passa, dit-il, deux dans une société très aristocratique mais assez peu agréable, avec laquelle il dîna « J'étais assis, (4) près de l'archevêque de Salerne qui était, avec un frère d'Acton, la femme de celui-ci, née Philipsthal, et une princesse allemande, l'hôte de l'évêque de Pestum et

1. Château transformé en Musée où se trouvaient les collections Farnèse et les pièces les plus précieuses découvertes à Portici et à Herculanum.

2. Statues trouvées dans les termes de Caracala et devenues en 1790 par héritage propriété du roi de Naples.

3. Epicure avait composé un *Traité de la nature,* dont deux livres avaient été trouvés à Herculanum.

4. Lettre du 28 juin, déjà citée.

nous avait invités. Tous furent extrêmement polis. L'archevêque m'engagea à passer quelques jours chez lui à Salerne. Ils ne voient guère, me dit-il, de figure humaine que quand il en vient d'Allemagne, d'Angleterre ou de France. Comme je le questionnais au sujet de la destruction de Pestum, un certain prince.... commandant de Salerne, dit d'un air assuré : Monseigneur va vous l'apprendre .Que me raconta alors l'archevêque ? Qu'au VIe siècle un certain Abdila (*sic*), roi des Sarrasins, envahit le pays et détruisit tout, etc. » Duvau, à cette occasion, ajoute que l'église de Saint-Mathieu à Salerne est remplie de colonnes, de pavés et de mosaïques apportés de Pestum.

On voit combien peu de renseignements la lettre de Duvau à Böttiger (1) renferme sur les antiquités et les œuvres d'art de Naples et de la région avoisinante. Elle n'en renferme guère plus sur l'état, si troublé depuis quatre ans, de cette contrée. On ne trouve rien ou presque rien sur l'influence de la reine Caroline, la fuite du roi Ferdinand sur la flotte anglaise, le rôle de l'ambassadeur anglais et de Lady Hamilton, l'établissement et la chute si rapide de la république parthénopéenne, enfin le retour de Ferdinand et les fureurs de la réaction. Il est vrai, Böttiger connaissait ces évènements. Mais on eût aimé à savoir ce que Duvau en pensait. Au lieu de le dire, il s'est contenté de raconter quelques épisodes de la double révolution que venait de traverser Naples et le royaume, (2) « La situation politique de cette ville et de tout le pays. écrit-il, est digne de compassion. Je m'étonne que les Anglais qui y étaient avec Nelson, n'aient pas fait connaître ce qu'ils ont vu. Le tableau des excès de la contre-révolution royaliste fait reculer d'horreur.

---

1. Lettre déjà citée, du 28 juin.
2. Même lettre.

Connaissez-vous l'anecdote suivante ? Caraccioli,
l'ancien commandant de la flotte italienne et favori
de Lady Hamilton, avait été pendu sur son propre
vaisseau, un jour où celle-ci dînait avec la famille
royale sur le vaisseau de Nelson. On servit un cochon
de lait rôti, et le majordome, qui le dépeçait, commença
par lui trancher la tête. A cette vue, la sensible Lady
tomba sans connaissance, et on eut grand'peine à
la faire revenir à elle. A la fin du repas elle était complètement remise. Allons donc voir, dit-elle, Caraccioli. « Les Lazzaroni, continue Duvau, ont brûlé
vifs des gens soupçonnés d'être des Jacobins, les ont
coupés en morceaux et en ont mangé. Dernièrement
un jeune homme qui portait une longue barbe, à la
mauvaise mode française et se promenait dans la rue,
a été arrêté et conduit devant le juge ; celui-ci saisissant
une lumière, lui a brûlé le barbe, prenant plaisir aux
grimaces de douleur du malheureux, et après cela
il l'a fait incarcérer sans autre forme de procès.
Une révolution, ajoute Duvau, est inévitable ; on fait
tout pour la hâter. Les républicains haïssent les Anglais
qui ont toléré tant d'abus, les deux partis, à commencer,
cela va sans dire, par les royalistes, haïssent les Français..
et cependant il voudraient bien s'en servir pour s'affranchir, mais seulement pour faire ensuite de nouvelles
Vêpres Siciliennes. Toutefois il n'est pas à supposer
que les Français leur viennent en aide ; ce n'est pas
en vain qu'ils ont reçu tant d'argent de la cour de
Naples. On dit qu'Alquier — l'ambassadeur français — s'est vendu. C'est ce qu'il faut croire
plus tôt d'un gouvernement que d'un homme. J'ai
vu Alquier deux fois, et je ne saurais vous dire combien
j'ai été content de lui. Il m'a parlé de l'émigration et
de la situation politique en termes ménagés et pleins
de délicatesse. Pendant les trois heures que nous avons
passées ensemble, j'ai trouvé en lui un homme d'un

esprit sain et animé de principes et de sentiments les plus libéraux. C'est lui qui m'a appris la nomination de Mounier (1).

On ne sait à quelle époque Duvau revint avec Cléments à Rome. Mais ce ne fut guère que vers le milieu du mois de mai, et il y passa une dizaine de jours, ce ce qui lui permit de réparer le temps que « je le dis tout bas, écrivait-il, pour que les gens pieux ne m'entendent pas, la maudite semaine sainte » lui avait fait perdre (2). Le lendemain de son retour Duvau se présenta chez Fernow ; il ne le trouva pas, et après l'avoir attendu en vain quelque temps, il s'en allait, quand en sortant, à sa grande surprise, il rencontra Seume (3), dont il avait fait la connaissance, on se le rappelle, quelques mois auparavant. On peut juger de sa joie. Seume n'en éprouva pas une moindre, et pour prolonger le plaisir qu'ils avaient à se revoir, les deux amis firent ce jour-même l'ascension de la coupole de Saint-Pierre. Le lendemain ils montèrent encore ensemble au Capitole et de là ils contemplèrent à loisir les monuments du passé de la Ville Eternelle, en souhaitant que leurs amis communs fussent avec eux. « Seume est un homme bien intéressant, il offre une réunion rare d'esprit, d'érudition, de droiture et d'originalité. Son poème sur la Sicile est comme un charmant bouquet de sentiment et d'esprit. — Fernow (4) n'a pas pas autant d'originalité et de piquant

1. Comme préfet de l'Ille-et-Vilaine.

2. Il en était resté 6 au moins à l'aller; comme il en passa dit-il en tout 18 à Rome, il dut y rester la seconde fois 10 à 12.

3. Duvau dit ici : « and whom should I meet at the door but.

4. Fernov (Karl-Ludwig), né en 1763 à Blumenhagen près de Pasewalk (Poméranie).La connaissance qu'il fit à Lubeck du peintre Carstens lui inspira le goût des arts. Après quelques années passées à Iéna il alla à Rome en 1794 et depuis lors il se donna tout entier à l'étude de la théorie des beaux-arts ainsi qu'à celle de la langue et de la poésie italiennes.

c'est un homme d'une simplicité et d'une bonté on
ne peut plus grandes, et je ne saurais vous savoir trop de
gré de m'avoir procuré sa connaissance. Je ne vous
parle pas de sa science. Je suis curieux de voir sa grammaire ; ce qu'il a eu le temps de m'en lire, m'a paru
excellent. »

« Vous connaissez Rome mieux que moi, disait-il
encore ; que pourrais-je vous en dire, si ce n'est que,
malgré le peu de temps dont j'ai pu disposer, j'ai
visité tout ce qu'il y a de remarquable dans cette ville.
Le Colisée, l'église de Saint-Pierre, le Belvédère, les
Chambres de Raphaël et la Farnésine, monuments dont
la réunion en n'importe quel endroit en ferait le lieu
du monde le plus remarquable. Le Belvédère ! Le
lieu lui-même ! Quand à l'extrémité de la première
galerie je suis arrivé à la grande Rotonde et que je me
suis trouvé tout à coup entre l'*Apollon* et le *Laocoon* —
je ne suis qu'un enthousiaste de troisième ordre —
je fus pénétré d'un sentiment profond d'étonnement devant tant de grandeur, de satisfaction de
tant de simplicité, d'admiration pour ces chefs-d'œuvres, d'indignation qu'on en eût enlevé les originaux —
si on pouvait seulement en certains cas devenir poète !
— disparition irréparable pour l'œil et la première
impression, mais non pour le génie observateur de
l'artiste ; car de toutes les œuvres d'art qui s'y trouvaient — une seule exceptée — il n'y a plus au Belvédère que des reproductions en plâtre, — non seulement reproductions des chefs-d'œuvres comme de
l'*Apollon*, du *Laocoon*, du *Méléagre*, de l'*Antinoüs*,
du *Torse* (d'*Hercule*), mais aussi des œuvres de second
ordre, telles que les *Muses* et la prétendue *Cléopatre
endormie* (1), etc, et même des bustes ! — Autant que
je puis me rendre compte de mes sentiments, je crois

1. On regarde aujourd'hui cette œuvre comme représentant Ariane.

que c'est la vue des Chambres de Raphaël qui m'a procuré les plus grandes jouissances. J'ai passé une fois trois heures entières, oublieux du reste du monde, devant la *Bataille (de Constantin)*, l'*Ecole (d'Athènes)*, l'*Incendie (du Bourg)*, principalement l'*Héliodore* et avant tout la *Délivrance de Saint-Pierre*. Quand je serai plus calme, je refondrai et mettrai en un meilleur ordre ce que j'en ai écrit en courant dans mon journal, et j'en ferai une étude assez bonne peut-être pour la donner à quelque revue »

Et passant à un autre sujet : « j'ai rencontré ajoutait-il, Salomon Berthold, qui vous connaît. Il se rend avec son peintre Grotius, Berlinois comme lui, à Constantinople. Un des meilleurs artistes de Rome est le paysagiste Reinhard (1), un Prussien. Canova a dernièrement sculpté un Persée incomparable, seulement il ressemble trop, à certains égards, à l'*Apollon du Belvédère* — on voudrait aussi que les jambes fussent mieux modelées. Son tombeau de l'archiduchesse Christine fera sensation. J'ai vu beaucoup d'Allemands à Rome, et cela à ma grande joie — car les Italiens ! — Rome est certainement la première ville du monde ; nulle part comme ici et dans toute la contrée la nature et l'art ne s'harmonisent aussi bien. Mais si l'on considère l'ignorance, l'abjection, l'insouciance, la malpropreté, le gouvernement et ses abus, Rome est la dernière ville du monde. » Et pour le prouver, Duvau donne en exemple : un ecclésiastique auquel, en montant l'escalier du Vatican, il avait demandé où se trouvaient les Chambres de Raphaël, et qui ne put le lui dire ; il montre les pauvres de Rome

1. Reinhard (Joh. Christian), né en 1761 à Hof. Renonça bien vite à la théologie pour se livrer sous la direction du peintre Oeser, à l'étude de l'art ; après avoir passé quelque temps à Dresde il se rendit, en 1789, à Rome où il devint le disciple entre autres de Carstens et de Koch.

si misérables qu'ils se repaissent des débris des choux et des os jetés à la rue ; puis il rappelle —et à ce souvenir il s'indigne — la difficulté qu'il eut à trouver quelqu'un qui voulût bien l'aider à transporter une femme qu'une voiture avait brutalement renversée ; enfin, quant au gouvernement, « Que ne puis-je seulement, dit-il, passer sur lui condamnation ! » Après avoir dit encore que la Villa Albani offrait l'aspect de la désolation — on en avait tout emporté à l'exception d'une seule œuvre de quelque valeur, un mot sur la villa Borghèse. Je ne veux pas parler de la place de ce nom, que vous connaissez, mais des jardins du palais, où un matin — Aurora musis amica — j'ai passé deux heures on ne peut plus satisfait. (1)

En quittant Rome, comme ils avaient pris en venant la route de Sienne qu'ils avaient vue de nuit, il est vrai, Duvau et Cléments se dirigèrent sur Florence (2) par Terni et Pérouse, « route pleine d'intérêt, ne fût-ce qu'à cause de la cascade de Terni. La situation d'Assise, de Pérouse et de Cortone aussi est charmante. En un mot, toute la contrée jusqu'à Florence ressemble à un jardin anglais. Au delà du lac Trasimène j'aperçus une haie de grenadiers ; je pris mon *Volkmann* (son guide) pour en prendre note ; il est tellement griffonné sur toutes les marges qu'il ressemble à une mosaïque, mais bientôt après j'en aperçus une seconde puis une troisième, et ainsi jusqu'à Florence je ne vis qu'enclos entourés de haies couvertes de fleurs..... (3) »

Duvau et son compagnon arrivèrent à Florence le 2 juin ; ils se proposaient d'y rester jusqu'au 5 juillet, en attendant l'argent dont ils avaient besoin pour continuer leur voyage. C'était plus de temps qu'il n'en

---

1. On verra plus loin qu'il y composa une pièce de vers.

2. Lettre de Florence, du 26 juin, déjà citée, continuée le 3 juillet.

3. Lettre déjà citée.

fallait pour visiter Florence, ses monuments et ses chefs-d'œuvres artistiques — la plupart de ces derniers d'ailleurs avaient été enlevés. — Mais Duvau profita des loisirs que lui laissa son long séjour dans la capitale toscane pour mettre en ordre ses notes de voyage et pour reprendre sa correspondance interrompue avec Böttiger. Il est vrai, le 28 mai il avait adressé une lettre à son ami. Mais celle-ci s'était égarée, et depuis le 4 novembre il était sans nouvelles de l'érudit. On comprend qu'il eut hâte de renouer sa correspondance avec lui. Toutefois, on ne sait pour quelle raison, ce ne fut que le 26 juin qu'il lui écrivit. (1)

Je vous aurais écrit plus d'une fois depuis que je suis en Italie, si seulement j'avais eu le don de doubler mes journées, et si la chaleur ne faisait pas de moi un être purement passif et bon à rien ! Aussi ne vous attendez pas à recevoir de moi rien de bien intéressant. J'en ai terminé à peu près avec l'arrangement de mes notes de voyage sur Rome et Naples, et je veux essayer s'il m'est possible de vous envoyer quelque chose d'acceptable. Mon âme est vraiment contristée ; depuis quatre mois, une lettre de Griesbach exceptée, je n'ai reçu aucune nouvelle de mes chers Thuringiens. Dieu sait combien de lettres ont dû se perdre. Le 28 (mai) je vous ai envoyé de Rome par l'intermédiaire de Fernov et Uhden (2) un récit abrégé de mon voyage. J'ai écrit aussi à Griesbach, mais les postes italiennes !... Pour plus de sûreté, j'expédierai peut-être cette lettre de Genève. Me permettrez-vous de vous faire, en raccourci, comme un tableau de mes pérégrinations et de mes courses de Venise jusqu'ici ? Car encore que ç'ait été réellement une vraie course, je n'ai pu m'empêcher d'emporter avec moi quelque chose d'un pays où tout est beauté. L'éblouissement qu'on éprouve et je ne sais quel sortilège empêchent de rien voir ou font voir double. Cependant les choses n'ont pas été, pour moi, poussées aussi loin ».

Après ce préambule obligé (3) il faisait à Böttiger le récit de son voyage et de ses pérégrinations dans la péninsule. C'est ce récit qui m'a servi à raconter à

1. Lettre déjà citée.

2. Udhen (Wilhelm), né à Berlin en 1763, alla en Italie en 1790 pour se livrer à l'étude de l'archéologie. Il était, depuis 1798, résident de la Prusse à Rome.

3. Et faisant une de ces plaisanteries dont on ne trouve pas trace dans

mon tour le voyage de Duvau depuis son arrivée à
Venise jusqu'à son départ de Rome pour Florence.
C'est lui aussi, continué le 28 juin et le 3 juillet, qui
va me permettre de dire ce qu'il fit et devint dans cette
dernière ville. La saison dans laquelle il était arrivé
n'était pas favorable pour la visiter ou même pour y
séjourner. On ne doit pas trop s'étonner aussi qu'elle
lui ait paru « triste » (1). Il est vrai, il ajoute que les
étrangers n'y trouvaient d'autre société que celle qu'ils
pouvaient former entre eux et que maintenant, surtout les Français, ils rencontraient de la défiance.
Mais même avant la guerre les relations y étaient difficiles. Ce qui contribuait à diminuer l'attrait de Florence c'était la perte ou la disparition de la plupart des
chefs-d'œuvres de l'art qu'elle renfermait. La *Vénus*,
le *Faune dansant*, les *Enfants* et l'*Aiguiseur* étaient à
Palerme ; pour combien de temps, on ne pouvait le
dire ; il en était de même des plus beaux tableaux et
de la *Vénus* du Titien. Ces œuvres d'ailleurs n'étaient
pas visibles pour le moment, car elles étaient restées
emballées. Malgré cela la galerie de peinture, ajoute-
t-il, est encore magnifique.

« Le cabinet d'histoire naturelle offre un grand
intérêt à cause des pièces en cire, dont on a une copie
à Vienne. A la tête est placée, sous la direction de
Fontana, Giovanni Fabroni, savant très distingué.
Mais il faut avant tout mentionner le célèbre Fontana,

sa correspondance avant son arrivée dans la Péninsule pas plus qu'après
son retour en France, et dont il prit le goût et l'habitude, il semble, pendant
son séjour en Italie et en particulier à Rome : Nous ne sommes pas allés
à Lorette, dit-il, mais ne soyez pas inquiet pour cela de votre salut. Vous
autres allemands, vous n'êtes pas tous des hérétiques ; il y a encore chez
vous des âmes pieuses qui font pénitence pour les autres. — Les Schickler
ont vu à Lorette un pèlerin allemand et un pèlerin espagnol se donner la
main.

1. Lettre du 3 juillet, continuation de celle du 26 et 28 juin, déjà citée.

à qui le cabinet doit en grande partie sa réputation. Avez-vous entendu parler de ses pièces anatomiques qui sont si habilement faites qu'on peut les démonter et qu'on en peut examiner toutes les parties, même celles de l'intérieur ? Il a fait démonter devant moi la tête et le cœur de l'une d'elles. Vous ne pouvez vous faire une idée de l'énorme travail qu'elles ont exigé. Tout est en bois : veines, nerfs, même les plus petits ; le tout colorié. L'ensemble se compose de milliers et de milliers de fragments, qui ne demandent pas moins de huit jours pour être mis en place. A vrai dire, aucune de ces pièces n'est achevée, quoique Fontana y travaille depuis treize ans. C'est une œuvre unique, et on peut croire que personne ne connaît la position des différentes parties du corps aussi bien que lui. Je passe sous silence ses connaissances en médecine, etc. Il est tout ce que l'on voudra et a une vraie ency-clopédie dans la tête. Souvent nous ne sommes pas d'accord, mais ses entretiens sont toujours spirituels et piquants. Un exemple entre tous. On parlait der-nièrement de l'université de Pavie, qui à cause de Scarpi et Volta est très fréquentée et ne compte pas moins de 1.200 étudiants. Et à ce propos un jeune homme lui donnait des renseignements sur ce qu'on appelle à l'université la « cuisine anatomique », ajou-tant qu'on avait trop peu de cadavres. Quoi ! reprit Fontana, les médecins ne font donc pas leur devoir à Pavie ! — »

Parlant ensuite de deux artistes connus: « Le célèbre Hackert, dit-il, est ici depuis plusieurs années avec son frère, le graveur. Il a quitté Florence peu de temps après mon arrivée. C'est un homme bien fait pour intéresser ; ses œuvres actuelles sont supérieures de beaucoup aux premières. J'ai beaucoup parlé avec tous deux de la famille Gore , dont ils ont conservé le plus agréable souvenir. Ils m'ont demandé

si M. Gore faisait toujours encore des marines, ce
à quoi j'ai répondu affirmativement. Le peintre compose
en ce moment un album destiné aux débutants et aux
amateurs. Les trois premières feuilles renferment des
esquisses d'arbres des espèces les plus diverses ainsi
que de petits paysages, qui ne sont indiqués que par
quelques traits et peuvent servir de modèles. Puis
viendront des fascicules dont les figures seront complètement dessinées. Dans chaque livraison il y aura un
arbre exotique. Je possède les esquisses et la première
livraison, et je puis vous assurer que ce sera un ouvrage
classique. Chaque livraison coûtera 4 thalers ».

Passant ensuite à un autre sujet : « Le Roi(1) continue
Duvau, est un soliveau sur lequel dansent les Français,
et qu'on souffre ici sans trop de peine. La reine est
une femme qui aime la société, surtout celle des
hommes. On va même plus loin ; hier on m'a montré
son favori. Depuis le 2 juin elle prend place au conseil,
et le roi a qualifié de *proprio motu* le décret qui sanc-
tionne cette inovation — le bon homme ! Quand les
Français quittèrent Florence pour la première fois,
on exerça 23.000 poursuites, dont plusieurs contre
des gens accusés d'avoir fait gras pendant le carême
Donc, 23.000 familles mécontentes. Si l'on y ajoute
ceux qui leur sont alliés, cela fait au moins 50.000
mécontents ; tandis que le grand-duc avait à
peine dix mécontents contre lui. — Il y a huit jours,
a eu lieu une course de chars. Course ridicule ! Le
jour suivant, une course de chevaux sans cavaliers,
Course niaise ! Aujourd'hui de nouveau course de
chars, illumination, et demain matin prestation du
serment au Roi. Encore des courses de chevaux demain

---

1. Louis I, fils du grand-duc Ferdinand, nommé roi en 1801 après la
paix de Lunéville.

et après-demain, de sorte que nous ne partirons probablement que mercredi, 7 juillet.

Ce jour-là eut lieu, en effet, le départ, mais celui
de Duvau seulement. Cléments, au dernier moment,
résolut de prolonger son séjour à Florence et de se
séparer de son compagnon de voyage. Ce fut pour
celui-ci, comme il l'écrivait (1), « une occasion qu'il
saisit avec plaisir de se délivrer de ses chaînes ».
Libre maintenant de choisir son itinéraire, il gagna
d'abord Livourne, puis Pise, Lucques et Gênes,
qu'il se borne à mentionner dans sa lettre à Böttiger (2)
sans rien dire de ce qu'il y vit de remarquable. De
Gênes il atteignit Milan, retardé partout par les incidents
les plus divers, et en particulier par l'insécurité des
routes. « On doit s'estimer heureux, écrit-il (3), quand
on a échappé aux pirates et aux brigands. Les premiers
sont si nombreux que les pêcheurs de Livourne et de
Gênes osent à peine gagner la haute mer. Dernièrement
les troupes locales ont, en perdant beaucoup d'hommes,
fait prisonniers trente-six brigands. Les autres se
sont enfuis dans les montagnes des environs de Gênes,
d'où les Français ne manqueront pas de les chasser ».
Duvau ne dit rien à Böttiger de Milan. Mais il alla
visiter les lacs du voisinage et les îles Borromées,
dont la vue l'enthousiasma.

« Savez-vous, écrivait-il à son ami quelques jours
après (4), qui j'ai rencontré ici ? Rien autre que M. et
Mme Mylius (5) ; cette dernière vous fait bien ses compliments ». Puis il lui racontait longuement la visite qu'il

1. Même lettre, continuée le 7 juillet, le soir.
2. Même lettre, continuée le 5 août à Milan.
3. Lettre du 5 août. *Briefe an Böttiger*, t. X L, nᵣ 7.
4. Même lettre.
5. Le banquier Mylius, dont la femme, née Schnauss, était originaire
de Weimar.

avait faite au médecin Moscati une des victimes
de la réaction autrichienne, « qui autrefois, vous le
savez, a sauvé ici la vie à Mounier (1) et maintenant
siège à la Consulta et ne visite plus que ses amis et les
pauvres. Il publiera prochainement, ajoutait-il, un
livre intéressant sur l'Albanie et Cattarro, où il a été
envoyé. La médiocre traduction française de
l'*Année* (2) de Kotzebue se trouve partout. Puis,
revenant à son voyage : j'arriverai, dit-il, vraisemblablement le 10 ou le 11 à Genève, où j'attends des lettres
de mes amis, et partant de vous. Et là sera décidée la
question de savoir si j'y passerai le prochain hiver avec
le jeune Perrégaux, projet dont Mounier m'a dit un
mot. Si cela arrive, je serai d'autant plus près de vous,
et alors on verra ce qu'il sera possible d'entreprendre.
Demain je pars avec deux anglais pour Turin, et
peut-être pour Genêve. De là j'irai à Moulins ou à
Nevers d'où je descendrai, jusqu'à Tours, la Loire,
dont les bords me paraîtront encore plus souriants
que l'Hespérie dans toute sa splendeur. Vous n'avez
pas idée de l'impatience que j'ai d'arriver, et il a
fallu que jusqu'ici tout m'arrête ! » Puis, passant sans
transition, suivant son habitude, à un autre sujet :
« J'ai composé à la villa Borghèse et pendant mon séjour
à Florence, un poème de 300 à 400 vers sur l'Italie.
Si l'occasion s'en présente, je vous en enverrai la
copie. Il a encore bien des défauts, pourtant il n'est
pas tout à fait mauvais. »

Quinze jours après, Duvau, au moment de quitter
Genève, écrivait une nouvelle lettre à son ami Böttiger (3) .« J'ai attendu ici, disait-il, pendant huit jours

---

1. Mounier avait été atteint, à Milan, pendant son voyage d'Italie en
1794, d'une maladie.

2. *L'année la plus mémorable de ma vie*, 2e édition, due, comme la première
à Kotzebue lui-même, 2 vol. in-18, Paris 1802.

3. Lettre du 18 août 1802. *Briefe an Böttiger*, t. X L, nr 7.

mes bagages, et je pars enfin demain. Pour plus de sûreté, je vous expédirai cette lettre de Paris. Mais pas un mot de vous ! rien de mes Griesbach ! Vous n'aurez donc pas reçu la lettre que je vous ai envoyée par l'intermédiaire d'Uhden (1), ou votre réponse s'est égarée. Mounier ne m'écrit rien du jeune Perrégaux ; je reste ainsi dans l'incertitude. (2) Il ne se trouve pas très content à Rennes, où les partis sont en continuelle agitation. Ah ! ces têtes bretonnes Mais tout le monde paraît content de lui. J'irai, de Paris, lui rendre visite, ainsi qu'à mes parents (sa tante et ses cousines) On n'a ici aucune publication allemande, à l'exception du *Journal de Francfort.* J'aurais cru y trouver une foule de journaux en cette langue... Lisez donc le pamphlet de Jordan (3). Le style n'est pas bon, mais le fonds est excellent. Si j'ai le temps chez mes parents à Rennes, j'y ajouterai quelques remarques ».

Arrivant ensuite brusquement à la *Delphine* de Mme de Stael, dont « on préparait une troisième édition (4) à Paris », et qui avait un grand retentissement, Duvau passa en revue les différents personnages de ce roman, Delphine, Léonce, Mathilde, Mme de Vernon, Thérèse, etc. et cherche à en bien marquer le rôle et le caractère. Il me semble toutefois faire trop de cas du précepteur Bartou. Il a raison, au

1. Il s'agit de la lettre qu'il avait adressée de Rome à Böttiger le 28 mai, par l'intermédiaire de Fernov et d'Uhden. Voir plus haut.

2. Mounier avait été nommé préfet d'Ille-et-Vilaine au mois de février précédent, nomination dont la nouvelle fut bien accueillie par ses amis de Weimar. « J'ai eu grand plaisir d'apprendre que notre Mounier a été nommé préfet », écrivait le 30 avril Knebel à Böttiger. « On voit par là que Buonaparte connaît les hommes et sait bien les employer ». *Knebels literarischer Nachlass und Briefwechsel,* t. III, p. 49. Leipzig 1840.

3. *Vrai sens du vote national pour le Consulat* (1802).

4. Lapsus évident de Duvau. La 3ᵉ édition de *Delphine* ne parut qu'en 1809, la 2ᵉ en 1803.

contraire, de louer sans restriction Lebensei, le proto-
tyte de Benjamin Constant, comme on le sait, prototype
auquel aussi, d'après sa cousine Cécile, Duvau ressem-
blait beaucoup. Mais il insiste sur les invraisemblances
qu'on rencontre en si grand nombre dans ce roman.
« Comment, s'écrie-t-il en terminant, des femmes
qui paraissent tant tenir à leur caractère de femme,
peuvent-elles éprouver un tel enthousiasme pour un
pareil livre ? Néanmoins, il est inoffensif. Je ne
comprends pas aussi le Prince électeur de Mayence.
Mais Laroche dit que la défense n'est pas de lui. Si
ce livre n'était pas tant prôné, j'en ferais la critique.
Mais *ce serait le coup de pied de l'âne.*

Duvau quitta Genève le 19. Suivit-il, à sa rentrée
en France, l'itinéraire qu'il s'était tracé dans sa lettre
de Milan ? Rien ne nous renseigne à cet égard. Ce
que nous savons (1) c'est qu'après onze ans et
plus d'absence, il revit son père et sa mère, la maison
dans laquelle il était né et les bords enchanteurs de la
Loire.

On devine la joie qu'il dut éprouver à revoir le
pays natal après une si longue absence. Mais à cette
joie se mêla bien vite un profond sentiment de tristesse.
S'il retrouvait les siens, il les retrouvait aussi presque
ruinés par la Révolution, et séparés des êtres qui leur
étaient les plus chers. Sa sœur émigrée aux Etats-Unis,
n'avait pu en revenir faute de ressources. Si son frère
Alexis était rentré en France à la suite de l'amnistie
accordée aux émigrés (2), il n'était pas encore allé

1. Dans la note 1, p. 1 de l'ouvrage déjà citée : *Wie fand ich mein Vaterland
im jabre 1802 vieder ?* (Leipzig 1803, in-12) Duvau dit : 11 ans et sept mois.
En réalité il y avait 11 ans et sept mois qu'il n'avait vu sa mère, mais il
n'y avait que 11 ans et 3 mois, comme nous l'apprend sa lettre du 18
août 1802, qu'il avait vu son père.

2. Votée à l'unanimité par le Sénat le 6 floréal an X (16 avril 1802).
A. Thiers, *Histoire du Consulat et de l'Empire,* t. III, Paris 1845, in-8°
p. 459.

en Touraine. Il était à Paris, où le 20 floréal précédent
(10 mai 1802) il avait fait sa déclaration (1). Depuis
lors il faisait des démarches pour être réintégré dans
la marine. Quand il eut réussi, il se rendit chez ses
parents, et le 8 brumaire an XI (30 octobre 1802)
on le voit faire inscrire sur l'état civil de Saint-Mars
sa fille Sophie, née le 26 janvier 1798 à Lipstadt (2).
Mais il allait bientôt s'éloigner de nouveau (3). Duvau
lui-même revenait presque pauvre de l'étranger, et
il ne pouvait songer à rester, comme il aurait désiré,
auprès de ses parents « pour consoler leur vieillesse ».
Avant de faire aucun projet d'avenir, il lui fallait se
procurer les moyens de vivre. Il résolut d'aller les
chercher à Paris ; il ne tarda pas aussi à se rendre
dans cette ville.

L'ami de Mounier et de Camille Jordan le tra
teur des *Dialogues des Dieux* de Wieland et de la *Ma
biotique* de Hufeland ne pouvait manquer d'être b   ʿ   n
accueilli dans le monde de la politique et des lettres.
Il s'y créa bien vite des relations. L'amitié de Jordan
lui assurait d'avance celle de de Gérando. Une certaine
conformité de sentiments et d'opinions devaient
naturellement le rapprocher de l'auteur de la *Génération des connaissances humaines*. Ses relations étroites
avec Böttiger donnaient aussi à Duvau le droit de
compter sur un accueil bienveillant de la part de Millin.
Une de ses premières visites fut pour le célèbre archéo-
ologue ; il fut très bien reçu par lui et devint pour
quelques temps un des habitués de son salon littéraire
si recherché par les étrangers. C'est là qu'il vit peut-être

1. *Arch. Nat.* F.7.5916.— Alexis demeurait alors 27, rue de l'Echiquier.

2. V. chap. I, p.

3. Il fut nommé, le 9 mai 1803, capitaine-adjoint à l'Etat-Major de
la Guadeloupe et commandant de l'île de la Désirade (*Arch. du Ministère
de la Marine*).

la première revue allemande — *Der Deustsche Merkur* — qu'il eut, comme il l'écrivait à Böttiger (1),
lu depuis son départ de Saxe, et dans laquelle il eut
le plaisir de trouver son article sur les artistes
de Dresde (2). « J'ai été singulièrement content de
me voir imprimé en allemand, disait-il (3) à Böttiger
dans la lettre qu'il lui adressa peu de temps après son
arrivée à Paris. J'ai porté, ajoutait-il, la lettre que
le conseiller Wieland m'a donnée pour Barbé-
Marbois. N'ayant pu lui parler je me suis borné
à laisser la lettre. Ayez la complaisance de le dire à
notre cher conseiller. Que fait-il ? Se porte-t-il toujours
bien ? Ne m'a-t-il pas complètement oublié ? Aussitôt
que je serai un peu plus tranquille je lui écrirai. Saluez
de ma part tous nos amis, Göschen, Seume et Schnorr ;
les deux derniers ont essayé en vain de me voir pendant
leur séjour ici (4). Ma belle-sœur se rend dans quelques jours chez mes parents, avec mon frère qui va
aller aux Indes Occidentales (5). Ainsi le veut la
destinée. Ah, mon cher, et moi aussi, j'ai quitté de
nouveau les miens ! Dieu, comme le sort s'est joué de
nous. Mes relations de famille sont si intimes, je
pourrais si bien jouir d'un bonheur sans bornes ! ».
Mais Duvau entretenait encore Böttiger d'un sujet
tout différent. En son absence et à son insu son frère

1. Lettre du 2 octobre 1802 ; *Briefe an Böttiger* t. 40, n° 9.

2. *Ueber Tonkünstler und bildende künste in Dresden. Wien* 1. *Februar*
1802. *Der Neue Deutsche Merkur*, année 1802, t. I, p. 144-149.

3. Lettre du 2 octobre 1802 ; *Briefe an Böttiger*, t. X L, n° 8.

4. Seume, au retour de son voyage d'Italie, arriva à Paris le 6 juillet
et en repartit le 21, près de deux mois, on le voit, avant que Duvau y fut
arrivé. Quant à Schnorr, il était venu dans la capitale plus tôt, et n'y était
déjà plus, quand Seume y arriva. Planer et Reissmann, *J. G. Seume*
pp. 364 et 373.

5. Duvau écrit, par un lapsus : Indes Orientales.

Alexis avait eu entre ses mains, par l'indiscrétion de la
dépositaire, l'actrice Julie Molé, auteur d'une *Suite
de Misanthropie et de Repentir*, le manuscrit des
pièces de Kotzebue que celui-ci, nous l'avons vu, lui
avait confié. Et il en avait profité pour remanier à
l'intention d'un petit théâtre deux de ces pièces, travail
qui avait été tiré à 300 exemplaires, ce qui représentait
une valeur de 7 à 8 carolins. « J'enverrai cette somme
à Kotzebue aussitôt que je l'aurai à ma disposition,
disait Duvau (1), et je ne voudrais pas que notre ami
pût croire que j'ai, dans cette circonstance, été infidèle
à ma manière habituelle d'agir. Je n'ai rien su de toute
l'affaire, et mon frère ignorait aussi les engagements
que j'avais pris avec Kotzebue... Faites-lui mes compliments et dites-lui que je lui écrirai dès que j'aurai
un moment de loisir... Je ne puis rien vous dire de
la France dont vous ne soyez instruit, et quant à mes
affaires privées, il y en aurait trop long à raconter.
Pour le moment je me borne à dire que je suis en
somme encore plus content de mes compatriotes
qu'autrefois. La bonhommie, la sincérité et la vivacité
des sentiments que j'ai trouvées en province et que je
trouve chez tant de gens ici, dépassent tout ce qu'on
peut imaginer. Si seulement les étrangers voulaient
se donner la peine de bien observer les Français...
Communiquez cette longue lettre à mes chers *parents*
d'Iéna... » Et passant à un autre sujet :

« Vous recevrez mon poème sur l'Italie quand mes
cousines l'auront poli. Peut-être paraîtra-t-il à la suite
ou au milieu de mon *Voyage d'Italie* » On le voit, en
ce moment Duvau songeait à publier son *Voyage*.
Il avait même, il semble, l'intention de le remanier
complètement et de le rédiger en français et en allemand. Et comme il croyait avoir une occasion de retour-

---

1. Lettre du 3 octobre, continuation de celle du 2, déjà citée.

ner dans la Péninsule, il ajoutait qu'il aurait sans doute, dans sa future rédaction, beaucoup de choses nouvelles à dire sur l'Italie. Mais ce n'était pas tout. Suivant son habitude de poursuivre deux projets à la fois, il priait Böttiger, au cas où il écrirait à Sander, de demander à celui-ci s'il consentirait à éditer de lui un ouvrage en allemand. L'année suivante, Duvau publia, sous le titre : *Comment ai-je retrouvé ma patrie en 1802*, une étude écrite en allemand. J'incline à croire que c'est cette étude, dont il avait sans doute tracé le plan sinon écrit les premières lignes, pour laquelle il cherchait par avance un éditeur. Il ne pouvait toutefois, en ce moment, entreprendre la publication d'une étude qui était encore bien loin d'être terminée. Il ne pouvait pas davantage songer au remaniement du *Journal* de son voyage, remaniement dont il ne parlera plus d'ailleurs par la suite. D'autres soins plus pressants réclamaient alors son attention.

Ce n'était pas un voyage d'agrément qu'il se proposait de faire en Bretagne. Les affaires les plus urgentes l'y appelaient. C'était d'abord sa radiation. Dès son arrivée à Paris, au mois de fructidor (septembre), il s'en était occupé et avait songé d'abord à remplir cette formalité devant les autorités départementales de la Seine (1). Puis il demanda et obtint de ne la remplir que plus tard, devant Joseph Mounier, préfet d'Ille-et-Vilaine. Le 14 vendémiaire (6 octobre) il écrivit à son ami pour l'en informer. Quinze jours après, le 30 vendémiaire (22 octobre), il comparut en personne devant Mounier que le Grand Juge avait autorisé à recevoir sa déclaration (2). Ce dut être une grande joie pour Duvau d'être réintégré dans ses droits de citoyen par l'homme qui lui était peut-être le plus cher, et

---

1. *Arch. Nat.* F. 7 5916.

2. *Arch. Nat. ib.* — Arch. du département d'Ille-et-Vilaine L 428.

d'avoir ainsi l'occasion de retrouver l'ami dont il s'était séparé avec tant de peine l'année précédente. Mais il eut pendant son séjour à Rennes bien d'autres occasions d'entretenir Mounier, et il dut juger par lui-même de l'habileté, de la droiture, et de l'indépendance avec lesquelles l'ancien constituant remplissait les fonctions délicates dont le Premier Consul l'avait chargé. Toutefois le désir de revoir Mounier ne fut pas la seule raison qui conduisit Duvau en Bretagne. Il en avait une autre, non moins puissante, le désir après tant d'années de séparation de revoir sa tante Mme Picquet de Melesse et ses filles Cécile et Adèle, dont la première deviendra Mme Duvau. Il voulait examiner avec elles la possibilité de contracter l'union si ardemment souhaitée par sa mère et qu'il ne désirait pas moins vivement. Malheureusement il comprit bien vite qu'il ne pouvait pas plus se fixer en Bretagne qu'en Touraine, et qu'avant de songer à un établissement et à une alliance avec sa Cécile, il lui fallait se procurer les moyens de vivre indépendant et à l'abri du besoin. Aussi quand, après un séjour à Rennes qui fut probablement plus long qu'il ne l'avait annoncé à Bottiger, il revint à Paris, son premier soin fut de chercher une situation qui lui permit de se procurer ces ressources, ou plutôt de conclure les pourparlers qu'il avait déjà engagés à ce sujet.

On se rappelle comment, l'année précédente, le sénateur Perrégaux, après avoir envoyé son fils au Belvédère, l'avait rappelé près de lui à la nouvelle du départ de Mounier.Mais il ne renonça pas pour cela à lui faire terminer ses études à l'étranger, non plus en Allemagne toutefois, mais à Genève. Il en parla sans doute à Mounier quand celui-ci traversa Paris en se rendant dans sa préfecture d'Ille-et-Vilaine et Mounier lui conseilla de confier dans ce cas son fils à Duvau, proposition qui fut agréée. L'ex-constituant

en informa aussitôt Duvau qui était encore en Italie,
et qui, comme Cléments venait de le quitter, dès lors
ne pouvait qu'accepter « Je passerai probablement
l'hiver à Genève, écrivait-il de Milan à Böttiger (1),
avec le jeune Perrégaux ». Cependant il n'entendit
plus parler de rien, et il crut que le projet était abandonné. Entre temps il rentra en France et se rendit
en Touraine auprès des siens d'où il vint, on l'a vu,
à Paris dans l'intention de chercher une situation qui
lui convint. Peu après son arrivée on lui avait offert
de se charger de l'éducation du fils d'un baron suédois
de Folk, marié à une anglaise. Il devait accompagner
son élève, âgé de 12 ans, en Allemagne et en Italie,
avec la mission de l'instruire « sans en faire un savant » (2)
Il n'était pas loin d'accepter, quand M. Perrégaux
revint à son projet et lui fit offrir de se charger de
l'éducation de son fils. Duvau ne pouvait hésiter
entre un enfant de 12 ans et un jeune homme de
18 ans, d'autant plus que M. Perrégaux lui faisait
des propositions bien plus avantageuses que le baron
suédois. Il est vrai M. Perrégaux avait renoncé à faire
étudier son fils à Genève et était revenu à son idée
première de l'envoyer en Allemagne. Mais il n'y
avait là rien qui pût déplaire à Duvau, et, comme il
ne pouvait plus être question du Belvédère, il proposa
pour lieu de résidence et d'études la ville de Leizpig (3),
choix qui fut agréé sans peine par M. Perrégaux.
Cependant Duvau remit à donner une réponse définitive après son voyage de Rennes. Mais ce voyage,
nous l'avons vu, acheva de le convaincre de l'impossibilité où il était de songer pour le moment à l'établissement et au mariage avec sa cousine. Et à son retour

1. Lettre du 5 août, déjà citée.
2. Lettre du 2 octobre, déjà citée.
3. Lettre du 8 octobre, continuation de celles du 2 et du 3, déjà citées.

à Paris, il accepta sans hésiter les offres si avantageuses de M. Perrégaux et se prépara aussitôt à son voyage. Vers la fin de janvier (1803) un élève de Böttiger, le jeune helléniste Hase (1) qui le rencontra chez Millin et eut la « grande joie » de faire sa connaissance, en annonçant à son ancien maître cette rencontre (2) lui disait que Duvau lui avait offert de se charger de ses lettres pour l'Allemagne où il devait se rendre prochainement. Le départ de Duvau n'eut pas lieu toutefois aussitôt que semblerait le faire croire la lettre de Hase. Il ne dut guère partir que dans le courant de mars. Mais quoiqu'il en soit, le nouveau séjour qu'il va faire en Allemagne et en Suisse fait époque dans la vie de Duvau et est la dernière étape de ses années si troublées d'apprentissage ainsi que de ses longues années de voyage.

2. Charles Joret, *D'Ansse de Villloison et l'héllenisme en France au XVIIIe siècle.* Paris, 1910, in-8°, p.

3. Lettre du 24 janvier, *Briefe an Böttiger*, t. L XXIII, n^r 17.

CHAPITRE CINQUIÈME

(Mars 1803. — Août 1805)

Ce fut sans doute au mois de mars — je ne saurais
dire à quelle date — que Duvau et son élève se
mirent en route. Par Strasbourg on gagna Hanau,
d'où on se dirigea sur Leipzig. Le chemin conduisait
par Weimar. Il était naturel que Duvau s'arrêtât
dans une ville où le rattachaient tant de souvenirs.
Quand arriva-t-il à Weimar, combien y resta-t-il de
temps ? Que fit-il pendant les quelques jours qu'il
y passa ? Il ne nous l'a pas appris, mais on peut supposer
avec toute raison qu'il les employa à aller voir les amis
et les bienfaiteurs qu'il avait dans cette ville. Böttiger
qui restait le confident de tout ce qu'il faisait et entre-
prenait depuis son départ. Wieland, dont il n'oublia
jamais la bienveillante affection ; la duchesse Amélie,
qui lui avait toujours donné tant de marques de bonté ;
la sœur de son ami Knebel, Madame de Schardt,
à laquelle il devait tenir à donner des nouvelles, ou

du moins à parler de Camille Jordan ; bien d'autres encore.

Sa venue fut pour ceux qui le virent, une cause de joie et de surprise. « Je ne puis oublier, écrivait, le 5 avril, Henriette Knebel à son frère (1), de te saluer bien cordialement de la part de Duvau — Kalb — qui a été ici plusieurs jours avec son élève, Perigeon (2). Il est parti pour Leipzig, mais il reviendra passer avec nous quelques jours. Il a un traitement de 900 thalers qu'il conservera sa vie durant, mais il ne semble pas encore certain de cette bonne fortune ; il a l'air si malheureux ; on dirait un spectre vivant. » Mme de Schardt en jugeait mieux. « Nous fûmes bien heureux de voir MM. Duvau et Perrégaux, écrivait-elle, cinq jours après, à Camille Jordan (3). Tant de souvenirs se liaient à ce revoir ! Combien ils nous ont parlé de vous et de la France ! » On y parla aussi des anciens émigrés de Weimar, entre autres du comte Du Manoir que Duvau, remarquait-elle, n'alla pas voir, encore que Du Manoir l'eût désiré (4). « Duvau me paraît avoir d'excellents sentiments, c'est qu'il les a trempés dans les couleurs de ceux de Mounier et des vôtres ».

Le 3, Duvau avait adressé une courte lettre à Böttiger (5) où il lui annonçait son départ pour le lendemain à 2 heures de l'après-midi. Mais il se mit en route dès le milieu de la nuit, à 1 heure ; toutefois il n'arriva à Leipzig qu'à 5 heures de l'après-midi, retardé par

1. *Karl-Ludwig von Knebels Briefwechsel mit seiner Schwester Henrielte*, herausgeg. von Duntzer, Iéna, 1858, in-8°, p. 169.

2. Faute de lecture de Duntzer pour *Perrégaux*.

3. Lettre du 10 avril 1803. *Camille Jordan à Weimar. (Correspondant*, t. L XXIII, p. 730). Robert Boubée, *Camille Jordan...*, p. 90.

4. « Je voudrais qu'il fût possible, ajoutait-elle, qu'une explication levât ces nuages. Mais ils ne devaient pas naître ».

5. Lettre du 3 avril 1803. *Briefe an Böttiger*, t. X L, n^r 9.

le mauvais état des chemins. Il alla habiter, avec le
jeune Perrégaux, chez le professeur Hindenburg.
Le logement n'était pas très commode ; mais leur
hôte était si bon et si affable ! Ils étaient à peine ins-
tallés, que Seume, dans un billet humoristique, informa
Böttiger de leur arrivée (1) : « Duvau vient d'arriver
avec son jeune parisien et se propose de passer ici
quelques mois. Je verrai quel homme est-ce que son
Galate qui, dit-on, veut se mettre à mon école. » Cela
était vrai. Outre une leçon de mathématiques chez
Hindenburg, le jeune Perrégaux en prit une d'allemand
et Duvau lui-même une de grec chez Seume ; maître
et élève suivirent aussi le cours d'histoire universelle
que Beck (2) faisait à l'Université. Duvau, on le comprend, ne se préoccupa pas uniquement de l'enseignement à donner à son élève « Je serais content, écrivait-il
(3) de trouver quelques familles où Perrégaux pût
aller ; car il ne peut pas toujours vivre au milieu des
savants. Mais celles, pour lesquelles nous avons des
lettres de recommandation, ne paraissent guère se
soucier de nous recevoir. Ces messieurs, dit-on, sont
à cheval sur leurs écus. C'est assez drôle. Personnellement, je m'en moque ».

L'organisation de l'enseignement réglée, Duvau
s'empressa d'aller saluer les amis qu'il connaissait à
Leipzig : Seume, Schnorr et le « bon » Weisse, qui se
réjouirent beaucoup de le voir. Il alla aussi rendre visite

1. Lettre du 8 avril 1803. Planer et Reissmann, Joh. Gottfr. Seume,
p. 414.

2. Beck (Christian-Daniel), né à Leipzig en 1757, professeur de littérature grecque et latine. — Kreussler (H.-G.), *Beschreibung der Feierlich-
keiten am Jubelfeste der Universität Leipzig, den 4 décember 1809*. Leipzig
1810, in-8°, p. 59.

3. Lettre du 9 avril à Böttiger. *Briefe an Böttiger*, t. X L, n° 00010.

à Erhard (1), qui se montra très aimable. Quant à Göschen, en ce moment à Grimma, il irait le voir aux premiers jours des vacances. Il continuait, en remerciant Böttiger de sa cordiale réception, et en s'excusant de lui avoir fait perdre quelque chose de son temps si précieux. Puis, après lui avoir demandé quelques renseignements sur l'état actuel du l'Institut de Belvédère et sur « l'inconnu qui le dirigeait si bien : Il y a un an, disait-il, j'étais à la Sixtine ; aujourd'hui je suis allé à la Germania avec Weisse, Dufour et Tischbein (2)» et il terminait en priant Böttiger de le rappeler au souvenir de ses amis de Weimar, de la Duchesse douairière et du conseiller Wieland, auquel il écrirait au premier jour.

Duvau n'écrivit pas de sitôt à Wieland la lettre qu'il promettait de lui adresser. Un travail — on verra plus loin lequel — qui l'absorba tout entier pendant deux mois, l'empêcha de tenir l'engagement qu'il avait pris. Le 12 juin, profitant d'un moment de répit, il adressa quelques lignes à Böttiger (3), pour s'excuser de ne lui avoir pas écrit plus tôt, et lui donnait des nouvelles de Seume. Celui-ci avait été obligé de garder le lit pendant douze jours. Il n'avait pas achevé de lire son voyage. Il craignait qu'on n'en fît pas tout le cas qu'il méritait ; et comme s'il eût voulu en rendre compte, — il ne devait pas donner suite à ce projet — il demandait à Böttiger s'il connaissait un journal dans lequel il pût en parler. « Que devient, ajoutait-il, notre Griesbach ? Je voulais écrire à Wieland et à Knebel ;

1. Erhard (Christian-Daniel), né à Dresde en 1759, docteur en droit et en philosophie, professeur de droit criminel. Kreussler, *op. laud.* p.31.

2. Tischbein, (Joh. Friedr. Aug.,) peintre, né en 1750. Fit en 1785 un voyage à Naples, où il passa plusieurs années. Il a publié : *La peinture des vases antiques.* Fut nommé, en 1800, directeur de l'Ecole des Beaux Arts à Leipzig.

3. *Briefe an Böttiger*, t. X L, nʳ 13.

mais j'attends, pour le faire que mon ouvrage soit
terminé. » Cela ne tarda guère, et il put écrire à ces
deux amis. Le mois suivant il adressa à l'un d'eux
— probablement à Wieland — une longue lettre (1)
dans laquelle il lui parlait des sujets les plus divers : du
contentement qu'il avait que Böttiger allât à Berlin,
où il trouvera, disait-il, une situation qui lui conviendra,
« Que devient Madame d'Imhoff ? je n'ai pas entendu
parler de sa fille ; Mme d'Ahlefeld est-elle toujours
à Weimar ? Seume va mieux; on lui a fait une opération
à la tempe gauche. Vous ne m'avez pas répondu au
sujet du compte-rendu que je voulais faire de son ouvrage, mais maintenant il est trop tard ; j'ai autre chose
à faire.

« Quelques mots sur *Delphine*. Certainement ce
roman, surtout dans les deux premiers volumes
n'est pas dénué d'intérêt ; on y trouve de beaux passages
de l'esprit, des sentiments, des remarques curieuses
sur la société contemporaine, les opinions et les maxi-
mes les plus libérales, mais Delphine, quoiqu'on puisse
dire, est un monstre ; son caractère est plein d'invraisemblances ; c'est une caricature. » Avant de faire
cette critique du célèbre roman de Mme de Staël,
Duvau entretenait son correspondant de son ouvrage
qui, disait-il, « était terminé depuis 5 semaines. »
Quel est donc cet ouvrage dont il est question sans
cesse depuis six mois dans la correspondance de l'ancien
émigré ?

Durant toute la durée de son exil, Duvau avait eu
constamment la nostalgie du pays natal ; il avait cru,
en 1795, pouvoir y rentrer ; cette espérance fut vaine,
mais il ne cessa pas pour cela de penser au retour ;
le regret de la patrie absente le suivit jusque dans son
voyage en Italie. Comme la plupart des émigrés, il

____

1. Lettre du 11 juillet 1803. *Briefe an Böttiger*, t. X L, nᵣ 12.

avait cru que la Révolution avait semé partout la
désolation et la misère : quelle fut sa surprise de voir
que la vie économique et morale n'avait point été sus-
pendue aussi complètement qu'il l'avait supposé,
que les ruines se relevaient de tous côtés et qu'une
ère nouvelle commençait pour la nation.

C'est le tableau de cet état de choses que Duvau
entreprit de retracer en essayant de montrer quelle était,
à l'époque où il rentra en France, la vie intellectuelle
et morale du pays. Dès le premier temps de son retour,
il conçut l'idée de cet ouvrage ; il en avait déjà peut-être
esquissé les premiers linéaments pendant son séjour
en Touraine ; mais il attendit pour l'écrire, qu'il eût
fait de son sujet une étude plus complète et plus appron-
fondie. « Je ne veux pas écrire en ce moment sur la
France, » disait-il à Böttiger dans sa lettre du 2 octobre
(1802) ; ce qui ne l'empêchait pas de se préoccuper de
savoir s'il pourrait trouver un éditeur ; « Sander,
demandait-il dans cette même lettre à Böttiger, consen-
tirait-il à publier de moi un ouvrage allemand ? »
Mais après son retour de Rennes, où il avait dû recueillir
de nouveaux renseignements et des notes sur le sujet
qui l'occupait, il commença, encouragé peut-être par
Mounier pendant les quelques semaines qu'il passa
encore à Paris, à mettre en ordre les documents qu'il
avait réunis pour son futur ouvrage. Il s'en entretint
à Weimar avec Böttiger, et sans doute aussi avec Wieland. « Mon livre, écrivait-il au premier jour après
son arrivée à Leipzig (1), ne peut pas encore être in-
primé, il est bon que j'y repense et que je le refonde
dans ma tête ». Mais à partir de ce moment il s'y donna
tout entier et ne cessa d'y travailler qu'après l'avoir
terminé.

---

1. *Briefe an Böttiger.* Lettre du 9 avril 1803 ; déjà citée.

Deux mois plus tard il était presque achevé. Dans sa lettre du 12 juin à Böttiger (1), où il s'excusait de son long silence, « Je pense, écrivait-il, que mon ouvrage pourra être livré dans 15 jours à l'impression ; je n'attends plus que quelques notes pour y mettre la dernière main ». Et le mois suivant : le 11 juillet, « Mon ouvrage est prêt depuis 5 semaines (2), écrivait-il, je l'ai lu à Seume, qui en a retouché et poli divers passages. Il l'a trouvé très bon ; il pense qu'on ne pourra l'attribuer à un Français ; je l'ai lu aussi à Göschen, qui en est très content et s'offre à le publier. » Avec un éditeur aussi bien disposé la publication de l'ouvrage ne se fit pas attendre. Au mois d'août l'impression en était terminée. Comme pour se reposer, et les vacances déjà commencées, Duvau fit avec Perrégaux une excursion à Dessau, d'où ils allèrent à Worlitz rendre visite au poète élégiaque Matthisson. Ils avaient dû, il semble, faire ce voyage au moment des vacances de la Pentecôte. Du moins à ce moment Seume, que sa maladie empêchait de les accompagner, comme il en avait eu l'intention, leur avait donné une lettre de recommandation pour le poète (3) :

« Votre bienveillance, qui m'est si connue, me fait espérer qu'il ne vous sera pas désagréable que je donne à deux aimables Français quelques lignes d'introduction. Vous ne les aurez pas vus depuis une demi-heure qu'ils se seront d'eux-mêmes, et pour le mieux, recommandés à votre attention. Le jeune Perrégaux, l'un d'eux, est tout aussi intelligent et modeste qu'il est riche ; tout jeune et français qu'il est, il sait rendre justice aux étrangers. Quant à son compagnon, M. Duvau, vous l'avez peut-être connu à Weimar, où il est grandement estimé des coryphées de notre littérature. Tous deux sont mes amis, et j'aurais aussi été très heureux d'aller vous voir avec eux, si mon estomac délabré et un violent accès de rhumatismes ne me retenaient enchaîné ici. »

1. *Briefe an Böttiger*, Lettre déjà citée.
2. Duvau, qui évidemment ne relisait pas ses lettres, se contredisait parfois. Il dit que son ouvrage est terminé depuis 5 semaines, oubliant que le mois précédent il avait écrit qu'il serait fini dans 15 jours.
3. Planer et Reissmann, *Joh. Gottfr. Seume*, pp. 428 et s.

Et après quelques mots sur lui-même et sur sa maladie, et avoir dit en plaisantant que si Duvau et Perrégaux avaient fait leur voyage à pied, il aurait été de la partie, car rien n'est aussi sain qu'une bonne course au milieu de la tempête, il ajoutait : « En tous cas, il me sera infiniment agréable si je puis faire faire à deux estimables étrangers la connaissance d'un homme si cher à notre patrie et en un des plus beaux lieux de l'Allemagne. » On ne peut douter de l'accueil favorable que cette lettre valut à Duvau et à son compagnon. Quoiqu'il en soit, cette visite à Matthisson est un nouvel exemple, et ce ne sera pas le dernier, de l'empressement que Duvau mettait à entrer en rapports avec tous les écrivains célèbres de l'Allemagne.

Cependant son livre avait paru. Sur le désir même de Göschen il en envoya un exemplaire à Böttiger en le priant de l'accepter comme un témoignage de reconnaissance. « J'admire, lui disait-il, comment au milieu de toutes vos occupations, vous trouvez encore le temps d'écrire tant de lettres » ; et il aurait pu ajouter : et des études comme la *Sabine* (1), mémoire dans lequel Böttiger nous fait assister aux actes si compliqués de la toilette d'une dame romaine. « Je l'ai lu avec plaisir et j'ai tiré grand profit de l'introduction » (2). Puis, après l'avoir prié de faire ses compliments à Wieland, il lui parlait d'une visite qu'il avait faite à Weisse, et de celle qu'il n'avait pas faite à Kotzebue (3) à son

---

1. *Sabina oder Morgenscenen im Putzzimmer einer reichen Römerin,* etc. Mémoire publié dans le *Journal des Luxus und der Moden,* traduit en français dès 1803.

2. Lettre du mois d'août 1803 ; *Briefe an Böttiger,* t. X L, nʳ 14.

3. Duvau, on l'a vu, avait fait la connaissance de Kotzebue en 1799, quand celui-ci vint passer une partie de l'automne à Weimar. Il le revit deux ans après, lors d'un nouveau séjour du dramaturge à Weimar, séjour pendant lequel Kotzebue, pour se venger de l'indifférence de Gœthe, chercha à opposer Schiller à l'auteur de Faust. En août 1803 l'auteur de *Misanthropie et Repentir* se rendait à Paris.

passage par Leipzig, voulant disait-il, rester étranger à toutes les querelles auxquelles avait été mêlé l'auteur de *Misanthropie et Repentir* (1). Mais c'était surtout de son livre qu'il lui parlait, de l'esprit dans lequel il l'avait conçu et écrit, de la manière dont il l'avait composé. « On croit, écrivait-il dans sa lettre du 11 juillet, qu'il sera lu ; je le crois presque aussi et peut-être y trouvera-t-on des choses qui ne sont pas sans intérêt. »

Il ne se trompait pas. Si les voyageurs, qui depuis deux ans affluaient dans notre pays — le Duc héritier de Weimar y avait passé plusieurs mois de l'année 1802 — avaient détruit la légende d'une France irrémédiablement livrée au désordre et à l'anarchie, on ne devait pas être moins curieux de savoir comment un Français, victime des évènements, avait parlé de la Révolution et de ses suites, quel portrait il avait fait de la situation actuelle économique et morale de son pays et l'impartialité avec laquelle Duvau jugeait les hommes et les choses, l'authenticité des faits qu'il rapportait d'après des exemples, comme il dit lui-même, pris dans sa propre famille, l'absence de toute prétention, donnaient à son récit un intérêt particulier. Il n'avait pas eu l'ambition de faire un tableau comparatif de la France ancienne et moderne, mais il essayait, tâche plus modeste, de montrer quelle était, à l'époque de son retour, la vie intellectuelle et morale du pays. Pour y parvenir, il passe successivement en revue toutes les branches de l'activité humaine et il en fait un exposé impartial et sincère. Les campagnes étaient plus florissantes qu'avant 1789, et l'agriculture en progrès, les routes meilleures, la sûreté publique plus grande (2).

1. Il lui écrivit cependant une lettre qui dut le toucher, et à laquelle Kotzebue répondit en termes « tristes mais amicaux ». (Lettre du 3 septembre 1803). *Briefe an Böttiger*, t. X L, nᵣ 40.

2. *Wie fand ich mein Vaterland wieder_?* p. 18-25.

Les belles-lettres, sans doute, étaient bien déchues ;
mais la même chose n'est-elle pas arrivée en Italie ?
Et Duvau, qui connaissait mal la littérature anglaise
contemporaine, admet qu'il en était de même aussi
dans la patrie de Shakespeare et de Milton. La littérature allemande brille seule aujourd'hui d'un incomparable éclat ; mais des symptômes de décadence s'y
manifestent déjà. C'est l'ami de Wieland et de Böttiger,
on le voit, qui parle ici. Mais si la poésie est déchue en
France, les sciences continuent d'y être en honneur,
les arts ne cessent pas d'y fleurir. Et, à cette occasion,
Duvau expose ses vues sur l'esthétique. Poursuivant
son esquisse, il montre l'éloquence politique, inconnue
en France jusque-là, parvenue au plus haut point de
perfection, l'art militaire porté à un degré de grandeur
sans égal (1). Arrivant ensuite à la nation elle-même,
aux partis, soit politiques, soit religieux qui la divisaient,
Duvau en parle avec une sérénité de pensée, une générosité de sentiments vraiment dignes d'admiration ;
s'élevant également contre l'intolérance et l'esprit
d'injustice des Jacobins et des ultra-royalistes, des
athées et des partisans de l'obscurantisme, il cherche,
tout en flétrissant les excès de la Terreur, à expliquer
les crimes de ses chefs ; il rappelle que les amis de
l'ancien régime avaient préparé et rendu inévitable
la Révolution de 1789, que l'appui qu'elle trouva dans
l'armée la rendit irrésistible et s'il ne va pas jusqu'à
en justifier les violences, il montre que les gouverne-
ments monarchiques n'ont pas souvent été moins
cruels dans la répression des révoltes populaires,
comme on l'a vu, par exemple, dans le royaume de
Naples, en Pologne et en Irlande (2). « Qu'on ne dise
donc pas que la Révolution Française surpasse en hor-

1. *Wie fand ich mein Vaterland wieder ?* p. 25-49
2. *Id.* p. 45-93.

reur toutes les autres révolutions dont parle l'histoire »,
dit-il en terminant cet exposé, et après avoir montré
comment l'homme, soustrait à l'influence des lois,
séduit par l'amour du pouvoir, devient, quand rien
ne l'arrête plus, une véritable bête sauvage : « Je suis
persuadé, conclut-il, que, dans les mêmes circonstances, toute autre nation eut commis les mêmes
crimes. » Mais il va plus loin et n'hésite pas
à dire que, « même durant la Révolution, il trouvait
assez de raisons d'être content de son pays ». « Que de
preuves de dévouement et de générosité, ont donné
à cette époque — il en cite de nombreux exemples —
les classes les plus diverses de la société : soldats,
paysans, serviteurs (1). » Et après avoir traduit une
longue lettre dans laquelle un de ses amis retraçait
l'histoire des derniers évènements : « La Révolution,
dit-il (2), a été une rude pierre de touche ; tel qui
passait pour un vaurien est devenu le soutien de la
bonne cause, le défenseur de l'innocence, un martyr
de la vertu ; tel autre, qui jusque-là avait été regardé
comme un honnête homme et l'avait été souvent
en réalité, est devenu un fripon ; tant les esprits furent
alors troublés ! Après une telle Révolution, où les
hommes furent en quelque sorte arrachés de leurs
gonds, il faut être indulgent dans ses jugements.
Aucune nation n'a le droit de faire des reproches à
la nation française, car, dans les mêmes circonstances,
aucune autre n'aurait mieux agi (3). »

On ne se serait pas attendu à un tel langage dans la
bouche d'un ancien émigré ; mais son esprit éclairé
et patriotique mettait Duvau au-dessus des préjugés
que conservèrent toujours un si grand nombre de

1. *Wie fand ich mein Vaterland wieder* p. 104-128.
2. *Id.,* p. 129-149.
3. *Id.* p. 150-202.

ses compagnons d'exil. Il a montré la même indépendance de pensées dans la seconde partie de son livre,
où il s'est attaché à excuser ou à expliquer les défauts
que les étrangers reprochent à notre nation. « Nous ne
sommes, dit-il, ni si légers, ni si amoureux de changement qu'on le prétend. Si nous nous engouons parfois
de l'étranger, est-ce que celui-ci n'est pas enclin aussi
à nous imiter ? Notre goût fait la loi dans toute l'Europe;
nous avons des savants remarquables par leur profondeur ; les œuvres de nos écrivains se distinguent par
la simplicité, l'ordre, la briéveté, la clarté ; notre langue
est admirable par sa précision. » Et Duvau n'hésite
pas à comparer notre nation à celle des Grecs par le
nombre de ses poètes, de ses historiens, de ses peintres,
architectes et sculpteurs. Mais, dans son désir de nous
justifier des reproches immérités ou exagérés, Duvau
ne va pas jusqu'à taire nos défauts ; il reconnaît franchement la justesse des accusations portées contre la
conduite des armées en pays ennemis, mais en cherchant à l'expliquer et en partie à la justifier. Il ne parle
pas avec moins d'équité de l'émigration. Ce sujet lui
fournissait l'occasion de rappeler l'hospitalité généreuse qu'avaient reçue tant d'exilés à l'étranger, et
de l'accueil empressé qu'il avait en particulier rencontré
à Weimar. Il n'a pas manqué de la saisir et, par une
allusion délicate, il s'est fait l'interprète de la reconnaissance que cet accueil lui avait inspirée, ainsi qu'à
ses compagnons d'infortune (1). « Quand un souverain
catholique chassa les émigrés de ses états, un prince
protestant les reçut dans les siens... Il leur donna son
appui, les combla de ses bienfaits, leur prodigua les
consolations ; il en reçut plusieurs comme frères,
comme enfants dans sa propre demeure. Quelle compen-
sation pour ce qu'ils avaient perdu ! Oh ,si je pouvais

1. *Wie fand ich mein Vaterland wieder ?* p. 199.

exprimer ce que chacun d'eux ressent au fond du cœur !
Mais une sincère reconnaissance est muette, et le
bienfaiteur trouve en lui - même sa plus douce récompense. »

Et revenant à la justification qu'il avait entreprise :
« Je ne veux pas toutefois, dit Duvau pour conclure,
faire ici un éloge particulier des Français, ce que j'ai
dit doit suffire. Il y a en France des sots avec tous leurs
défauts et des gens sensés avec leurs qualités ; on ne doit
pas l'oublier, même en Allemagne. Quoi de moins
raisonnable que d'y entendre dire à un Français
calme et reposé : Vous n'êtes pas un Français, vous
êtes un Allemand ; c'est-à-dire, sans doute, vous n'avez
pas les défauts de votre nation ; vous avez les qualités
d'une nation meilleure que la vôtre ; vous êtes un
homme excellent. Quel naïf orgueil ! Que de tels préjugés qui séparent les peuples disparaissent enfin !
Et que la nation Française et la nation allemande, qui
ont tant d'excellentes qualités, se rapprochent pour
toujours ! » C'est par ce vœu généreux que se termine
le livre de Duvau. On retrouve partout dans cette œuvre
de circonstance l'élévation de pensée qui lui était
habituelle ; c'est un disciple de Mounier qui y parle
à chaque page.

Duvau le reconnaissait. Il n'avait pas davantage
la prétention d'être original, et avec sa modestie accou-
tumée il avouait que la plupart des vues qu'il émettait
n'étaient pas nouvelles. S'il rappelle dans une de ses
lettres (1) avec complaisance la modération, l'impartialité de ses jugements et le libéralisme qui anime
toute son œuvre, loin d'en être fier, il en attribuait
le mérite et l'inspiration à celui qu'il considérait
comme son guide et son maître, à Mounier, et aussi

1. Lettre du mois d'août. *Briefe an Böttiger*, t. 40, nᵣ 14.

à Böttiger et à quelques autres amis de Weimar,
« ou l'on est très libéral, au moins en paroles ».

On comprend aussi qu'il fut désireux de savoir
quel accueil on ferait à cet appel adressé à l'Europe
et en particulier à l'Allemagne. Ses amis de Leipzig
en paraissaient satisfaits. En était-il de même de ses
amis de Iéna et de Weimar ? « Il faut que vous me
disiez ce que vous en pensez », écrivait-il (1) à Böttiger,
auquel il l'avait envoyé on s'en souvient, dès le premier
jour. Il se hâta de l'adresser aux amis qui ne l'avaient
pas encore reçu, et, au lieu d'attendre leur réponse,
il voulut aller la chercher lui-même.

M. Perrégaux avait décidé que son fils passerait
encore tout l'hiver à Leipzig (2). Il y resta l'année toute
entière. Duvau s'en réjouit, parce que cet arrangement lui permettait de disposer de son temps en
toute liberté. Il résolut de faire avec son élève un voyage
dans la Saxe électorale et les duchés voisins. Il visitèrent
d'abord le camp établi entre Leipzig et Dresde, puis
cette dernière ville où ils s'arrêtèrent quelque temps.
Duvau en profita pour aller voir Peterson, et sans doute
aussi W. G. Becker (3), directeur de la Galerie des
Antiques et du Cabinet des médailles, avec lequel
il était entré en relations. De Dresde ils gagnèrent
Königstein ; puis ils allèrent à Freiberg, Chemnitz
et Altenburg, d'où ils poussèrent jusqu'à Iéna et
Weimar. Duvau avait des raisons toutes particulières
pour aller dans ces dernières villes ; c'était le désir
d'y revoir des amis qui lui étaient chers et d'apprendre
de leur bouche ce qu'ils pensaient de son livre. A

---

1. *Briefe an Böttiger*, billets s. d., t. 40, nᵒ 43.

2. Lettre du 3 septembre (1803). Déjà citée.

3. Becker (Wilhelm-Gottfried), né en 1754, nommé en 1782 professeur
de morale et d'histoire à l'Académie militaire de Dresde et depuis 1795
directeur de la Galerie des Antiques et du Cabinet des Médailles.

Iéna, Griesbach, qui, aussi bien que sa femme, le
traitèrent « comme leur enfant » ; à Weimar, Wieland
et Böttiger ; la « fidèle » Madame de Schardt « qui ainsi
que son mari m'a comblé d'amitiés ; nous n'avons
pas parlé de vous » disait-il à C. Jordan. (1)

L'éloignement n'avait pas interrompu les relations
de Duvau avec cet ami si cher. Il suivait avec un vif
intérêt tout ce que faisait et projettait l'ancien membre
du Conseil des Cinq Cents. Dans sa lettre du mois
d'août à Böttiger il demandait à celui-ci s'il avait
jamais écrit quelque chose sur Klopstock. Ce n'était
pas pour lui qu'il désirait avoir ce renseignement,
mais pour Camille Jordan qui s'occupait, depuis son
retour en France, de traduire les *Odes* du grand poète,
et pour lequel, par suite, tout ce qui concernait l'auteur
de la *Messiade*, avait un intérêt particulier. Jordan
lui-même avait demandé à la fois à Madame de
Schardt et à Duvau un article d'Archenholtz sur
Klopstock (2), et, conséquence fatale de sa double
demande, il ne l'avait pas reçu. Dès qu'il en fut prévenu, Duvau se hâta de le lui envoyer ; il lui annonçait
en même temps qu'il lui expédierait aussi, dès qu'il
le pourrait, le récit des obsèques solennelles faites
au grand poète, récit qu'il ne lui avait pas envoyé plus
tôt, croyant qu'on le trouverait à Paris. « Je suis curieux,
ajoutait-il, de voir votre traduction, et je ne doute
pas qu'elle ne vous fasse honneur ». Et, laissant courir
sa plume, il entretenait son ami de bien d'autres choses
que de son voyage en Saxe et de la traduction des odes
de Klopstock ; c'était de Mlle de Helvig « qui paraît
heureuse » — elle venait de se marier — « et elle vous
aime toujours » ; c'était d'un dîner chez les Schardt,
à la fin duquel on but à la santé de Mounier et de Camille

1. Lettre du 20 octobre 1803. *Papiers Boubé.*

2. Article publié dans la *Minerva*, avril-mai.

Jordan. Il y avait appris, de Bottiger, disait-il, la nomination « de notre excellent Malouet », qui, rappelé d'exil, venait d'être chargé du commissariat général à Anvers. Duvau recommandait ensuite à Camille Jordan un savant allemand nommé Fischer (1) à qui il avait donné à Dresde une lettre pour lui, « jeune homme très instruit, de beaucoup d'esprit et distingué, qui l'intéresserait certainement », et il lui demandait de le guérir de son hypocondrie et de sa misanthropie. « Enfin j'ai vu à Dresde, un Anglais Goldsmith qui m'a fait des compliments de la part de Fergusson, écossais prisonnier à Paris, — peut-être un ancien élève du Belvédère. — « C'est un homme fort instruit et excellent, ajoutait-il ; si vous le connaissez, je vous le recommande très fort. Embrassez pour moi de Gérando ».

Mais, on le devine, Duvau parlait encore plus et avant tout, de son livre à Camille Jordan. Le 2 septembre il lui en avait annoncé l'apparition et lui avait promis de le lui envoyer à la première occasion. Cette occasion se fit attendre. Enfin, vers la fin d'octobre, l'envoi put avoir lieu.

« Voilà mon livre, disait-il dans la lettre qui l'accompagnait ; (2) j'ai corrigé quelques fautes d'impression, ajouté quelques notes. Quelque personnes m'ont blâmé de n'avoir nommé hommes et choses, en prétendant que cela avait l'air d'un roman ; je ne le pouvais pas, les exemples étant pris autour de moi, dans ma famille. Il n'en a point encore paru de critiques, mais on en paraît généralement content. Wieland m'a écrit en réponse à mon envoi la lettre la mieux sentie et la

1. Evidemment le polygraphe Chr. Aug. Fischer, né en 1771 à Leipzig d'une mère française et qui après une longue vie errante, fixé à Dresde, se disposait alors à se rendre en France.

2. Lettre du 20 octobre 1803, déjà citée.

plus flatteuse ; ce qui lui a fait le plus de plaisir, c'est
l'article sur le caractère français ; cet objet n'était
que secondaire dans mon plan ; sans cela j'aurais pu
le traiter plus en détail. On m'a comblé de compliments à Weimar et à Iéna..... Böttiger ne tarit point
en éloges ; et puis un Français qui écrit en allemand !
Vous sentez pourquoi j'ai écrit en allemand. Il n'y a
dans mon petit livre rien de nouveau pour un Français.
Je veux une lettre entière de vous pour mon livre.

C'était trop demander à Jordan, qui quatre mois
après n'avait pas encore fait part à son ami de ses
impressions. Duvau était obligé de le lui rappeler.
« Vous serez assez paresseux, lui écrivait-il au mois de
mars (1), pour n'avoir pas achevé mon livre ; je suis
curieux de savoir votre avis ; arrangez-vous en conséquence. Il a fait assez de sensation à Leipzig. Je borne
mon amour-propre. Il était, je crois, trop sérieux et
trop raisonné pour plaire à la masse. Il faut aux Allemands au moins autant de frivolité qu'aux Français. »
Au milieu du bruit des armes et des grands intérêts
actuellement en jeu, le tableau que Duvau faisait
de la France au sortir de la Révolution ne pouvait
rencontrer qu'une attention distraite. Il faut ajouter
que cette attention ne fut pas partout également favorable. Si Böttiger loua, comme on le devine sans peine,
le livre de son ami dans la revue *Londres et Paris,*
le *Journal de Iéna,* au contraire, se montra d'une sévérité sinon d'une malveillance qui causa à Duvau une
peine profonde. On le voit à l'amertume avec laquelle
il en parle (2) : « C'est aujourd'hui seulement que j'ai
vu le compte-rendu de mon livre dans le *Journal de
Iéna.* Je n'ai pu, en lisant, que hausser les épaules et
en rire. Aucune des critiques qu'il m'adresse, n'est

1. Lettre du 6 mars 1804, *Papiers Boubé.*
2. Lettre du 31 janvier 1804. *Briefe an Böttiger,* t. X L, nᵣ 16.

fondée. Je n'ai pu et encore moins voulu donner quelque chose de complet ; mais mon critique aura peine à m'apprendre quoique ce soit sur les différents points que j'ai abordés. Il aurait pu procéder de même à propos de Herder, de l'*Esprit des lois* de Montesquieu, etc. Que ne peut-on pas tourner en ridicule ? Et le ton ! Qu'ai-je donc fait à ce beau monsieur ? Ma conduite a été irréprochable pendant les onze ans que j'ai vécus en Allemagne ; je jouis de l'amitié des Allemands les plus distingués, ce qui ne peut que témoigner en ma faveur. J'ai étudié jour et nuit la langue et la littérature allemandes. Je me suis sans cesse efforcé de m'approprier ce qu'il y a de bon dans la nation, et de me germaniser, sans renier pour cela ma patrie d'origine. Je suis certainement un des Français qui ont le moins de préjugés et de partis pris en ce qui concerne l'Allemagne, un de ceux qui ont rompu le plus de lances avec leurs compatriotes en faveur des Allemands. Et voilà ma récompense ! N'aurais-je pas le droit de me plaindre ? Quand pareille chose m'est arrivée, qui se donnera la peine d'être impartial ? Suis-je donc un étourdi ? Je ne veux pas relever une à une toutes les méchantes allusions. Que feraient-elles ici ? Il est assez surprenant que le *Journal de Iéna* n'ait consacré que quelques lignes à l'éloge de Reichardt et qu'il ait gaspillé au sujet de ma petite personne 4 à 5 colonnes. Pourquoi n'avoir pas dit tout court : Ce livre est sans valeur ; ne l'achetez pas ! Le coup, à la vérité, est moins dirigé contre moi que contre mes amis, Griesbach en tête, ce qui me fait doublement de peine. Le mieux est donc d'en rire. Mon livre ne s'en vendra peut-être que plus. J'avais songé d'abord à adresser à qui de droit (1) une plainte très douce, très modeste et bien naturelle,

---

1. Duvau dit : das Jenaische Direktorium.

mais j'ai préféré garder le silence ; d'autant plus
que — ceci soit dit entre nous — doit paraître dans la
Leipziger Littératurzeitung un article de bonne foi.
Mais je puis facilement oublier tout cela et
me consoler par l'amitié et l'estime de Griesbach,
Böttiger, Wieland, Knebel, Lafontaine, etc. Ecrivez-
moi en attendant ce que l'on dit à Weimar et à Iéna
de ces vilenies. Mounier est content de mon livre.
Mais d'après lui je n'aurais pas dû l'écrire en Allemand.
Je m'étais appliqué à faire une préface très brève,
il semble ne pas l'avoir lue (1) ».

Les attaques du *Journal de Iéna* furent toutefois
un fait isolé. Non seulement la *Gazette littéraire* de
Leipzig, mais encore la *Deutsche Bibliothek* traitèrent
favorablement le livre de Duvau. « Je suis content
écrivait-il quelques mois après (2), de l'article de la
Deutsche Bibliothek ». Mais ce qui surprend, alors
qu'autrefois il était si désireux de connaître ce qu'on
en pensait, il ajoutait : « Je souhaite à peine qu'on
fasse attention à ce livre.On le comprendrait de travers ».
On croyait en effet, et cette opinion courait parmi ses
amis même de Weimar, qu'il faisait l'éloge du gouvernement actuel. Et Mme de Staël, nous le verrons,
n'hésitera pas à le traiter de Bonapartiste. Duvau
protestait bien contre cette manière de voir. Mais
n'était-on pas fondé à regarder comme un partisan
du régime nouveau le précepteur du fils d'un sénateur
et l'ami intime de Mounier qui s'était rallié ouvertement
à ce régime et en avait accepté une préfecture ?

Quand Duvau revint à Leipzig de son voyage dans
la haute Saxe, les cours de l'Université avaient recommencé ; il y conduisit de nouveau son élève, et suivit

1. Duvau expliquait dans cette préface pourquoi il n'avait pas écrit
son livre en français, mais en allemand.

2. Lettre du 26 juin 1804. *Briefe an Böttiger*, t. 40, nʳ 22.

avec lui un cours de logique et de métaphysique quatre
fois par semaine, et un cours de morale deux fois.
« Ce n'est pas, écrivait-il à Camille Jordan (1), de la
grande école, qui serait fort inutile à mon jeune homme
et que nous n'entendrions ni l'un ni l'autre mais du
Plattner (2). Je vous en parlerai, quand nous serons
plus avancés. » Duvau en parla peu, parce qu'il avait
peu de choses à en dire. « Le cours de Plattner sur la
logique ne m'a pas beaucoup plu, écrivait-il trois mois
après à Böttiger (3), encore que ses intentions soient
bonnes ; sa philosophie morale et sa métaphysique, au
contraire, ne m'en plaisent que davantage, et même
beaucoup ; on peut du moins en tirer profit. » Outre
les cours de Plattner, le jeune Perrégaux en suivait
aussi un de philosophie fait par Weisse, fils du « vénérable » poète. Duvau, qui lui donnait aussi chaque
jour une leçon, assistait avec lui aux cours de l'Université ; il y trouvait l'occasion de combler, suivant sa
propre expression, les lacunes de son éducation première. « Je vais tâcher, écrivait-il à Camille Jordan
dans sa lettre du 20 octobre, d'employer utilement mon
hiver, ayant une infinité de cases à remplir ». Mais il
cherchait surtout à le faire par des lectures bien dirigées. Pendant l'hiver 1803-1804, il s'occupa beaucoup
d'histoire, surtout de l'histoire d'Angleterre ; il lut,
dit-il (4), plusieurs travaux qui s'y rapportaient, et
fit, en outre, des extraits de Gentz (5).

1. Lettre du 20 octobre 1803. déjà citée.
2. Plattner (Ernest), médecin philosophe, né à Leipzig en 1744 et professeur à l'Université depuis 1776. "Plattner, dit Benjamin Constant, est un
homme très instruit, un peu pédant, mais d'une philosophie saine ».
Journal intime et ettres à sa famille et à ses amis par D. Malagari. Paris,
1895, in-8, p. 14.
3. Lettre du 31 janvier 1804. Briefe an Böttiger, t. X L, nʳ 14 .
2. Lettre à Camille Jordan du 6 mars 1804, déjà citée.
3. Probablement de l'ouvrage publié en français en 1800. *Essai sur
l'état de l'administration des finances de la Grande Bretagne.* L'attention de

Ces études, toutes variées qu'elles étaient, ne pouvaient suffire encore à l'activité de Duvau. Il y joignit bientôt un de ces travaux qu'il affectionnait. A peine *l'Etat de la France en* 1802 avait-il paru, qu'il engagea avec W. G. Becker des pourparlers au sujet d'une traduction que lui demandait ce dernier. « J'ai écrit à Becker, disait-il dans une lettre à Böttiger (1), que mon éloignement de l'Allemagne pourrait être un obstacle à notre entreprise. J'ai promis, en attendant, de traduire trois ou quatre livraisons. Je ne puis honnêtement m'engager à faire davantage, dans l'ignorance où je suis, du temps que nous avons encore à passer en Allemagne ». La détermination que prit M. Perrégaux, de laisser son fils tout l'hiver à Leipzig, vint simplifier les choses. Duvau n'hésita plus. « Je traduis le texte de Becker ». écrivait-il à Bottiger, (2) en lui annonçant cette détermination et le voyage qu'il se proposait de faire à la fin des vacances. Cette mention si laconique montre qu'il s'agissait d'un ouvrage de ce polygraphe — *Augusteum, Dresdens antike Denkmäler enthaltend* (3) — que Duvau traduisait en français. Il poursuivit pendant l'hiver ce travail, mais sans satisfaire pleinement Becker, comme on le voit par le passage suivant d'une lettre écrite quatre mois après à Böttiger (4). « Vous étiez animé des meilleures intentions en me recommandant à Becker. J'ai traduit la première livraison. Mais il en est peu content.

Duvau avait dès longtemps dû être attirée sur les travaux de Gentz qui était entré en rapports avec Mounier. Cf. P. von Bojanovski : *Quelques lettres inédites de J. J. Mounier.* (*Revue historique,* t. L XVIII, année 1898, p. 61 et ss.)

1. Lettre du mois d'août 1803. *Briefe an Böttiger,* t. X L, nʳ 13.

2. Lettre du 3 septembre 1803. *Briefe an Böttiger,* t. X L, nʳ 40.

3. Dresde 1804-1811, 3 vol. in-fol.

4. Lettre du 31 janvier 1804. *Briefe an Böttiger,* t. X L, nʳ 16.

A bien des égards il a raison ; seulement il ne sent pas combien son style manque de précision. J'ai passé plus d'une heure, parfois même deux heures sur des alinéas de 15 à 20 lignes ; on se fatiguerait à moins. Comment s'étonner alors qu'on ne commette pas quelque négligence. Mes amis d'ici, tout Allemands qu'ils sont, comprennent nombre de passages de la même manière que moi. Becker chicane aussi à propos du français, et il corrige des phrases comme : *il est étonnant que cela ne soit pas* en *que cela n'est pas*, et : *si j'avais* etc en *si j'aurais*. Il a fallu lui expliquer tout cela. Ses observations sont d'ailleurs faites avec une exquise politesse et les plus grands ménagements. »

On ne doit pas être surpris que Duvau ait bien vite renoncé à poursuivre une collaborations faite dans de telles conditions. C'est ce que nous apprend une lettre de Becker, écrite le mois suivant. (1) « Je vous envoie la fin de votre traduction, accompagnée de quelques remarques. La plupart ne portent que sur des bagatelles ; mais quelques-unes aussi ont rapport au sens. J'attends, par le prochain courrier, le commencement revu de votre manuscrit. Vous avez dû recevoir, avant-hier, une lettre que j'ai remise à Göschen. Je ne puis que répéter ce que je vous ai déjà écrit. Je ne saurais vous en vouloir, dans les circonstances présentes, de la résolution dont vous me faites part. Mais j'aurais souhaité — vous me pardonnerez de le répéter — que vous m'eussiez prévenu plus tôt. Il est assez naturel qu'il soit désagréable à un bon traducteur comme vous, d'avoir la responsabilité des choses qui ne sont pas entièrement de lui..... Dans la préface je ne changerai rien ; mon dessein est seulement d'y joindre quelques remarques, ce dont je m'occupe en ce moment. Quoiqu'il arrive, l'opinion que j'ai de

2. *Papiers Mounier*, Liasse X, cote 17 *bis*.

votre mérite et l'estime que j'ai pour votre personne ne changeront pas..... Ayez la bonté seulement de me renvoyer le plus tôt possible ce que vous avez encore du manuscrit »

La résolution prise par Duvau, de ne plus collaborer à la traduction de l'*Augusteum*, n'empêcha pas celle-ci de se continuer, pas plus qu'elle ne troubla les bonnes relations qu'il avait avec Becker ; et il n'eut pas besoin des 90 thalers que lui donna ce dernier comme rémunération du travail qu'il avait fourni, pour s'intéresser au succès de la publication de l'*Augusteum* (1), et prendre part aux difficultés qu'elle causait à son éditeur, l' « inconstant amphibie » qu'était le « bon » Becker. (2) Quant à lui, s'il renonça non seulement à cette traduction, mais pour de longues années à tout travail de ce genre, il ne resta pas pour cela oisif. Nous allons le voir se livrer bientôt aux études et aux recherches les plus diverses.

Il avait remis, on se le rappelle, au mois de janvier le voyage qu'il avait dû faire à Berlin. Ce voyage fut de nouveau ajourné, et, à la place, il résolut de faire un excursion beaucoup plus courte. « Le 2 janvier, écrivait-il le 6 décembre à Bottiger, est l'anniversaire de la naissance de Griesbach. Ce jour-là je serai à Iéna. De Iéna, il n'y a pas loin à Weimar. Je compte passer 2 jours dans cette ville et un jour à Iéna. » Et comme si le souvenir des amis qu'il avait dans ces deux villes, avait réveillé en lui celui de l'ami encore plus cher qu'il avait en France, « Avez-vous lu, demandait-il à Böttiger, le discours que Mounier a prononcé au lycée ? Il s'y trouve tout entier. »

1. *Augusteum ou Description des monuments antiques qui se trouvent dans la galerie de Dresde*. Leipzig, Gleditsch, 1804-1812, 13 livraisons formant 3 vol. in-fol.

2. Lettre du 18 juillet 1804. *Briefe an Böttiger*, t. X L, nʳ 20.

Duvau avait une raison toute particulière d'aller à Weimar. C'était le désir de voir Böttiger. Celui-ci était sur le point de quitter cette ville. Depuis longtemps il était question de son départ. Il avait dû aller d'abord à Berlin, mais le projet fut abandonné, et maintenant il s'agissait pour lui d'un établissement à Dresde. Tout était décidé au mois de janvier. Le 31 Duvau félicitait (1) Böttiger de sa nomination et de ce qu'il restait en Saxe ; il se réjouissait de savoir que l'avenir d'un de ses meilleurs amis d'Allemagne était ainsi heureusement assuré. « Quand vous verrai-je ? ajoutait-il ; je l'ignore. On me dit que vous traverserez Leipzig à Pâques, mais je n'y serai plus. Seulement s'il est trop tard pour vous voir ici, il ne sera pas trop tôt pour que je vous rende visite à Dresde, au retour du voyage que je projette en Silésie et dans le Riesengebirge. Que deviendrons-nous après ? C'est ce que je pourrai vous apprendre dans ma prochaine lettre ; mais nous resterons en Allemagne. Au reste, les plans que je faisais pour l'avenir sont changés : ce n'est plus de voyages qu'il s'agit, mais d'études ; et je n'en suis pas fâché. Je suis assez content de ce que j'ai acquis ici pendant le dernier hiver ; je m'aperçois seulement aujourd'hui, combien j'ai encore à apprendre ». Et après avoir parlé longuement de la traduction qu'il faisait pour Becker, et encore plus longuement, on l'a vu, de la critique que le journal de Iéna avait fait de son livre, il entretenait Böttiger, au hasard de sa plume, des sujets les plus divers. « Quand Mme de Staël arrivera-t-elle ici ? Müller est-il encore chez vous ? Il m'a été bien agréable de le voir (2). Quand ami Knebel ira-t-il à Iéna ? L'étude sur la carricature française trouve mon plein assentiment.

1. *Briefe an Böttiger*, t. 40, n^r 14.

2. Pendant son séjour à Vienne Duvau avait eu occasion de voir Müller.

Il n'en est pas de même de l'article sur Delille ; il avait bien besoin d'être rectifié par vous. Dans son ensemble, la pièce satyrique Goddam est assez bonne, mais n'aurait pas dû paraître dans le *Moniteur*.. Une autre fois, ajoutait-il, je vous ferai part de ce que pense C (amille), sur la *Correspondance inédite de J. J.* Il nous en apprend bien plus en quelques lignes que les critiques de Iéna dans leur long article. Ce n'est pas que je sois devenu l'adversaire de ces derniers ; mais il y a longtemps que leur genre de critique me déplaît. Le « vénérable » Weisse, ainsi que tous vos amis d'ici, vous saluent. La semaine dernière j'ai écrit à M. le conseiller Wieland et l'ai prié au nom du vieux poète de vouloir bien écrire quelque chose pour l'album de sa fille malade. Auriez-vous la bonté de lui demander discrètement s'il a reçu ma lettre et de lui faire mes compliments. Rappelez-moi, disait-il en terminant sa longue lettre, au souvenir de mes amis de Weimar, en particulier de Mme de Helvig, a-t-elle reçu ma lettre de la fin de décembre ? et de la Duchesse-douairière.

Au milieu des occupations variées qui l'absordaient tout entier et lui plaisaient, la nouvelle imprévue d'une maladie de sa mère va plonger Duvau dans un profond découragement et réveiller dans son âme l'amer souvenir des épreuves de son long exil et le sentiment non moins douloureux des tristesses de l'heure présente : la dispersion de quelques-uns des siens son frère qui était à la Guadeloupe n'avait pas donné de ses nouvelles depuis près d'un an (1), sa belle-sœur restée, en France, s'était montrée si odieuse que ses parents s'étaient trouvés forcés de la

---

1. Pourvu du grade de capitaine-adjoint à l'Etat-Major de la Guadeloupe, Alexis Duvau avait été, en outre, le 9 mai 1803 chargé du commandement de l'île de la Désirade. (Archives du ministère de la marine).

renvoyer, sa sœur retirée en Géorgie avec sa famille n'avait pas les ressources suffisantes pour revenir en France, la gêne de ses parents et sa propre détresse, qui l'avait empêché de rester en Touraine et rendait impossible son union avec sa cousine, union si ardemment désirée par sa mère qui voyait en elle une seconde fille, et avait ainsi anéanti le rêve si cher qu'il caressait de passer quelques années avec ses parents et le reste avec sa famille à lui et quelques amis ; enfin son éloignement à l'heure même où l'attaque de paralysie qui venait de frapper sa mère, lui faisait tout redouter : « Quel monstre que la vie, s'écriait-il dans une lettre à Camille Jordan (1) ; comme j'aurais besoin de votre enthousiasme, de votre jeunesse de sentiments et d'imagination ! » La venue de Mme de Staël et de Benjamin Constant fit trêve à sa douleur et donna pour un moment un autre cours à ses pensées.

On sait comment proscrite par Napoléon et obligée de quitter la France, Madame de Staël forma le dessein avant de se retirer à Coppet, de faire un voyage en Allemagne. Elle voulait aller à Berlin ; sans renoncer à son projet, elle résolut de se rendre d'abord à Weimar (2), et l'accueil qu'elle reçut à la cour de Charles-Auguste la séduisit tellement qu'elle y passa deux mois et demi de suite ; arrivée dans la capitale de ce prince hospitalier le 14 décembre 1803, elle n'en repartit que le 29 février ou le 1er mars suivant pour gagner Berlin. Leipzig se trouvait sur sa route, elle s'y arrêta quelques jours. Un billet de Camille Jordan avait, il semble, averti Duvau de sa venue. Böttiger avait dû aussi lui en parler longuement et à plusieurs reprises, et il avait lu une partie au moins des nombreux articles

1. Lettre du 6 mars, déjà citée.

2. Ch. Joret, *Madame de Staël et la cour littéraire de Weimar*, Bordeaux-Paris, 1900, in-8° (*Extrait des Annales des Facultés* (mars-avril, 1900).

publiés dans les journaux sur le séjour de la célèbre
voyageuse à Weimar. On comprend quelle impatience
il avait de voir cette femme célèbre qu'il n'avait pas
encore eu l'occasion de rencontrer et dont Gérando
avait dû l'entretenir bien souvent, mais dont la nature
et les écrits étaient restés pour lui une énigme inexplicable. Mme de Staël n'était guère moins désireuse de
voir l'ancien collaborateur de Mounier à l'Institut
du Belvédère, l'ami de Camille Jordan dont on lui
avait parlé sans doute plus d'une fois à Weimar.
« Quand Mme de Staël viendra-t-elle à Leipzig,
demandait Duvau le 31 janvier à Böttiger. Elle a
écrit à Dufour pour savoir si nous sommes encore ici.
Je me réjouis de ne lui être pas complètement inconnu ».
Ce ne fut qu'un mois plus tard, le 3 mars, qu'il lui
fut donné de la connaître. Trois jours après il annonçait à Camille Jordan qu'« enfin » il l'avait vue ; mais
il remettait à plus tard à lui en « dire du bien et du mal ».
Ce fut seulement le 9 mars qu'il remplit sa promesse.

Je vous ai promis quelques détails sur la voyageuse ; (1) je ne doute nullement de sa bonté. Mais, je la trouve extraordinairement tranchante dans la
conversation et comme il m'est presque toujours arrivé d'être d'un avis
contraire, j'en ai essuyé des grossièretés telles que : *Nous ne sommes pas
du même avis, n'en parlons plus*, dit avec vivacité et humeur. Et même :
Ça n'est pas vrai, je vous dis que ça n'est pas vrai, etc., dit de même.
Elle est d'ailleurs un peu dragon dans sa manière d'être ; pas de *Weiblichkeit*.
Je n'ai pas besoin de vous parler de son esprit, sur lequel tout le monde
est d'accord. Le deuxième jour nous avons plaisanté, au lieu de disputer
et nous avons fini par nous raccorder. En un mot, de la bonté, si vous le
voulez, un esprit prodigieux, tranchant, arrogant. Elle revient en juin ;
nous serons alors peut-être meilleurs amis.

On ne doit pas être surpris que la nature brusque
et si peu féminine de Mme de Staël ait fait au premier
abord une impression peu favorable sur le doux et
sensible Duvau. Le compagnon de la noble voyageuse

1. C'est par ce seul mot que Duvau désigne Mme de Staël.

— Benjamin Constant, — qu'il ne nomme pas plus qu'elle dans sa lettre, en fit une meilleure et le séduisit dès le premier instant. Benjamin, après avoir quitté Weimar le 1ᵉʳ mars — 10 ventôse —, était arrivé à Leipzig le 2 (1) ; Duvau, qui ne l'avait pas encore vu, fut heureux de faire connaissance et enchanté de son affabilité. « Je suis extrêmement content de lui, écrivait-il le 6 mars à Camille Jordan, de sa douceur, de sa modération, de son mœlleux dans la conversation et de sa manière de parler. » On le voit, tout le contraire de Mme de Staël. Et trois jours après (2) :

Pendant son séjour je l'ai vu au moins huit heures seul ; je lui trouve beaucoup d'esprit, de finesse, de justesse, d'instruction, de mœlleux, même de piquant parfois, et j'en ai été extrêmement content. Je l'ai beaucoup questionné sur vous deux et l'ai chargé de mille tendresses pour vous et de Gérando. Mon ami, comme mon cœur et mon esprit sont à leur aise quand je vois un Français qui me convient ; presque tous les Allemands ont plus ou moins d'*allemanisme*.

S'il accusait les Allemands d'être parfois un peu lourds ou pédants, — c'est, je crois, ce qu'il entend par le mot *allemanisme*, — Duvau n'aimait pas moins leur société, surtout s'ils étaient distingués et célèbres et il mettait le plus grand empressement à faire leur connaissance ou même à les rencontrer. Dans sa lettre à Camille Jordan il rappelle le plaisir qu'il avait eu à voir Kotzebue, quand celui-ci, au retour de son voyage à Paris, était, quelque temps auparavant, passé par Leipzig. « Il m'a beaucoup parlé de vous. Il a fait insérer dans son *Freimüthiger* (3) des lettres

1. *Journal intime*, p. 14.

2. Le 9 mars. Post-scriptum de la lettre du 6. Duvau ne nomme pas Benjamin Constant plus que Mme de Staël, il ne le désigne que par l'expression « son compagnon ».

3. *Der Freimuthige, oder Ernst und Scherz*. Revue publiée, après son retour à Berlin, par Kotzebue en collaboration avec Gabriel Merkel, 1804-1807.

sur Paris, trop minutieuses, mais dramatisées »
Mais Duvau n'entretenait pas seulement Camille
Jordan de Kotzebue ou de son entrevue avec Mme de
Staël et Benjamin Constant, il lui parlait de bien d'autres
choses : des publications nouvelles, par exemple des
Lettres où Reichardt (1) s'amusait à parler des pots à
fleurs, de Mme de Récamier, des tentures de son
boudoir, etc. « Quel objet, disait-il, pour un homme qui
a vu Paris quatre fois et qui devrait s'attacher à nous
donner quelque aperçu nouveau du caractère du vrai
Français ». Et après avoir ajouté qu'il souhaiterait
que Camille Jordan s'occupât de ces nouveautés :
« il faudrait que nous apprissions aux étrangers à ne
pas nous traiter aussi légèrement que les Français
les traitent ». En écrivant ces dernières lignes il pensait
aux *Archives littéraires de l'Europe* (2), revue qui venait
de paraître et dont il était impatient de voir le premier
numéro, et encore plus impatient de lire l'article
placé en tête par de Gérando. Camille Jordan, de son
côté, ne manquait pas de tenir son ami au courant des
productions nouvelles qui paraissaient en France.
Il y en avait une récente qui avait fait sensation, et qui
avait un intérêt d'autant plus grand qu'il ressentait
pour l'auteur plus que de la sympathie ; c'était la
Valérie de Mme de Krudner. Camille Jordan était en
rapport avec cette femme célèbre, dont la fille lui
avait inspiré une admiration qui faisait malicieusement
sourire Mme de Staël (3). Il parla sans doute à Duvau

1. Reichard (Oskar-Heinrich-Ottokar), *Lettres confidentielles*, Hambourg
1804, 2 vol. in-8°.

2. *Archives littéraires de l'Europe*. Paris-Tubingue, 1804, in-8°. —
L'article de de Gérando avait pour titre : *Des communications littéraires
et philosophiques entre les nations de l'Europe*, p. 1-18.

3. Lettre de Mme de Staël à Camille Jordan du 23 octobre 1802.
Sainte Beuve, *Camille Jordan et Mme de Staël*. (Nouveaux lundis, t. XII,
p. 294).

de ce roman à la mode sur un ton dont celui-ci, qui connaissait la sensibilité de son ami, ne fut qu'à moitié surpris, encore qu'il en pensât tout autrement (1).

Je m'étais bien douté que vous aimiez *Valérie*, imaginant que vous auriez rencontré Mme de Krudner, que sa danse du shawl vous avait enchanté. Je vous déclare qu'il y a lontemps qu'aucun livre ne m'avait autant ennuyé, vu le non-sens qu'on retrouve à chaque page, les idylles de basse-cour et de cabinet, le style transcendental et original, etc. Grands Dieux ! qu'avons-nous fait pour qu'on imprime de pareilles choses dans notre langue ? Je vous envoie une plaisanterie à ce sujet, et je vous prie de la faire passer à Lamardelle, (2) rue des Petits-Cœurs, ancien n° 44. Si vous croyez qu'on puisse, châtiant et corrigeant, en faire usage dans un journal, je vous l'abandonne.

Je ne sais ce qu'il advint de cette « plaisanterie », mais on voit que Duvau, en 1804, se rappelait que, six ans auparavant, il s'était, encouragé par Böttiger, exercé à la critique littéraire. Son article sur *Valérie* n'était qu'un passe-temps ; à ce moment il projetait des travaux d'une tout autre importance ; il ne rêvait rien moins que d'entreprendre une étude sur l'Allemagne, envisagée surtout au point de vue littéraire. « Je tâcherai cet été, écrivait-il à Camille Jordan, de m'occuper essentiellement de l'Allemagne en général, c'est-à-dire de l'histoire des progrès de la culture, sans entrer dans les détails sur des parties qui me sont étrangères, et réservant l'étude plus particulière pour la littérature qui est moins hors de ma portée. Il est possible que je fasse de mes notes un ensemble qui ne sera pas sans intérêt. »

Il n'est pas improbable que Duvau commença dès lors les recherches dont il parlait à Jordan ; mais les circonstances, nous le verrons, ne lui permirent pas de faire de ses notes cet « ensemble » — une espèce d'*Allemagne* avant Mme de Staël — qu'il projetait.

---

1. Lettre du 6 mars 1804, déjà citée.

2. Un de ses parents du côté maternel.

L'audition des cours de l'Université, d'autres études, des voyages, interrompirent plus d'une fois ses recherches littéraires et il semble bien les avoir complètement abandonnées après son départ de Leipzig.

Les craintes que Duvau manifestait dans sa lettre du 6 mars n'étaient que trop fondées. Au moment même où il les exprimait, le malheur qu'il redoutait était déjà arrivé. Le 26 février 1804 — 6 ventôse an XII (1) — sa mère avait succombé à l'attaque de paralysie dont elle avait été frappée. La fatale nouvelle, tant les communications internationales étaient alors lentes et difficiles, ne lui parvint que le 10 mars. Il en fit part aussitôt à Böttiger (2) : « Quelques lignes attristées, lui écrivait-il ; ma mère n'est plus ; elle était malade depuis des mois et j'étais préparé au dénouement fatal ; mais la douleur de mon père m'accable ; il m'a écrit quelques mots qu'il faut que vous lisiez..... Benjamin Constant m'a charmé ». Sa douleur était trop grande pour que Duvau pût en dire davantage. Il remit au jour où il aurait repris courage et retrouvé tout son sang-froid, pour remercier Böttiger des marques de sympathie qu'il lui avait données et pour lui envoyer le récit détaillé qu'il avait promis de lui faire de son entrevue avec Madame de Staël. « Mon bien cordial remerciement, lui écrivait-il le 18 (3), pour votre lettre si cordiale. Ne soyez pas inquiet à cause de moi, mon excellent ami. J'ai surmonté, et même assez vite, la violence de la première douleur. Mais la seconde, et celle-ci bien plus profonde, est toujours, présente. Ma mère avait pour moi une indicible affection. Son unique pensée était mon bonheur et mon union avec ma chère Cécile qu'elle aimait depuis longtemps

1. Acte de décès de l'état civil de la commune de Cinq-Mars.

2. *Briefe an Böttiger*, t. 40, n° 19.

3. *Briefe au Böttiger*, t. 40, n° 38.

comme une seconde fille. Et dire qu'il lui a fallu quitter la vie sans avoir été témoin de cette union, et de plus sans avoir revu sa première fille, ma sœur incomparable ! Combien n'a-t-elle pas dû souffrir ! Mon père est inconsolable. Si vous le connaissiez, vous le plaindriez du fond du cœur. Mon oncle l'a emmené avec lui dans une terre située au-dessus de Tours. Pour moi, j'aurais été d'avis qu'il allât à Rennes chez sa sœur. Combien nous souffrons, Cécile et moi ! Le plus beau des projets anéanti ! On lit dans je ne sais quel auteur anglais : I have lost some friends ! I can call spirits from the vasty depth — strike at my breast, and you'll find them then ! (1). Quand je suis au milieu d'indifférents, passe encore, mais quand je me trouve avec des amis, they strike at my breast (2) ; mais c'est pire quand je suis seul, et pourtant je préfère de beaucoup être seul. Ne suis-je pas privé de l'amie unique, *avec laquelle je puis être moi tout entier* (3). Je vous dois une longue réponse. Vous l'aurez, et je réserve à cette intention ma matinée du dimanche.

J'ai à vous entretenir de trois sujets principaux : Moreau, Mme de Staël et *Napoléon-Bonaparte*. Par qui commencer ? Par Mme de Staël, qui a les droits les plus anciens.

J'ai lu tout ce qu'on a écrit sur elle de Weimar, et j'ai trouvé que mes chers Weimariens avaient été, comme toujours, bien prompts et excessifs dans leur enthousiasme. Ce langage probablement vous étonnera. Mais écoutez-moi.

Je m'explique très naturellement que cette femme

---

1. « J'ai perdu des amis ! Je puis évoquer des esprits du fonds du vaste abîme. — Frappez-moi sur la poitrine, vous les y trouverez. » J'ignore de quel auteur sont ces vers.

2. « Ils me frappent sur la poitrine ».

3. Les mots soulignés sont en français.

ait fait grande sensation chez vous. Son esprit est
puissant, et sa manière de penser sur la politique
du moment est la même que celle qu'on a à Weimar.
Elle est du reste une rare apparition. Il est explicable
au contraire qu'un Français reste indifférent à sa vue.
Tout Français ne la connaît-il pas, même sans l'avoir
vue? Pour moi du moins, je l'ai trouvée tout comme
je la supposais. Je m'approprie aussi de plus en plus
la sentence : *nil admirari*. Elle a été si peu de temps ici,
qu'il m'est difficile d'en parler longuement, et, comme
dans les jugements que l'on porte le moi sert volontiers
de point de départ, en en parlant je parlerai beaucoup
de moi.

Le premier jour je restai près d'une demi-heure
seul avec elle, et comme je l'avais prévu, nous nous
disputâmes aussitôt, et cela au sujet du procès de
Moreau. Sur ces entrefaits survinrent plusieurs messieurs, et la conservation reprit sur le même sujet ;
elle demanda ce qu'on pensait de cette affaire à
Leipzig. L'un d'eux répondit en me regardant à moitié
de travers : *Mais, Madame, il me semble que c'est là
l'opinion du public.* J'avais gardé un silence complet,
les yeux baissés. Je dis alors en interrompant : *en ce
cas je ne suis pas du public*, et j'en donnai les raisons
que je vous ferai connaître plus loin. Personne ne fut
convaincu, mais pourtant tout finit bien. Le soir nous
nous rencontrâmes chef Dufour. Elle parla des Français : *nous sommes la nation la plus aimable, mais la
plus légère*; je concédais le premier point, mais non le
second. *je trouve que nous raisonnons tout aussi juste
qu'aucune autre nation, et beaucoup plus vite —C'est un
peu fort !* s'écria l'un d'eux. — *Mais la révolution,
dit-elle, est une suite d'inconséquences !* — *Je trouve que
la révolution française dans les mêmes circonstances
eût eu lieu partout. Ces prétendues inconséquences étaient
non le résultat des raisonnements des bons français,*

mais la suite des passions des mauvais. Je lis dans ce moment l'histoire de la réformation en Angleterre ; le parlement persécute les catholiques sous Henri VIII et Edouard VI, les protestants sous Marie, les catholiques sous Elisabeth : toujours avec la même bassesse et soumission au despote. Vous pouvez vous imaginer tout ce qu'elle dit. Cependant je parlai avec feu parce que en tout je suis si impartial que je ne puis supporter le parti pris.

Elle s'assit sur le canapé : on fit cercle autour d'elle. Bientôt les messieurs se levèrent et s'approchèrent en tournant le dos aux autres dames. Première raison pour laquelle les dames ne peuvent pas la supporter, encore que les messieurs seuls se fussent montrés impolis. Il semble qu'elle s'en aperçut, et un instant après elle se leva et alla s'asseoir près d'une des dames les plus distinguées, qui bientôt, comme les autres, l'évita ostensiblement. On se mit ensuite à parler de la société parisienne. Elle répliqua qu'à vrai dire il n'y avait pas de société à Paris, parce qu'à cause des espions on était dans une crainte perpétuelle, et que le ton y est encore aussi grossier qu'il y a 12 ans, et d'autres choses que vous avez dû sans doute souvent entendre de sa bouche. Je dis qu'on devait équitablement faire une différence entre Robespierre et le gouvernement actuel. *Oh, dit-elle en m'interrompant brusquement, tout ce que fait le gouvernement est excellent, est parfait, n'en parlons plus !* Pour ce qui est du bon ton, ajoutai-je, il va de soi qu'il en est autrement. D'abord la guerre, cause de rudesse, est finie ; puis on sait que le bon ton vient d'en haut, et les 3 consuls, la plupart des sénateurs et les conseillers d'Etat appartiennent encore à *l'ancien régime,* etc. — *Eh bien ! nous ne sommes pas du même avis, c'est tout !. dit-elle avec violence.*

On parla ensuite de l'amabilité française. Elle s'étendit longuement sur la politesse des Parisiens. *Ce n'est qu'à Paris — on n'est point aimable en* *province, etc. Je dis qu'on avait en province la meilleure partie de l'amabilité, qu'on y était aussi digne d'être aimé, etc. — Oui, mais on n'a pas le fini de Paris, cette perfection, ce qui est souvent, il est vrai, l'attribut des roués, etc. — En ce cas je m'en tiens à la 1re partie, et j'aimerai toujours mille fois mieux un provincial sans vernis, tel que Camille Jordan, que tous les aimables de Paris. — Mais Camille Jordan est fort aimable. — Dans mon sens, mais il n'a aucun vernis. — Elle soutint que Camille avait beaucoup de vernis ! — (Camille du vernis !) — Mais, Madame, Camille a une prononciation de province, il dit « Madâme », il entre dans une chambre comme un écolier, il, il, il, etc. — Mais ça n'est pas vrai ! — Madame, alors j'ai mal vu. c'est pour moi au pied de la lettre le meilleur homme du monde, mais il est l'antipode du vernis de Paris. — Mais Monsieur, je vous dis que ça n'est pas vrai ! — Madame, je n'ai plus rien à dire !* —Elle avait prononcé les derniers mots avec vivacité et en se détournant à moitié de moi. Je m'éloignai et ne lui dis plus un mot de toute la soirée. »

« Eh bien, mon ami, que pensez-vous de cette manière de discuter ? You may depend upon it (1), que j'ai cité textuellement ses réponses, et vous pouvez m'en croire, je ne suis pas sorti des bornes de la politesse. Je vous avoue que j'étais très mécontent. Du reste, ce n'était pas là pour moi quelque chose de nouveau, car elle est connue chez nous pour ne pouvoir souffrir la contradiction. Et je pensais en moi-même — pardonnez ma franchise — Mes chers Weimariens auront toujours été de son avis. »

« A table elle parla beaucoup, demandant tout haut comment s'appelait tel ou telle, s'appuyant souvent

____
1. « Vous pouvez être sûr ».

le coude sur la table, et dans cette position se grattant de temps en temps la tête avec son couteau, etc. »

Les éloges même manquent de délicatesse ; par contre ce qu'elle a dit souvent et parfois avec raison (comme nous ne sommes pas ici des gens tout à fait sans esprit) — *C'est très spirutuel* — *ce que vous dites là est très spitiruel* — *il y a beaucoup d'esprit dans ce que vous dites là*, etc, etc. Ce qu'elle dit de prime abord à Plattner : *on dit que vous êtes l'homme qui parle le mieux en public !* — C'est là ce qu'on appelle *des coups d'encensoir*. Et à Mme Tischbein dès le premier mot : *On dit que vous avez des filles qui chantent à merveille !* Il faut au moins que ces choses soient bien amenées».

«Mais vous auriez dû voir aussi nos honorables ; Erhard, notre homme d'esprit, avait toujours quelque chose in petto — mais son pitoyable français ! Il secouait convulsivement les épaules, sans que le bon mot parvint à sortir. Et c'en était fait alors de son étalage d'anecdotes. A table il faillit s'endormir au côté d'elle. Elle lui demanda quelle heure il était ; mais ayant tiré machinalement sa montre il l'avait remise dans son gousset sans la regarder ; elle fut obligée de répéter sa question. »

«Mais Plattner ! Que ne pouvait-elle pas attendre de *l'homme qui parle le mieux en public !* Elle lui adressa je ne sais quelle question. Voilà mon Plattner qui se lève tout raide, esquisse de la main une démonstration, opened his mouth, comme mon oncle Toby, and said nothing. (1) Non qu'il n'eût eu rien à dire, mais *ce n'est pas l'homme qui parle le mieux français en public.* Les doigts en l'air et le côté droit tendu, il avait déjà accouché de la moitié de son idée, quand la terrible femme l'assaillit de nouveau et le submergea de vingt autres questions. »

---

1. Ouvrit la bouche et ne dit rien.

« De ma part, ce serait sottise de faire un crime à ces messieurs, de ne pas parler plus couramment français. Pourquoi aussi ne parle-t-elle pas allemand ? Je n'ai voulu vous donner du tout qu'un petit aperçu. »

« Le lundi nous allâmes chez Erhard. Je parlai peu avec elle. A la fin elle me prit à part. *Serons-nous plus d'accord aujourd'hui, Madame ? — Oh ! non, répondit-elle en riant, je ne sais à quoi m'en tenir — mais c'est égal, vous aimez le gouvernement, c'est tout simple, vous accompagnez le fils d'un sénateur.— Comment, Madame, vous avez assez mauvaise opinion de moi pour croire que cela puisse influer sur mes principes? — Oh ! mais, vous êtes entièrement Bonapartiste, tout le monde me l'a dit. — Moi, comme on juge à Leipzig! Je tiens en grande partie pour Bonaparte, mais je n'ai jamais défendu ce qui est blâmable en lui. — Mais vous avez fait un livre, dans lequel vous louez le gouvernement d'un bout à l'autre ! — Grand Dieu ! comme on lit à Leipzig ! Madame, voulez-vous une preuve de franchise ! Je ne dis pas un mot de Bonaparte, et j'ai évité de rien dire à la louange du gouvernement, parce que je ne voulais pas louer sans blâmer et que la censure était dangereuse, outre que dans ma bouche elle ne pouvait être utile, etc.* »

« Ceci est presque textuel. Alors elle reprit : *Comme vous êtes l'ami de Mounier, je croyais que nous nous entendrions sur tout, etc. — Je suis convaincu, Madame, que je suis de l'avis de M. Mounier en tout.* »

« Alors s'oubliant, elle me pria de ne rien dire à personne en France sur elle et sur ses opinions, et moins qu'à personne à Perrégaux. Là-dessus je me révoltai. *Comment, vous me supposez assez de bassesse ou d'imprudence, etc, etc.* »

« Avouez, mon ami, que de telles remarques faites par une femme de tant d'esprit sont singulièrement naïves et blessantes. »

« Nous allâmes au bal à la Gewandhaus. — A un moment je m'approchai d'elle. *Dites-moi donc de qui vous avez été amoureux à Weimar. — Ai-je été amoureux à Weimar ? — Oh ! on n'est pas à votre âge six ans dans une ville, sans être amoureux.* — Je plaisantai. Elle chercha à deviner : *Ah ! je me rappelle qu'on m'a dit qus vous aviez un attachement en France depuis 10-12 ans, que vous voyagiez pour pouvoir réaliser ensuite vos projets ; et comme j'aime beaucoup la constance, cela m'a intéressée.* J'éclatai de rire pour cacher mon embarras : *Un Français amoureux pendant 10 ans ! ha ha ha ! qui est-ce qui vous a dit cela ? c'est Mme de Schardt ? — Non, non, c'est une barbe qui me l'a dit.* — Je continuais à plaisanter, tout en étant au fond choqué, et au bout d'un moment je dis d'un air sérieux : *Avouez que nos amis de Weimar sont un peu bavards. — Comment ? parce qu'il m'ont dit etc.* — Et elle continua de me taquiner. — *Le voilà en colère de ce qu'on dit qu'il est amoureux !* etc. Je me fâchai pour tout de bon et lui dis tout en colère : *Vous me ferez plaisir, Madame, de ne plus dire un mot de cet objet-là.* Comme c'est une barbe, je suppose que cette *barbe* n'est autre que vous, et je vous avoue que j'ai été un peu fâché. En tout cas, cela était de sa part fort inconsidéré. Si elle voulait me louer, une pareille louange devant tout le monde était déplacée. Si elle voulait plaisanter, c'était cruel, car en vérité il n'y a là dedans rien de plaisant. »

« Encore une plaisanterie. Je lui dis que quand elle reviendrait nous serions peut-être mieux d'accord. *Oh, non,* répondit-elle en souriant, *nous ne parlons plus sérieusement, je vous rabats à la plaisanterie.* — *Madame, vous me rabattrez tant que vous voudrez,* dis-je en souriant, et j'ajoutai parce que ma réponse, encore que ce ne fût que ses propres paroles, pouvait paraître légère : *Je m'avoue vaincu d'avance, etc etc.* »

« C'est-là à peu près tout ce qui me concerne. Erskine (1) lui-même n'aurait pas parlé de lui plus que je ne l'ai fait. Elle s'est au reste entretenue longuement avec Plattner, et le lundi matin il a fait devant elle une conférence sur la philosophie de Kant ; elle s'appelle *son écolière*, et au mois de juin elle reviendra ici pour l'entendre. »

« Donc pour conclure : C'est une femme d'un esprit rare, pas aussi laide qu'on le dit, mais d'un aspect commun et repoussant. Elle n'a presque rien de la femme dans la discussion et dans son extérieur ; sa manière de s'habiller, de braver les gens, de parler tout haut, de contester à tout propos, de s'impatienter à la moindre contradiction, n'est pas le propre d'une nature vraiment féminine. »

« Au point de vue de l'esprit, il faudrait la voir en présence de Talleyrand, de Mounier, de Narbonne, etc ; qui, surtout les deux premiers, ne la flattent nullement, sont moins loquaces, mais ont l'esprit plus pénétrant et plus juste. L'histoire de sa rencontre avec Mounier, je la tiens de Mounier lui-même, et je l'avoue, à en juger au ton qu'ils prirent l'un vis-à-vis de l'autre ; Mounier lui disant tout sans ménagement et elle l'appelant *mon ours*, je trouve cette histoire délicieuse. Si Mounier voulait dire tout haut ce qu'il sait d'elle ! Il la défendrait volontiers contre les calomnies au sujet des abominations dont on l'accuse. Mais les histoires secrètes ! »

« On dit d'une pareille femme : *c'est une femme vis-à-vis de laquelle il n'y a rien à ménager. C'est un dragon*, etc. »

« J'ai la plus grande estime pour son esprit, mais fort peu pour son bon sens, parce qu'elle est trop

1. Erskine (Lord), connu par son éloquence, fut élu membre de la Chambre des Communes en 1783.

passionnée. Je ne doute nullement qu'elle soit bonne, et parce que je le crois volontiers, je me réjouis qu'elle ait fait ici un séjour assez long. »

« J'ai été franc, mon excellent ami ; je trouve confirmée par ma propre expérience la réputation qu'elle a chez nous. Lisez attentivement mon exposé, et vous en trouverez les conclusions justes. Je n'ai pas besoin de vous recommander de la prudence, si vous faite part à quelqu'un de ma manière de penser à son égard. Je ne me suis pas exprimé à la Tilly ; toutefois si j'avais à écrire sur elle, j'en parlerais certainement avec plus de modération que dans une lettre à un ami, où l'on peint volontiers d'après nature et avec force. »

Arrivant ensuite au procès Moreau (1), Duvau remarque d'abord qu'on se trouve en présence de deux invraisemblances. La première c'est que Moreau ait pu entrer en relation avec Pichegru et même avec Georges (Cadoudal), et se soit laissé tenter par les Anglais à travailler au rétablissement des Bourbons. La seconde, plus invraisemblante encore que la première, serait que le gouvernement se fût sans preuves attaqué à un tel homme. » Je ne veux pas faire à Moreau l'injure de comparer sa moralité avec celle de Bonaparte. C'était mon favori ; aussi ai-je versé des larmes de douleur quand j'ai appris son arrestation, ne pouvant pas croire qu'elle fut complètement injustifiée. » Si Duvau regrette qu'on n'ait pas cité Moreau devant le jury, « on n'a pas osé du moins, dit-il, le traduire devant une commission militaire qui l'aurait jugé et condamné dans les 24 heures. Il comparaîtra devant une cour ; les

1. L'arrestation, le 15 février, de Moreau, compromis dans le complot ourdi à Londres et à Paris, par Georges Cadoudal et par Pichegru, et son renvoi devant un tribunal ordinaire et non devant la cour d'assises, avaient eu, en France et hors de France, un retentissement d'autant plus grand que son arrestation avait eu lieu avant celle des deux principaux conjurés.

débats seront publics, ses défenseurs pourront parler
librement. »

« Il n'y a donc jusqu'à présent aucune atteinte portée
à la légalité. Pourquoi conclure précipitamment que
Moreau est innocent ; s'il l'est véritablement, son
innocence éclatera au grand jour. J'ai dit cela tout haut
et devant tout le monde, et je ne sais ce qu'on pourrait
y répondre. On peut supposer que Napoléon a agi
despotiquement et arbitrairement, mais les supposi-
tions ne sont pas des preuves. Donc il nous faut attendre
Qu'on m'ait pour cela traité de Bonapartiste, est chose
étrange. J'espère que Moreau ne se sera pas assez compromis pour être condamné (1), mais qu'il en aura fait
assez pour justifier les mesures du gouvernement.
Combien cependant il serait préférable qu'il ne fût
pas coupable ! »

Passant ensuite au pamphlet *Napoléon Bonaparte*,
« C'est un mauvais livre, dit Duvau, mais écrit en partie
avec talent. L'auteur se montre injuste d'abord envers
la nation ; il passa en revue tout ce que les auteurs
depuis Grégoire de Tours, jusqu'à Mounier lui-même
ont dit à son désavantage. Mais est-ce que ces reproches
généraux ne peuvent pas s'appliquer à toutes les nations ? Et je demande à tout lecteur impartial, si dans
un tableau il ne veut voir que ce qui est dans l'ombre
et non ce qui est en pleine lumière. Je ris moi-même
de la dénomination de *grande nation*, mais je demande
en vérité quelle nation a fait de plus grandes choses.
Laquelle est plus aimable et a exercé une plus grande
influence sur l'Europe ? Voilà ce qui est clair comme le
jour. Pourquoi notre auteur ne le montre-t-il pas ?
Ensuite il est injuste envers Bonaparte. Il le blâme ;

1. Duvau avait raison : Moreau se retira du complot dès qu'il apprit
qu'il s'agissait du rétablissement des Bourbons. (A. Thiers, *Histoire du
Consulat et de l'Empire*, t. IV, Paris 1845, p. 536 et suiv.).

c'est très bien, mais il blâme seulement ; et le titre de
son ouvrage ; *Napoléon Banoparte* promet pourtant
un portrait complet. Il aurait dû dépeindre d'abord
la situation de la France au moment où Napoléon
revint de l'Egypte. Elle était épouvantable ; mais au
bout d'un an il l'avait changée, plus changée que ne
l'aurait fait une autre gouvernement en un temps
aussi court. Depuis il gâta bien des choses. C'est là
le revers de la médaille : mais pourquoi n'en pas regarder aussi le bon côté. ? »

« On trouve dans ce pamphlet plus d'une trentaine
d'inexactitudes ou de calomnies ; il dit par exemple
que personne n'a voulu exposer sa vie pour le Roi. Et
les gardes du corps massacrés le 5 octobre ? Et Males-
herbes et de Sèze, etc ! Un honnête homme n'écrit pas
ainsi l'histoire. Bonaparte, dit-il, est si haï que même
au point de vue militaire on ne lui rend pas justice.
Je le renvoie à l'*adresse* de Mounier, lequel n'est pas
un flatteur. Ce qu'il dit de l'éducation, du tribunal,
du Sénat, de la religion, etc, et même de Mirabeau
est très juste, mais n'est pas neuf. Comme je l'ai dit,
beaucoup de talent, mais la partialité la plus grande.
Je vous en dirai davantage de vive voix. »

« J'ai fini et je vous avoue en confidence que je ne suis
pas trop mécontent de moi quand je vois que je reste
fidèle aux principes de modération et de sévère impartialité de mon maître, et que je me sens tous les jours
plus fortifié dans ses principes, tandis que la plupart
des hommes — plus intelligents que moi — qui m'environnent, sont beaucoup plus prompts à se prononcer
et plus passionnés que moi. Aussi Mounier me devient-
il chaque jour plus cher, parce que je remarque qu'il
agit toujours en moi. »

« Je suis très aise, ajoutait-il en terminant, que
Benjamin Constant ait parlé ainsi de moi. J'ai joui

de lui autant que me l'a permis le peu de temps que nous avons passé ensemble, et j'ai été on ne peut plus content de son esprit, de ses principes, de sa modération à tous égards, de sa conversation. Que pensez-vous des ouvrages qu'il prépare ? » (1).

« Il est dix heures et demie du soir...La fin demain ou après demain ».

Duvau tint parole, et il n'ajouta pas moins de deux pages à sa lettre du 18 (2). Mais, dans ce long postscriptum, il ne parlait ni de Mme de Staël, ni des évènements du jour. C'est de lui seul qu'il entretenait Böttiger, de sa famille et de ses projets. Le récit détaillé de son entrevue avec Mme de Staël, le jugement motivé qu'il portait sur le procès Moreau et le pamphlet *Napoléon Bonaparte*, prouvaient surabondamment que Duvau avait retrouvé tout son calme et surmonté la douleur que lui avait causée la mort de sa mère. Les marques de sympathie qu'il avait reçues de toutes parts, étaient venues adoucir le chagrin profond qu'il en avait ressenti. Edouard Mounier et son père furent les premiers à lui adresser leurs condoléances et le dernier, à peine remis d'une grave maladie dont il avait été atteint promettait même de lui écrire une longue lettre. Les inquiétudes aussi que lui avaient données le désespoir et l'isolement de son père, étaient dissipées. Son oncle, en l'emmenant dans une terre qu'il possédait au-dessus de Tours, y avait mis fin. Il n'était plus besoin ni que sa cousine Cécile — ce qu'elle n'aurait pu faire, du reste, pour le moment — vint à la Farinière, ou que son père allât à Rennes,

1. Benjamin Constant s'occupait en ce moment de recherches sur une histoire de la religion, d'où est sorti l'ouvrage intitulé : *De la religion considérée dans sa source et ses formes*, publié seulement 1824-1830.

2. Cette fin de la lettre du 18 mars se trouve dans *Briefe an Böttiger*, t. X L, n° 39.

chez sa sœur. Il était encore moins besoin que Duvau quittât son élève ; et il regrettait sans doute maintenant d'avoir écrit à M. Perrégaux que son père devait passer avant lui et son fils, et il reconnaissait qu'il valait mieux que les choses restassent comme elles étaient. Il ne pensait plus à se rendre en Touraine. C'est à un tout autre voyage qu'il songeait ; et après en avoir dit quelques mots à Böttiger. : « Le catarrhe de Göschen, ajoutait-il, est sans gravité. Je donnerai à Pâques à mon ami Peterson, homme de très belles connaissances, une lettre pour vous « Et il terminait par la phrase suivante : « Je ne suis pas un buveur de sang, mais j'ai appris avec plaisir l'arrestation de Georges Cadoudal (1). »

Duvau n'avait pas seulement raconté à Böttiger son entrevue avec Mme de Staël, il en avait fait part aussi à Mme de Schardt, mais sans entrer dans les détails et en se gardant bien des critiques qu'il s'était permises dans la lettre adressée à son ami. S'il lui était dès lors indifférent que celui-ci parlât de son entrevue, il avait cru néanmoins devoir lui recommander d'user de prudence dans ce qu'il en pourrait dire. Mais c'était trop présumer de la discrétion de Böttiger qui n'hésita pas à communiquer à son entourage la lettre qu'il avait reçue. On peut juger de la surprise qu'elle causa à Mme de Schardt. Mais loin d'accuser Duvau de parti pris, elle supposa que la sévérité de ses critiques tenait à ce qu'il avait vu seulement Mme de Staël par ses côtés faibles. Elle gagne à être connue, disait-elle (2), et il l'aurait jugée plus favorablement, s'il lui avait été donné de la voir plus longtemps, et, malgré la différence de leurs opinions politiques il n'aurait

1. Cadoudal fut arrêté le 9 mars. Pichegru avait été arrêté le 28 février.

2. Lettre s. d. *Briefe an Böttiger*, t. X L, n° 00041.

pu s'empêcher de l'aimer, s'il avait pu mieux la connaître.

Cependant les vacances de Pâques étaient proches. Il avait eu l'intention de les employer à faire, avec son élève, un voyage dans la Lusace et la haute Silésie, et il avait demandé à Böttiger des recommandations pour ces deux pays. Mais, à la réflexion, il comprit que la saison était peu favorable ; tout était encore couvert de neige, et on ne pouvait jouir de Riesengebirge qu'au mois de mai. Il lui ferait connaître avant Pâques, écrivait-il à son ami (1), ce qu'il déciderait. S'il n'allait pas en Silésie, il ferait une excursion à Cassel et à Brunsvick avec l'aimable peintre Rehberg.

Duvau entreprit-il le voyage qu'il avait projeté de faire en Silésie ; alla-t-il à Cassel et à Brunsvick ? Je ne saurais le dire. Dans un billet écrit le 6 avril (2) — le vendredi de la semaine de Pâques — où il recommandait à Böttiger Goldsmith qui, disait-il, connaissait très bien Paris, arrivait de Berlin et Varsovie, et se proposait dans deux ou trois jours, d'aller de Halle à Weimar, il n'est question ni d'un voyage en Silésie, ni d'une excursion à Cassel et à Brunsvick, ce qui pourrait faire croire que Duvau avait renoncé à l'un comme à l'autre. Dans ce cas, il n'aurait fait que se conformer aux intentions de M. Perrégaux, qui aimait mieux voir son fils étudier que faire des voyages.

✶✶✶

Quoi qu'il en soit les vacances ne tardèrent pas à prendre fin et les cours recommencèrent. Mais nous ignorons quels furent ceux que Duvau fit suivre à son élève ou qu'il suivit lui-même. Il est une étude nouvelle toutefois à laquelle on le voit se livrer avec ardeur

1. Lettre s. d., déjà citée, *Briefe an Böttiger*, t. X L, n° 39.
2. *Briefe an Böttiger*, t. 40, nʳ 18.

et dont il ne cessa désormais de s'occuper. Dans un chapitre précédent, j'ai relevé une assertion erronée de Charles Bélanger d'après laquelle Duvau aurait pris à Genève, dans la maison du docteur Odier, le goût de la botanique. Et j'ai essayé de prouver qu'il avait puisé ce goût non à Genève, mais pendant son séjour au Belvédère, dans la société Mounier. Jusqu'en 1804 il ne fait jamais allusion, dans sa correspondance, à des recherches de botanique. Il en est tout autrement maintenant. Ainsi, dans une lettre écrite à Böttiger au moins de juin de cette année (1), il parle à son ami de la passion que lui inspire cette science, et non seulement il herborise (2), mais encore il cherche à se procurer des plantes de régions où il n'était pas allé. « Je viens faire appel à votre complaisance, dit-il à Böttiger. Notre contrée a une flore assez pauvre ; les environs de Dresde, au contraire et surtout la région de l'Erzgebirge en ont une qui est très riche. Peut-être connaissez-vous quelque botaniste qui voudrait bien me procurer des plantes de cette région ; des espèces bien indigènes ; toutefois (3) je peux trouver les autres ici. Les amateurs ont d'ordinaire leurs plantes en doubles, ou ils peuvent facilement les avoir. Je ne veux pas vous en demander davantage.Si, par hasard, vous pouviez aussi me procurer quelque plante rare de jardin, cela me ferait plaisir, encore que je puisse les trouver partout. »

1. Lettre du 23 juin 1804, *Briefe an Böttiger*, t. X L, n° 21.

2. Il ne le faisait pas sans doute toujours seul. Il semble qu'il s'agisse d'une herborisation faite en commun, dans le passage suivant de la lettre, que je viens de citer. « Demain je vais avec Schwagrich et ses élèves à 3 lieues 1½ d'ici. »

3. On pourrait croire, d'après un passage obscur de la fin de cette lettre que ce n'était pas la première fois que Duvau cherchait ainsi à se procurer des plantes étrangères. «Je n'ai guère moins de 400 plantes, dit-il, que j'ai de Suisse ».

Toutefois, les recherches botaniques entreprises par Duvau ne le détournèrent pas, pour le moment du moins, des études littéraires. On le voit suivre avec un intérêt marqué les représentations dramatiques qu'Iffland donna au théâtre de Leipzig pendant la seconde moitié du mois de juin. Elles eurent pour lui tant d'attrait qu'il n'hésita pas, encore que Böttiger eût négligé, depuis longtemps, de lui écrire, d'en entretenir longuement l'érudit (1). « Vous êtes sans doute, lui dit-il, déjà complètement installé — Böttiger était, depuis deux mois, arrivé à Dresde — pour trouver le temps de lire quelques lignes amicales que je vous adresse. Ces quelques lignes étaient des notes qu'il avait prises après chacune des représentations données par Iffland ; on dirait les matériaux d'un compte-rendu dramatique destiné à un journal ou à une revue. Il y montre non seulement Iffland dans chacun des rôles où il l'a vu, mais encore il cherche à donner à Bottiger une idée exacte de ce qu'était dans sa noble simplicité, le jeu incomparable du grand acteur, la sobriété de ses gestes ; il ne lève pas ou ne lève que rarement les bras et les mains. On ne peut pas lui crier, comme à un autre Petit Jean :

« Que font là les deux bras pendants à tes côtés ?

Tout immobiles qu'ils sont, ses mains et ses bras parlent aux yeux, tant il y a de dignité dans son attitude et de noblesse dans son maintien. » On voit par là avec quelle attention Duvau avait étudié le jeu d'Iffland sur la scène. Il avait eu d'ailleurs occasion d'observer le grand acteur dans le laisser aller de l'intimité, un jour que Göschen l'avait invité à un souper au restaurant de Gauch's Garten, souper qui se prolongea jusqu'à 1 heure du matin, et où Iffland parut très gai et sans contrainte. Mais c'est surtout dans l'analyse

1. Lettre du 23 juin 1804, *Briefe an Böttiger*, t. X L, n⁰ 21.

des rôles tenus par Iffland que Duvau s'est montré véritablement habile critique, dans l'analyse du moins des rôles principaux. Duvau passe rapidement, on le devine, sur les rôles secondaires qui n'étaient pas faits pour le génial acteur. Tel il apparait en particulier dans ce qu'il dit du rôle de l'Abbé de l'Epée, de celui de Lorenz Stark, et surtout de celui de Wallenstein.

« Il était impossible, dit-il en parlant du premier de ces rôles, de donner à son personnage à la fois plus de dignité, de simplicité et de sentiment véritable. On eût cru voir un ecclésiastique français du meilleur ton. J'ai saisi une foule de petits traits qui ont échappé, pour la plupart, au public allemand. Iffland, continue-t-il, n'a pas rendu avec moins de vérité le rôle de Lorenz Stark, et Göschen disait qu'il semblait avoir dérobé les traits d'un marchand de Brême de ses amis. Je n'ai vu que chez nous, en France, des hommes qui réunissent en même temps autant d'humour, de fantaisie, de bonne humeur, d'esprit et de sentiment. Mais c'est surtout le jeu si complexe d'Iffland dans le rôle Wallenstein que Duvau a analysé avec une rare sagacité (1). Iffland n'était pas fait, à vrai dire, pour remplir ce rôle. S'il a l'attitude et les yeux d'un héros, sa taille, sa tête etc. sont tout le contraire. On dit qu'il est très fier de ce rôle ; et cela est facile à comprendre, parce que c'est ce rôle qui lui a coûté le plus de peine. En somme, j'ai été on ne se peut plus content, parce que cela m'a montré ce qu'un acteur qui pense est capable de faire d'un rôle où il avait tant de difficultés à vaincre. Et Duvau cite plusieurs des scènes qui l'avaient surtout frappé, et où Iffland s'était révélé dans toute son originalité, telles que le récit du rêve, sa rencontre, encore plein d'un mystérieux enthou-

1. Lettre du 26 juin 1804 ; *Briefe an Böttiger*, t. X L, n^r 22.

siasme, avec Octavio sur le champs de bataille, et, quand il apprend qu'Octavio est parti, ces simples mots : *Ce n'est pas là l'action d'un héros*, dits d'une voix forte, mais peut-être pas assez concentrée. Le dialogue avec Wrangel n'est pas moins excellent. *Max reste avec moi*, a été dit avec toute l'émotion dont Wallenstein pouvait être capable, etc, etc » (1).

Tandis que Duvau s'essayait ainsi, comme en passant, à la critique dramatique, il continuait — nouvelle preuve que ses études botaniques n'avaient pas mis d'entrave à ses projets littéraires — ses recherches en vue du *Tableau de la littérature allemande* dont il entretenait, nous l'avons vu, Camille Jordan dans sa lettre du 6 mars, et il les poursuivit jusqu'au moment où il quitta Leipzig pour se rendre à Genève. Deux mois après, nous le verrons promettre même de collaborer aux *Archives littéraires* (2) dont l'apparition, sous les auspices de de Gérando, on s'en souvient, avait vivement piqué sa curiosité.

C'est dans ses lettres à Bottiger que nous trouvons ces renseignements précieux sur la vie de Duvau. Mais maintenant elles ne sont plus adressées à Weimar, mais à Dresde. Au printemps, le célèbre érudit avait quitté la résidence de Charles-Auguste pour se rendre dans la capitale de la Saxe Electorale. Mais son installation et une maladie dont il fut atteint, l'empêchèrent pendant des semaines d'écrire à Duvau. Enfin, vers le milieu de juillet, il adressa à son ami une longue lettre en s'excusant d'être resté si longtemps sans lui donner de ses nouvelles. Duvau lui répondit aussitôt.

1. Vous connaissez notre parterre, ajoutait-il en terminant ; il occupe le premier rang parmi les parterres d'Abdéritains. Il rappela Iffland qui, après quelque hésitation, se montra et dit : « Je vous remercie de l'intérêt que vous prenez à mon jeu, et je vous prie d'agréer, comme il convient, l'expression de mon respect ».

2. V. plus haut.

« Je vous remercie, mon cher ami, lui disait-il (1), de me donner, au milieu du tourbillon des affaires et encore sous le poids de vos maux, des nouvelles aussi détaillées de votre état d'âme. Je regrette du fond de mon cœur que votre santé soit si mauvaise Et après quelques mots sur Becker et sur son collaborateur Neumann, arrivant brusquement au procès de Moreau et de Georges Cadoudal, qui venait enfin de se terminer (2) et dont Böttiger avait dû lui parler — on ne devait pas s'en occuper moins à Dresde qu'on ne l'avait fait à Weimar — : « Dites ce que vous voudrez, Moreau ne peut pas sortir indemne de son procès. Il n'a mérité ni la mort ni même l'exil, mais au yeux de la loi seulement ; devant le tribunal de la conscience il est coupable. Et quelle humiliation ! Quelle lettre méprisable ! Combien Pichegru et même Georges se sont comportés avec plus de dignité ! Encore s'il avait prononcé son discours ! Quelle éloquence ! A quel point me plaît la fierté que montre de ses actions un homme qui a ébranlé l'Europe toute entière ! Quelle modestie noble et sans prétentions que celle qui le fait renoncer à toute sa gloire ! On croirait entendre le discours de Scipion, mais moins laconique. »

C'est probablement à la fin ou au commencement du mois de juillet de cette année (1804) qu'eut lieu le voyage à Berlin si longtemps différé. Duvau ne put voir sans doute la célèbre Henriette Hertz dont le salon était déjà fermé à l'époque du voyage de Mme de Staël. Mais j'incline à croire qu'il lui fut donné de rencontrer la non moins célèbre Rachel Levy à laquelle

1. Lettre du 18 juillet 1804 ; *Briefe an Böttiger*, t. X L, nʳ 23.

2. Le 10 juin Georges Cadoudal et 17 de ses complices — Pichegru s'était donné la mort — avaient été condamnés à mort, et Moreau à deux ans de détention, peine qui fut remplacée par l'exil.

il s'était proposé, comme à Henriette Hertz, de rendre visite. Il ne put manquer d'aller voir le libraire Sander avec lequel, on se le rappelle, il était en relations depuis plusieurs années ; et une allusion qu'il fait dans une lettre dont je parlerai plus loin, aux opinions scientifiques de Wildenow (1), semble bien prouver qu'il vit aussi le célèbre botaniste. Un billet dont j'ai déjà parlé, et dont il sera encore question plus loin, nous apprend qu'il rendit visite également à Jean de Müller et qu'il en reçut, comme à Vienne, l'accueil le plus bienveillant (2).

Cependant Böttiger était retourné à Weimar, il semble pour le règlement de ses affaires. Ce voyage offrait à Duvau une occasion qu'il cherchait depuis longtemps de revoir son ami avant son départ. Dans sa lettre du 26 juin, se demandant quand il irait lui rendre visite, « Je l'ignore, disait-il (3), mais il faut que je vous voie ». Maintenant un moyen facile de satisfaire ce vœu se présentait à lui, puisque en retournant à Dresde Böttiger devait passer par Leipzig. Il lui écrivit aussitôt (4).

« Je vous adresse à la hâte ces quelques lignes pour qu'elles vous arrivent à temps à Weimar. J'ai fait mon possible et regrette de vous envoyer si peu de choses. Erhard est grandement fâché contre vous Que je voudrais alléger vos derniers jours et vos dernières heures d'ennui à Weimar. Je me représente très bien ce qu'il y a de pénible dans votre situation. Ne manquez pas de me prévenir, quand vous passerez par ici. Je mérite la préférence sur vos autres amis de Leipzig, car qui sait combien de fois il me sera encore donné de vous voir. Nos cours ont recommencé hier — le 7 août — et je vais me remettre à travailler. Ma botanique me prendra aussi beaucoup de temps ; je l'aime déjà avec passion, quoique

---

1. Lettre du 10 janvier 1809. *Briefe an Böttiger*, t. 40, n^r 31.

2. Lettre sans autre date que vendredi matin, mais écrite au mois de décembre 1808.

3. Lettre déjà citée.

4. Lettre du 8 août 1804 ; *Briefe an Böttiger*, t. X L. n^r 23

je ne sois qu'un ignorant. Nous enverrons au libraire Arnold les livres que j'ai reçus pour vous de Sander. Si j'ai quelques nouvelles intéressantes ou articles, je vous les enverrai par le premier courrier.

Et passant à un autre ordre d'idées :

J'ai ajoutait-il, fait la connaissance de Henrich de Paris. Dès notre seconde rencontre il m'a demandé si je voudrais collaborer à *ses Archives littéraires*. Elles réussissent d'autant mieux que les *Annales du Musée* (1), vont disparaître, à mon grand regret. La proposition m'a agréé. Mais provisoirement je ne pourrai donner que des bagatelles, des courtes notices etc ; par la suite je donnerai davantage (2). Je lui ai parlé aussi du plan de mon grand ouvrage, dont il a paru très content. C'est, en somme, un homme très intéressant qui connaît le monde entier ; il a été au Brésil avec la flotte anglaise et a passé dix ans comme officier dans l'armée anglaise aux Indes orientales ».

Ainsi, presque à la veille de son départ, Duvau s'engageait à de nouveaux travaux. Il ne prévoyait pas que ses études littéraires allaient bientôt être interrompues, et qu'il ne les reprendrait que de longues années plus tard.

Monsieur Perrégaux avait décidé que son fils irait terminer ses études à Genève, où, nous l'avons vu deux ans auparavant, il avait déjà eu l'intention de l'envoyer. Le départ fut fixé à la fin de septembre ; et le 18 Duvau l'annonçait à Böttiger (3). Celui ci avait demandé des renseignements sur ce qui s'était passé à la Schulpforte — une épidémie ou une révolte (?) semble y avoir éclaté — et Duvau s'excusait de

1. Les *Annales du Musée et de l'école moderne des beaux arts*, fondées en 1801, ne disparurent pas de sitôt, comme le dit Duvau ; leur publication continua jusqu'en 1810.

2. Cette promesse montre que Duvau approuvait le plan des *Archives littéraires*. Il en fut tout autrement de la *Bibliothèque germanique*. qui parut à quelque temps de là et dont le plan et la composition lui paraissaient également défectueux. « Que dire, écrivait-il entre autres, d'un article sur Iffland où il n'est pas question des pièces du grand acteur. » *Billet sans date. Briefe an Böttiger*, t. X L, n^r 45.

3. *Briefe an Böttiger*, t. 190, n^r 9.

lui répondre si tardivement ; il lui écrivait, comme il dit, « au milieu du tourbillon des affaires » ; et après lui avoir dit quelques mots des élèves retournés chez leurs parents et de ceux qui étaient revenus, choses que Böttiger devait savoir, du Directeur Tapfen chez lequel il s'était présenté à plusieurs reprises sans avoir jamais pu le rencontrer, il lui parlait — sujet qui le touchait de plus près — du retour annoncé de Macdonald qu'il craignait maintenant de ne pas rencontrer. « Cela me fait une vraie peine, disait-il, car quand reverrai-je cet homme supérieur ! » Puis passant à un autre sujet, « J'ai reçu beaucoup de lettres, entre autres une d'Adèle, qui est extrêmement espiègle. Quelque peu de temps que j'ai, je ne puis me défendre de vous la copier. »

Si mes lettres étaient aussi promptes que mes pensées, mon futur cousin (1), vous en recevriez très souvent ; mais je ne suis pas de celles qui ont comme on dit, de l'esprit jusque dans le bout des doigts. Le mien a beaucoup de peine à arriver, jusque là je voudrais communiquer avec mes amis spirituellement. Je hais le mécanisme de l'écriture, et je désirerais que toutes les fois que je pense à vous, vous en fussiez averti par quelque bonne secousse ; n'allez pas croire que je suis folle ; à propos de folie, j'aime votre retenue avec moi ; vous n'avez pas osé écrire le mot Botanique dans votre lettre. Vous avez très bien fait ; car si vous m'en eussiez ennuyée, je vous aurais envoyé paître : mais de l'humeur dont vous êtes, vous ririez, je pense, avec grand plaisir. Je n'ai plus d'estime pour vous depuis que vous n'allez plus en Italie ; je vous ai ménagé jusque là : mais à présent à quoi êtes-vous bon ? que pouvez-vous m'apporter de Suisse ? des vulnéraires ? je ne tombe jamais.

C. part (2) ; cela m'afflige. Elle est utile aux gens qu'elle aime. Je trouve qu'elle est comme la santé, on n'en sent bien le prix, que quand on la perd. Quelle douceur ! Quelle patience ! et tout cela avec beaucoup d'esprit ! Je trouve que l'on ne sent pas assez son mérite. Oui j'aime la campagne, et j'en suis charmée ; c'est un bonheur que de prendre de la passion pour

1. Duvau sera le futur beau-frère d'Adèle, mais il était déjà son cousin.

2. Cécile, sœur d'Adèle, et la future Mme Duvau qui allait se rendre à la Farinière.

des choses raisonnables.Revenez donc vite de vos voyages; vous me recevrez
à la Farinière, nous disputerons horriblement. Vous rappelez-vous le
tableau de Phèdre (1) ? Adieu aimez-moi beaucoup.

Adélaïde.

« Ne trouvez-vous pas qu'on doit rire de bon cœur
à cette lecture ? Cette semaine est épouvantable.
Jeudi et vendredi pour la bonne bouche excursion
à Hohnstädt. Je pense partir aujourd'hui en huit,
car je veux rester quelques jours à Iéna et 3 ou 4 jours
à Weimar. Seume part avec moi pour Francfort. « Nous
passerons par Eisenach, Bamberg, Wurzburg — où
se rend également Voss — Francfort, Heidelberg, etc.
« Votre lettre m'a fait plaisir. Je suis content que vous
soyez si satisfait. Soyez sûr que personne ne prend plus
part que moi à ce qui vous arrive. »

Et, après avoir chargé Böttiger d'un billet pour un
certain Münster qui devait encore de l'argent àMounier
— affaire au sujet de laquelle il désirait avoir une réponse, — et lui avoir donné son adresse à Genève, il lui
demandait un mot pour Hottinger à Zurich et continuait : — « Avec quelle peine je quitte la Saxe ! même
Leipzig, mais surtout la Saxe que j'ai habitée pendant
8 ans et où j'ai trouvé durant tout ce temps de si bons
amis, des protecteurs et des bienfaiteurs comme Griesbach, vous et tant d'autres. Et je pars sans doute pour
toujours. Cela me fait plus de peine que je ne puis dire.
Si j'écris un jour un ouvrage sur l'Allemagne, je dirai
bien des choses sévères, mais aussi plus de bien qu'un
Allemand n'en attend d'ordinaire d'un Français. « Göschen est ici pour quelques heures et je viens de le voir.
Quelle nouvelle m'a-t-il apprise ? Macdonald vient,
mais seulement dans trois semaines. Je ne puis pas vous
dire combien cette nouvelle m'a été désagréable. Tout
se fût si bien arrangé s'il était venu à l'époque où il

1. Le tableau connu de Guérin.

13

avait promis de venir. J'avais fini par penser qu'il ne viendrait pas du tout — et maintenant voilà qu'il vient juste au moment où je m'en vais. Retarder mon départ ? Hélas ! C'est impossible. Je suis vraiment chagrin. A quoi cela sert-il ? me dira-t-on peut-être. Maudit stoïcisme (égoïsme!) Pensez donc ! J'avais demandé au vénérable Griesbach une courte esquisse des sciences théologiques en Allemagne, en 3 ou 4 pages, et il m'en envoie 54, tout un extrait de ses cours qu'il a refondus en partie pour moi. Je suis étonné, honteux et touché. Je puis en faire, avec les compléments nécessaires pour les Français, un magnifique extrait, et ceci m'encourage à exécuter le plan que vous savez (1). Schnorr vous envoie son plus affectueux souvenir et vous écrira bientôt. Il en est de même de Göschen que j'irai voir jeudi soir. De Hohenstädt je vous enverrai une lettre pour Macdonald et quelques lignes pour vous ».

La perspective de quitter la Saxe pour toujours, semble avoir causé à Duvau un de ces accès de découragement auxquels il était trop souvent exposé. « Je ne resterai pas longtemps à Genève, écrivait-il le 25 septembre (2) — il ne prévoyait pas à quel point il se plairait dans cette ville — mon père désirerait que j'eusse une situation plus stable et qui me rapprochât de la Touraine. D'ailleurs j'ai si mal réussi avec mon élève que je ne puis continuer de vivre ainsi ».

Le lendemain il se mettait en route, et l'intérêt du voyage fait en compagnie de Seume et plus tard de Voss lui fit vite oublier la tristesse du départ. Comme il l'avait annoncé à Böttiger, Duvau se rendit avec Perrégaux, d'abord à Iéna (3). A peine arrivé,

---

1. Son *Tableau général de la littérature en Allemagne.*
2. *Briefe an Böttiger*, t. X L, nᵣ 24.
3. Lettre du 26 novembre. *Briefe an Böttiger*, t. X L, nᵣ 24.

il s'empressa, on le devine, d'aller embrasser Griesbach qu'il trouva mieux portant que lors de sa dernière visite. « Je n'ai pas besoin de dire combien la séparation m'a été pénible ». Puis de là on gagna Weimar où tant de souvenirs l'attachaient. Nous ignorons combien de temps il resta avec son élève dans cette ville ; mais elle lui sembla déserte, et il n'y trouva qu'une partie des « souvenirs de l'ancien temps ». Il eut toutefois le plaisir d'y rencontrer Knebel, « toujours le même », et qui se réjouit fort de le revoir, Wieland qui lui parut vieilli, mais « toujours si bon », Schiller « remis de son hypocondrie et de l'enfantement pénible » du *Guillaume Tell*, Gœthe enfin prêt à produire quelque œuvre nouvelle — probablement le *Faust*. « J'ai passé bien souvent, le cœur triste, près de la Jakobsgasse — rue où avait demeuré sans doute Bottiger — J'ai été deux fois chez Mme de Laroche (1), la seconde fois même j'y ai dîné, et nous avons longuement causé. C'est une très bonne vieille qui chaque année vieillit de huit ans, mais qui ressent une joie juvénile de tout ce qui est bon. »

De Weimar ils se dirigèrent sur Francfort en passant par Würzburg où Duvau eut le plaisir de revoir Hufeland. Une maladie du jeune Perrégaux le força de rester 24 jours, à son grand regret, à Francfort. Quand il fut rétabli, ils gagnèrent en toute hâte Darmstadt, Mannheim, puis Karlsruhe, d'où ils se dirigèrent sur Tubingue et de là sur Schaffhouse ; ils ne pouvaient oublier de visiter la chute du Rhin. De Schaffhouse ils atteignirent Zurich. A peine arrivé, Duvau se rendit chez le professeur Hottinger, homme « aussi savant que

1. Il s'agit de Mme de Laroche, l'ancienne amie de Wieland, qui déjà en 1799 était venue à Weimar faire une visite au poète, alors retiré à Ossmanstaedt. Erich Schmidt qui, dans la *Deustche Biographie* (art. Sophie de Laroche) parle de son voyage de 1799, ne fait aucune allusion à celui de 1804.

modeste » pour lequel Böttiger lui avait donné une lettre de recommandation. Ils allèrent ensemble chez les Gessner, où ils furent reçus par la veuve de l'auteur des *Idylles*, qui, dans sa belle vieillesse, apparut à Duvau ému « comme une ruine auguste du passé ». Son fils leur fit le plus cordial accueil et leur montra de nombreux dessins de son père, dont il se proposait de publier un choix. « Ces dessins, ajoute Duvau, sont tous très beaux, ainsi que quelques paysages coloriés. Non moins remarquables, et assurément d'une plus parfaite exécution, sont deux paysages à l'huile de Gessner frère. Je lui ai parlé de notre malheureuse entreprise ; mais, dans son obligeance, il exprimait la conviction que je n'étais pour rien dans l'insuccès. Sa femme, que vous connaissez (1) est très aimable et m'a singulièrement plu. On dîna à l'Hôtel de l'Epée, d'où l'on jouit d'une des plus belles perspectives qu'il y ait en Suisse ». Avant de dîner Duvau était allé sur la Grande Promenade ou Promenade de Gessner aux bords de la Limmat, où se dresse le monument à la fois simple et noble du célèbre écrivain. Après le dîner il se rendit sur la Nouvelle Promenade, d'où la vue s'étend sur une partie du lac et sur les glaciers de Glaris, de Schwyz et de l'Oberland, etc. « J'y ai cueilli, comme souvenir une très belle sauge ». Tout cela n'avait duré que 3 heures et un quart.

Duvau s'était pressé, on le voit ; mais il s'était fait, dit-il, un devoir de se hâter. On avait perdu beaucoup de temps, en chemin, et la santé de Perrégaux n'était pas sans l'inquiéter. « Qu'arriverait-il, s'il retombait malade ? » Partis le 27 octobre de Zurich, ils arrivèrent, trois jours après, à Berne. Duvau rendit aussitôt visite au doyen Itt, ancien ami de Mounier, et à Mme Harmes, à laquelle il donna des nouvelles de Macdonald.

---

1. Elle était, comme on se le rappelle, une des filles de Wieland.

« J'ai fait l'ascension de la tour, écrit-il ; la contrée
environnante est magnifique, moins gracieuse que celle
de Zurich, mais plus grandiose. Comme elle aurait été
plus belle si elle avait été embellie par les rayons d'un
soleil d'été ? » Il prit ensuite une voiture qui le conduisit à l'Institut de Pestalozzi (1) à Buchsee. Le réformateur
était à Yverdun, où il voulait fonder un établissement
semblable. Malgré le peu de temps dont il disposait,
Duvau visita une partie de l'Institut de Buchsee. Il
lui parut une « merveille ». « Il y a là, dit-il, certainement des choses étonnantes, et pourtant je doute
encore que cela donne uniquement de bons résultats
et que rien de mauvais ne s'y mêle. Nos bons Allemands
sont coiffés de Pestalozzi ; mais jusqu'à présent, ils
n'ont, il me semble, rien dit de bien clair sur son système. A Buchsee ont est mécontent de tout. Aussi
je ne puis comprendre l'article de la *Litteratur-Zeitung*
de Leipzig, quelque éloge qu'on en fasse, et bien qu'il
soit de la main de Magister Dillich. Vos compatriotes
— mes compatriotes — ne croient jamais arriver assez
vite au fait. A quoi bon, par exemple, quand il s'agit
d'une chose purement expérimentale, tant de considérations psychologiques et métaphysiques. Si je vous
parle ainsi des Allemands, c'est que je sais bien que
vous me connaissez et que vous ne me ferez pas le
reproche d'obéir à un parti pris ». A 6 heures, Duvau
voulait aller chez Mme Watteville, femme du
Landamman ; mais à son regret, il la manqua. « Cela
me fit de la peine, car c'est, à ce que l'on dit, une femme
extrêmement aimable. J'ai passé la soirée chez Mme
Harmes. J'en écris plus long à Macdonald ».

1. Pestalozzi (Johann Heinrich), né à Zurich en 1746 ; étudia la théologie qu'il abandonna pour le droit. S'occupa ensuite de questions d'éducation. Fonda un premier institut à Stanz en 1798, puis, peu après, un autre
Burgdorf qu'il transporta en 1804 à Buchsee.

De Berne, Duvau avec Perrégaux allèrent dîner à Murten, dont le lac les charma, « quoique la vue uniforme qu'on a de là sur le Jura, ne puisse se comparer aux aspects grandioses et variés qu'offrent les énormes masses des Alpes. » Le lendemain ils arrivèrent à Lausanne, où ils rencontrèrent un élève de Petersen, Grand avec sa famille, qui essaya en vain de les retenir. Duvau avait hâte de partir pour Genève. Malgré le brouillard qui couvrait en partie le lac, il admira les bords enchanteurs des deux rives, Meillerie et les monts du Valais. La route qui conduisait à Genève ne lui parut pas moins belle ; il eût aimé, dit-il, de la parcourir complètement à pied, comme il avait déjà parcouru jusque-là une partie du chemin. Entre Nyon et Coppet ils rencontrèrent Guillaume Schlegel qui se promenait à cheval, et trouvèrent qu'il était meilleur traducteur que cavalier.« *On eut dit qu'il était à cheval sur sa philosophie* ». Il devait le revoir le lendemain à Genève, jouant aux échecs avec le voyageur suédois Ackerblad (1). A leur arrivée à l'hôtel à Genève, Duvau aperçut, comme il y avait deux ans, « le Mont-Blanc qui se dressait devant leur hôtel, dit-il. Le banquier de M. Perrégaux leur avait trouvé un logement chez le professeur Odier. « Ils ne pouvaient, ils le reconnurent, mieux tomber ». Une surprise attendait Duvau ; il apprit que, parmi les voyageurs de l'hôtel, se trouvait Matthisson. On se fait une idée de la joie que lui causa cette rencontre ; le poète n'en éprouva pas une moindre. Ils ne manquèrent pas, on le devine, de se revoir.

Quelques jours après leur installation, Duvau et le jeune Perrégaux se rendirent à Neuchâtel, où demeuraient l'oncle et la tante de celui-ci. Duvau y fut reçu par eux avec des attentions délicates qui lui firent

1. Orientaliste suédois, né à Stockholm en 1763.

oublier bien des ennuis et des désagréments du passé. Quoique moins belle, sans doute, que celle de Genève, la situation de Neuchâtel lui parut magnifique. « De là, dit-il, on aperçoit la plus grande partie des Alpes, le Mont Blanc et même les Alpes des Grisons » Pendant son séjour, il fit l'ascension du Chaumont, et pour la première fois il aperçut — « ne le dites pas à Macdonald qui se moquerait de moi, écrivait-il à Böttiger, de n'avoir pas encore vu chose semblable — à une demi lieue au dessous de lui un nuage qui s'étendait jusqu'aux Alpes situés bien au-delà du lac, tandis que de l'autre côté apparaissaient les maisonnettes blanches du paissible Val de Rue, habitées par des artisans de toutes sortes, horlogers, mécaniciens des artistes même, etc. Duvau s'étend ensuite, dans sa lettre, sur le calme dont avait joui depuis des années et dont jouissait encore le canton de Neuchâtel, A l'époque de la guerre avec la Prusse, il avait échappé à l'invasion comme faisant partie de la Confédération helvétique. Plus tard, pendant la guerre de Suisse, il fut épargné comme appartenant à la Prusse. Durant la Terreur aussi, grâce aux mesures prises par les principaux habitants, il avait échappé à l'agitation organisée dans les pays voisins par les sans culottes. « Aujourd'hui encore, presque indépendants, les habitants jouissent, moyennant une faible redevance, dans tous les états prussiens des mêmes avantages que les sujets du roi. »

Je ne sais combien de jours Duvau resta à Neuchâtel. Mais ce fut seulement après son retour à Genève et après l'organisation des cours suivis par son élève, que le 26 novembre il écrivit à Böttiger et lui raconta, comme je l'ai fait d'après lui, son départ de Weimar, son voyage à travers l'Allemagne et la Suisse, son arrivée à Genève, son excursion à Neuchâtel et son installation définitive. Quelques jours après, le 2 décembre, il ajoutait un long post-scriptum (1) à sa lettre ou plutôt son journal de voyage, post-scriptum dans lequel il parlait maintenant des relations nouvelles qu'il s'était créées depuis son arrivée ainsi que de celles qu'il avait reprises un instant avec Mme de Staël et Benjamin Constant.

Après son retour de Neuchâtel il avait rendu visite à ce dernier. Il n'alla pas voir, au contraire, Mme de Staël, mécontent qu'il était encore de l'accueil qu'elle lui avait fait à Leipzig. Mais quelques jours plus tard Benjamin Constant vint de sa part lui dire qu'elle le verrait volontiers. Il ne pouvait dès lors ne pas aller la voir, et il n'eut pas à regretter sa visite. « Nous n'avons presque pas, dit-il parlé de politique ; nous nous ne sommes pas disputés et — encore que la grâce et les qualités naturelles de la femme (Weiblichkeit) lui manquent toujours — je l'ai trouvée bien mieux qu'elle n'était à Leipzig, où elle m'avait paru aussi désagréable que possible. Elle m'a montré quelque estime et de la sympathie, ce à quoi je m'attendais d'autant moins que je m'étais montré peu prévenant. Et avant-hier, où je l'ai vue au thé et où nous avons parlé assez longtemps, après m'avoir chargé de ses compliments pour vous elle m'a avoué qu'elle n'avait jadis rien trouvé en moi de ce qu'elle attendait d'un ami de Camille et de Mounier — au point de vue de l'opinion. Elle s'en était ouverte à Constant et celui-ci lui avait écrit qu'elle était toujours la même, qu'elle se laissait trop facilement révenir en bonne ou mauvaise part, qu'il m'avait vu assez souvent et avait trouvé que je ressemblais bein au portrait que Camille et de Gérando lui avaient à elle-même tracé de moi, qu'elle ne devait donc pas meereprésenter sous d'autres traits dans ses lettres à Camille, à Mathieu de Montmorency, etc.

____

1. Même lettre. *Briefe an Böttiger*, t. X L, n^r 24 a.

A la fin elle avoua que, comme elle voulait quelqu'un de distingué, elle avait pensé à moi pour ses enfants et voulait — avant de trouver Schlegel — me demander, lorsque j'en aurais fini avec Perrégaux, d'entrer chez elle etc, et probablement pour toujours. Tel a été en somme le résumé de notre entretien. Vous pouvez penser que j'étais très content de ces explications. J'ai eu au total l'impression qu'elle fait quelque cas de moi. Elle part demain, et par Lyon, où elle rencontrera Constant qui nous a quitté il y a huit jours, se rendra directement en Italie. Cela me fait de la peine.» Je ne sais si Duvau ne s'est pas fait illusion sur la haute opinion que Mme de Staël aurait eue de lui. Seulement, comme elle ne parle jamais dans sa correspondance de l'ami de Mounier, il nous est impossible de savoir ce qu'au juste elle en pensait. Mais en quelqu'estime qu'elle l'ait tenu, les paroles flatteuses et le bon accueil de Mme de Staël avaient fait oublier à Duvau son mécontentement d'autrefois, et à ce mécontentement avait succédé, avec quelque réserve qu'il faisait et qu'il fera toujours, une admiration presque sans bornes pour le célèbre écrivain.

Duvau n'avait rien à changer aux sentiments qu'il avait éprouvés dès le premier jour pour Benjamin Constant, et les entretiens qu'il eut avec lui en décembre à Genève ne firent que le confirmer dans la haute opinion que huit mois auparavant il s'était faite du célèbre publiciste dans leurs entrevues de Leipzig. « Benjamin Constant, écrivait-il à Böttiger, (1) s'est presque montré prévenant pour moi et doit m'écrire de Paris. J'ai passé une matirée bien agréable chez lui avec W. A. et Sismondi. Il sait beaucoup de choses et sa parole est aussi précise que claire. Il a *beaucoup de piquant* (2)

---

1. Même lettre.
2. Les mots soulignés sont dans la lettre en français.

dans son esprit. Je m'étonne que nos Weimariens aient parlé si peu de lui ». L'admiration que témoigne ici Duvau pour Benjamin Constant contraste singulièrement avec la mention si indifférente que celui-ci fait dans son journal (1) de la visite qu'il reçut de l'ami de Mounier et de Camille Jordan. « J'ai eu une visite inattendue de Duvau, ancienne relation de Weimar (2). A mesure qu'on avance en âge, on aime à revoir les gens qu'on a connus, même quand on n'a eu pour eux aucune affection, mais ils sont comme une espèce de lien entre nous et le passé qui nous échappe et que nous regrettons. »

Si Duvau savait par avance qu'il plairait à Bottiger en lui parlant de Mme de Staël et de Benjamin Constant il était non moins sûr qu'il intéresserait son ami en l'entretenant de Guillaume Schlegel. La situation particulière de l'écrivain romantique chez Mme de Staël, son rôle à la fois comme précepteur des fils et conseiller littéraire de la mère, étaient bien faits pour piquer la curiosité de l'érudit. Aussi Duvau s'est-il attaché à lui raconter en détail tout ce qu'il avait vu ou entendu dire des rapports de Schlegel avec l'auteur de *Corinne*. « Mme de Staël m'a demandé ce qu'on pensait en Allemagne de la présence de Schlegel dans sa maison, et je répondis tout franchement qu'on croyait, et moi-même à demi, que cela ne durerait pas longtemps ; mais que dans le cas contraire ce serait très utile à tous deux ; qu'elle en particulier, malgré les nombreuses connaissances qu'elle possédait, (ce que je devais et pouvais dire en bonne conscience) tirerait un grand profit de l'érudition de Schlegel, que lui de son côté serait par là enlevé à ses querelles et acquerrait plus de goût, etc. Elle paraît faire grand cas

1. *Journal intime de Benjamin Constant.* p. 86.
2. C'était à Leipzig.

des connaissances littéraires de Schlegel, et maintenant, dit-elle, elle commence à comprendre *qu'elle ne sait que lire.* Elle lui semble très attachée, et il doit se trouver bien chez elle. En général il parle peu, mais avec précision et finesse, quoique d'une manière bien inégale — impar congresus — dès qu'il sort du domaine de l'érudition. Il ne parle pas assez couramment ; peut-être cela vient-il de ce qu'il s'exprime dans une langue étrangère, le français, bien qu'en général il parle bien notre langue. A-t-il un moment d'hésitation, elle lui ferme tout de suite la bouche. *Ces jeunes Allemands, cette nouvelle école — ça vous a des idées,* etc. *Mais, mon cher Schlegel, vous dites des bêtises — ah ça ! finissez vous êtes ridicule !* Le tout dit moitié en plaisantant, moitié avec je ne sais quel ton de tendresse. La première chose, dit-elle, que *j'ai exigée (amicalement) de lui, c'est le sacrifice de ses polémiques, et sous ce rapport je crois avoir rendu service à l'Allemagne.* Ceci est assez vrai. Mais il paraît ne pas avoir renoncé à ses idées ; il les cache seulement..... Il restera probablement toujours chez elle, ou du moins long-temps. Je suis en bons termes avec lui, et comme il ne me dit rien — de mes amis — qui me fasse sortir de mon calme (1), tout est pour le mieux. — Voilà l'état des choses, mon ami. Vous ai-je donné assez de détails ? »

Le lendemain, 3 (2), revenant sur le compte de Mme de Staël et de Schlegel : « Encore quelque chose sur Mme de Staël, écrivait-il à Böttiger. Hier soir elle nous a raconté qu'une de ses connaissances lui avait montré une grande inquiétude : *Mon Dieu ! vous avez confié votre fils à un athée ! — Qui donc ? — M. Schlegel*

---

1. Schlegel était hostile aux grands écrivains de Weimar amis de Duvau en particulier à Wieland.

1. Continuation de la lettre du 26 novembre et 2 décembre. Même lettre.

— *Oh ! je puis vous consoler ; il est superstitieux, il est absurde, mais pour athée, tant s'en faut. Au contraire il penche vers le Catholicisme, il dit des bêtises, quand il parle de religion, etc. Mais pour athée, oh! non, etc.; et plus je parlais des absurdités de Schlegel, et plus cette brave femme me répondait : Oh ! mon Dieu ! que j'en suis bien aise !* Elle nous a raconté tout cela sur un ton plaisant ; en l'écoutant, Schlegel souriait, etc... » Et passant brusquement à un autre sujet : « Hier c'était donc le grand jour — jour du couronnement — et comme on s'était borné à *inviter à illuminer*, ça n'a pas très patriotiquement réussi. A bientôt quelques mots sur l'esprit général. On s'attend à ce que l'ancien calendrier soit remis en usage à partir du jour du couronnement. » Et trois jours après (1) « *On fait d'assez bons calembours ici. Un des meilleurs fut fait à l'occasion des lampions que la bise éteignait, et que le patriotisme ne cherchait guère à rallumer : Ces lampions ne voulaient pas brûler pour un empire ! Vous savez l'expression : Je ne ferais pas cela, je n'irais pas là pour un empire* ».

Au milieu de toutes ces nouvelles si disparates Duvau n'oubliait pas de parler à Böttiger des écrivains ou des hommes marquants qu'il avait vus ou rencontrés depuis son arrivée à Genève. « Nous avons ici, écrivait-il le 2 (2), l'ex-marquis de Chalons, l'un des deux amis de Mounier qui passèrent les premiers au Tiers ; c'est un homme plein de bonne humeur et de gaieté. Plus tard je vous parlerai de Sismondi, jeune homme bien digne d'intérêt. Vous connaissez sa *Richesse commerciale ?.* » ; et dans sa lettre du 6 (3), « Bonstetten

---

2. Continuation de la lettre du 26 novembre et du 2 et 3 décembre.

1. Même lettre.

2. Même lettre.

est ici. C'est un homme très aimable. Avez-vous lu
son livre ? Tout y est vrai ; on y trouve seulement
çà et là quelques réflexions philosophiques peu intel-
ligibles ou qui ne soutiennent pas l'examen. Il y aurait
aussi à faire quelques petites remarques sur le style,
encore que, dans son ensemble, le livre soit bien écrit.....
Je vous adresse cette lettre à Dresde,.. *Mille compli-*
ments à notre digne ami Tricklir. Je n'ai point encore
fait sa commission pour le soufre crystallisé ; mais je
ne l'oublie point. Je compte lui écrire pour le prier de
ne pas m'oublier. »

« Prochainement, écrivait Duvau à la fin de sa lettre
à Böttiger du 2 décembre, je vous parlerai plus longuement de Genève, d'Odier, de Prévost, de l'historien
Malet, de Sismondi, de Weber, de Vaucher, de Picot,
des Pictet, etc. » Duvau tarda plus longtemps à remplir
sa promesse qu'il ne le pensait. Attendant une lettre
de son ami, ce fut seulement au mois de février 1805
qu'il lui donna, et non pas tous encore, les renseignements qu'il lui promettait (1).

« Cela me fait une vraie peine, mon cher et vieil ami, de n'avoir rien
reçu de vous. Probablement ma lettre du 11 décembre (2) 1804 s'est perdue,
avec ce qu'elle renfermait pour Macdonald. Je ne sais comment vous dire
à quel point cela m'afflige. Depuis que j'ai quitté votre pays, je n'ai rien
eu qu'une lettre de Göschen, et pas un mot de mes autres amis de Saxe.
Je ne puis rester dans cet isolement, car il me faut toujours vivre dans le
passé. Que je serais heureux d'être encore auprès de vous ! Macdonald
est venu ici et a exprimé le désir que notre correspondance se poursuivit
sans interruption ; et la voilà, arrêtée dès ces débuts ! Avez-vous
reçu mes lettres, et vos réponses se sont-elles perdues ? Je vous
avais écrit 12 à 13 pages sur mon voyage, sur Genève, sur Mme
de Staël, Schlegel et les Genèvois, sujets dont quelques-uns pouvaient
vous intéresser. Que dire de nouveau avant de savoir si vous avez, oui
ou non, reçu quelque chose de moi ? Nous sommes à mille lieues de l'Allemagne. Presque rien d'allemand d'ici. Je ne puis m'y accoutumer... Je

1. *Briefe an Böttiger*, t. XL, n° 26.

2. Il n'y a pas de lettre du 11 décembre. La lettre du 26 novembre n'a
de continuations que pour le 2, le 3 et le 6 décembre.

me rappelle trop souvent que le *Museum de Beygang* me fait défaut. Et ajoutez à cela la privation de toute musique. Je ne parle pas de mes amis ; ils me manqueront partout. Autrement je suis très content. Jusqu'ici aucune ville, même en France, ne m'avait d'avance autant séduit et ne m'a en réalité autant satisfait que Genève. La société est très hospitalière, et nous sommes reçus avec la plus grande bienveillance. Souvent, un même soir, nous sommes invités dans cinq ou six maisons différentes. Les dames en général sont polies, ont l'esprit cultivé, et sont parfois très spirituelles. Au nombre des plus jeunes il y en a qui feraient fondre le *robur et aes triplex* les plus solides. Parmi les savants beaucoup sont gens du monde. Vous savez sans doute qu'ici les deux tiers des professeurs ne reçoivent pas de traitement. C'était le cas pour le vieux Saussure, c'est aussi le cas pour son fils ; et il ne vient à l'esprit de personne de faire une différence entre eux. Un autre trait caractéristique est l'absence de toute prétention chez les professeurs les plus âgés. Comme exemple le plus frappant je citerai celui d'Odier, qui est le premier médecin d'ici, est âgé de 51 ans, a les connaissances les plus étendues et qui, cependant ira avec nous et d'autres auditeurs, jeunes et vieux, prendre des notes aux cours de minéralogie et de géologie de DeSaussure, lequel n'a qu'environ 33 ans et n'a pas encore professé. Tingry, habile chimiste et minéralogiste, qui enseigne depuis 21 ans ces sciences, assiste, tout sexagénaire qu'il est, aux cours d'astronomie physique du professeur Maurice, qui n'a que 30 ans, et sans cela il aurait suivi les cours de Saussure. Rien de semblable ne serait possible, mon ami, à Paris où à Leipzig. On ne verra pas Fourcroy (1) au cours de De Candolle, ni Plattner à celui de Carus ».

Dans ce milieu aussi avenant que savant Duvau sentit, comme à Leipzig, se réveiller son ardeur pour le travail. Nous venons de le voir suivre le cours de géologie et de minéralogie de Saussure. Grâce à la complaisance de Tingry il poursuivit et compléta seul l'étude qu'il faisait de cette seconde science. Tingry lui avait, avec ses cahiers de notes, confié la clef de son cabinet. Chaque jour, dit-il, il s'y enfermait pendant 2 à 3 heures et là, il pouvait examiner à loisir, sans être dérangé, les nombreuses collections qui y étaient réunies. « Voilà, remarque-t-il, chose qui se trouve bien

---

1. Fourcroy (Antoine-François de), chimiste, né à Paris en 1755, remplaça en 1784 Macquer dans la chaire de chimie du *Jardin des plantes.* Elu député en 1792, il devint, en 1801, directeur général de l'Instruction publique.

rarement. » Mais c'est aux recherches botaniques, qui l'avaient déjà passionné à Leipzig, qu'à Genève il se livra peut-être encore avec plus d'ardeur. Il se procurait des plantes qu'il ne connaissait pas, autant que les ressources de sa bourse le lui permettaient. D'ailleurs le moment où il pût en recueillir lui-même approchait. Il n'avait même pas attendu jusque-là pour essayer d'en trouver quelques-unes. Dans sa lettre du 3 décembre (1) il raconte à Böttiger l'ascension qu'il avait faite du Salève le 24 novembre précédent, ascension dans laquelle il avait recueilli de très belles gentianes bleues au bord d'un étang recouvert d'une couche de glace de 3 lignes. Il ramassa aussi entre autres 3 plantes de montagne dans une des promenades que tous les matins, grâce à un hiver variable mais peu rigoureux, bien que la neige n'eût pas encore complètement disparu, il faisait de plus en plus tôt et de plus en plus longues. Et le retour du printemps, nous le verrons, lui permit d'entreprendre de véritables et de longues herborisations.

Puis cédant à son penchant de donner à Böttiger les nouvelles les plus disparates.

« Mon frère, continuait-il, est commandant de la petite île de la Désirade aux Indes Orientales, situation fort bonne, qui lui permet de venir en aide à ma sœur. Vous savez peut-être que mon Perrégaux a été nommé auditeur au Conseil d'Etat. Malgré cela nous resterons ici jusqu'à l'automne. J'ai tremblé quand j'ai eu la nouvelle de sa nomination tant je me trouve bien ici. Mounier est conseiller d'Etat. Il ne se démentira pas. M. Perrégaux m'a écrit qu'il devait aller à Grenoble, mais je ne sais rien de précis à cet égard. Saluez notre cher Triklir de ma part. M. Jurine, homme très aimable et non moins estimable comme chirurgien, minéralogiste et entomologiste, m'a donné de ses nouvelles. Je lui écrirai prochainement. Il a encore ici des amis et, à ce que je suppose, des amies. Ecrivez-moi le plus tôt possible, afin que je sache ce que je puis avoir à vous apprendre ou à achever de vous dire. J'ai, en décembre, envoyé à Göschen une lettre très importante à laquelle il n'a pas encore répondu

1. Continuation de celle du 26 novembre, déjà citée.

ou qu'il n'a peut-être pas reçue. Dites-lui-en un mot. Que devenez-vous en ce moment ? Vous trouvez-vous bien ? Etes-vous content ? Regrettez-vous encore Weimar ? Quelques nouvelles littéraires, je vous prie, par exemple sur le digne Weisse. Que devient Wieland ? Recommandez-moi bien cordialement à votre excellente femme. Vale et me ama ». Et en post-scriptum : « Vous recevrez bientôt « *La vie, les pensées et le roman de Necker* » Je ne l'ai pas encore lu. Je suis prévenu contre cette *Vie*. L'éloge d'un père fait par sa fille me répugne, comme une profanation des sentiments les plus saints. Elle donnerait, dit-elle quelque part, toute sa vie pour être six mois avec lui, et pourtant elle passait chaque année au moins 6 mois à Paris. Je ne parle pas d'autres affirmations ridicules et d'exagérations de même force. J'ai noté quelques *Pensées* (de Necker) dont quelques-unes surprendront, comme preuve d'un esprit sarcastique dont on n'aurait pas soupçonné l'existence en dehors de son entourage. La plupart d'entre elles sont parfaitement insignifiantes. Le *Roman* cadre assez mal avec ce qu'on savait des *opinions religieuses* et des *sermons* de Necker. Les amis de Mme de Staël l'avient déconseillée de publier son livre tel qu'il est, surtout la première partie. Elle était allée à regret en Italie. Mais après la magnifique réception qu'elle a eue, elle avoue *que c'est une belle chose que de voyager, quand on a de la célébrité* Elle veut faire de la description de l'Italie le cadre d'un nouveau roman. Si vous voyez M. Demoustier, saluez-le cordialement de ma part ; c'est un jeune homme très aimable et très distingué. Mes meilleurs compliments à Mme de Planitz et — Klengel — ; j'ajouterais volontiers aussi à Mme et au docteur Winkel, s'ils se souviennent encore de moi ».

Böttiger, — pourquoi ?, on l'ignore — ne répondit pas plus à la lettre du 26 février qu'il ne l'avait fait à celles du mois de novembre et de décembre. Ce silence prolongé, on le devine sans peine, inquiéta Duvau.

« Comment se fait-il, demandait-il à son ami le 28 juin (1), que je n'ai aucune nouvelle de vous ? Je vous ai écrit le 11 décembre (2), le 26 février je vous ai envoyé quelques lignes adressées à Macdonald, le 26 mars je vous ai écrit de nouveau par l'intermédiaire d'un ami de Leipzig (3). J'ai interrogé Griesbach et Goschen — aucun d'eux n'a pu me renseigner

1. *Briefe an Böttiger*, t. X L, n° 27.

2. Comme je l'ai déjà remarqué plus haut, il n'y a pas de lettre du 11 décembre.

3. Cette lettre n'existe pas dans les volumes de la correspondance de Böttiger.

N'avez-vous donc reçu aucune de mes lettres, ou bien vous ai-je offensé en quelque chose ? Qu'est-il donc arrivé ? Je ne puis supporter plus longtemps cette incertitude ; il faut que je sache ce qui en est. J'ai été à la vérité un peu négligent ; mais moi-même je n'ai eu qu'une lettre de Goschen en novembre — j'en ai eu plusieurs, au contraire de Griesbach — Mais de vous je n'ai reçu aucune nouvelle, pas même par l'intermédiaire d'un tiers, excepté Macdonald — il avait, m'a-t-il écrit, reçu la lettre que je vous avais adressé — Il faut excepter aussi Mme de Schardt qui m'a appris que vous étiez malade. Je vous en prie de la manière la plus pressante, mon ami, écrivez-moi. Je ne puis me passer de votre amitié ni de votre bienveillance. Me faut-il croire que je les ai perdues ? Je suis si complètement séparé de l'Allemagne ! Les quelques Allemands qui sont ici — je ne parle que des gentlemens, des autres il y en a une foule — semblent avoir oublié leur pays ».

Et après avoir rappelé en quelques mots son attachement pour l'Allemagne où il avait trouvé à la fois un asile, un refuge et une seconde patrie — « Vous savez bien, disait-il, ce que j'entends par *patrie* » — l'Allemagne dont il ne pouvait supporter d'être éloigné malgré tout ce que la Suisse était maintenant pour lui :

« Je n'ai, continuait-il, rien reçu de Macdonald depuis son arrivée à Vienne. Je lui ai donné le conseil de ne pas renoncer à son voyage de Suisse, car il peut l'entreprendre sans aucun danger. Nous nous retrouverions alors à Lausanne, à Coppet chez Mme de Staël, où près de la frontière, à Versoix, à 1 h. ½ d'ici... La mort de Schiller n'a pas été un moindre deuil pour moi que pour tous ses amis. Pourvu que nous conservions encore longtemps notre Wieland ! Mon ami Pons de L. m'a dit qu'on avait imprimé dans un journal (allemand) une lettre de moi sur Genève ; il s'agit, je le crois, d'une lettre adressée à Seume. Je le regrette, car elle était, je le crains, médiocrement écrite. En savez-vous quelque chose ?

Revenant ensuite sur son séjour à Genève il énumérait avec complaisance tout ce que ce séjour lui avait offert d'agréable : la belle nature au milieu de laquelle il vivait, l'accueil qu'il avait trouvé dans la société, la bienveillance dont il avait été l'objet, des amitiés qu'il avait formées et qui lui seraient toujours chères.

J'ai été dès les premiers jours, disait-il, accueilli avec une amabilité dont je n'avais aucune idée. Je pourrais vous citer 70 à 80 maisons où nous avons été reçus, de sorte que souvent un même jour nous étions invités à 5 ou 6 soirées. Non que tout y soit au mieux, non que tout soit également à approuver ; *l'esprit de cotterie* y souffle aussi plus ou moins. Mais ce sont là des ombres qu'un étranger aperçoit à peine. Tout d'abord il remarque seulement qu'il a devant lui de nouvelles figures. Pour lui, les différentes opinions politiques ou autres se confondent, ou il ne fait entre elles aucune grande différence..... Il va de soi, ajoutait-il, que dans une ville où depuis longtemps l'éducation a été l'objet de tant de soins, où les sciences sont aimées et pratiquées, où la politique a joué un si grand rôle, dans un si beau et si magnifique pays, on trouve nombre d'hommes et de femmes qui aient des connaissances étendues et une haute culture..... »

On ne doit pas être surpris que Duvau ait pris le plus grand intérêt aux établissements d'enseignement que possédait Genève, et à la sollicitude dont ils étaient l'objet dans cette ville où l'éducation était considérée comme une « affaire d'Etat ». On a vu comment il suivit plusieurs des cours de sciences qui se donnaient dans ces établissements — l'étude des sciences naturelles, encore, dit-il, qu'il fût un bien pauvre étudiant, était pour lui un moyen de mieux comprendre et de mieux admirer la belle nature — ; j'ai rappelé aussi comment il fut en rapports avec la plupart des savants de Genève. Mais il ne se borna pas à suivre des cours. Comme il l'avait fait en Allemagne et en particulier à Leipzig, il continua de chercher à s'instruire par lui-même. Dès que le printemps fut revenu, il multiplia et prolongea les excursions qu'il faisait aux environs de Genève. Elles lui permirent d'admirer les sites les plus beaux de la contrée en même temps que de se livrer à sa passion pour la botanique. Il se représente, dans sa lettre du 28 juin, en jaquette bleue, coiffé d'un bonnet vert, sa boîte sur le dos, allant recueillir les plantes qui lui étaient encore inconnues ; il en récolta ainsi 30 à 40. Mais ces excursions ne lui faisaient pas oublier ses relations amicales de Genève, où sa vie intellectuelle et morale continuait de se concentrer. Toutefois la contemplation de la nature, le bien-être dont il jouissait, les sympathies qui l'entouraient, en exaltant les forces de son âme, faisaient de lui — c'est lui-même qui le dit — un véritable poète, non en paroles, mais en réalité. Ce qui y contribuait aussi, c'était le sentiment religieux qu'il trouvait si profond chez tous les Génevois et qui lui paraissait plus grand, plus intime que partout ailleurs, qu'en France en particulier et en Allemagne ; en France, où l'on entend, dit-il, si peu de sermons vraiment édifiants et où un sentiment religieux, véritable et épuré est si rare (1); en Allemagne, où l'on trouve, dans les pays catholiques, de la dévotion ou de l'incrédulité, mais peu de vraie religion, et dans les pays protestants point de superstition sans doute, mais aussi, à force de raffinements, point de religion. Ici tout le monde va au temple et éprouve le besoin d'y aller. J'y vais souvent aussi, parce que les sermons sont bons et que j'y trouve un sujet d'édification. Je suis toujours touché quand je vois un lieu de prière rempli de fidèles rassemblés dans un même but, et dont aucun n'en sort moins bon, mais dont beaucoup en sortent meilleurs. L'heureuse influence de l'enseignement religieux est manifeste à Genève, et je ne crois pas que dans les autres pays de l'Europe les mœurs soient aussi pures qu'elles le sont ici, au lendemain d'une révolution démoralisatrice.

Dans une de ses excursions Duvau se foula le pied, ce qui le fit beaucoup souffrir. Mais la guérison ne tarda pas à commencer, et « dans quelques jours, écrivait-il le 4 juillet, (2) tout sera fini. » Il espérait bien que ce mal passager ne l'empêcherait pas de visiter, comme il se le proposait, les glaciers de la Suisse et d'aller

---

1. Cette affirmation de Duvau surprend au lendemain du réveil religieux provoqué par la publication du *Génie du Christianisme*.

2. Continuation de la lettre du 28 juin, déjà citée.

contempler dans toute sa sauvage grandeur la nature alpestre. Cet accident donna à ses amis l'occasion de lui témoigner leur affection, et ils ne cessèrent pendant tout le temps qu'il fut condamné au repos, de lui rendre visite, ce qui, à son grand déplaisir, le mit dans l'impossibilité de rien faire. Pourtant, parmi ces visites, il y en a deux qu'il mentionne avec une satisfaction visible. Ce fut celle du professeur Pictet et de M. Ulrich, « jeune homme, dit-il, bien digne d'intérêt, disciple de l'abbé de L'Épée (!) qui a fait ici sur une dame une cure merveilleuse ». Il se consolait aussi en pensant aux siens et au jour où il pourrait de réunir avec eux. « Si j'avais ici ma C(écile) je n'aurais plus rien à souhaiter. Mais quand pourrais-je la posséder ? C'est chose encore incertaine. Je retournerai vraisemblablement en septembre à Paris et j'y passerai l'hiver. Au printemps je serai probablement libre et irai chez mon père, etc. Alors commencera pour moi une nouvelle vie. Je ne me promets pas un avenir brillant. Mais j'ai su être content partout et dans toutes les situations. Que sera-ce alors ? »

Cependant Mme de Staël était revenue de son voyage d'Italie. En annonçant cette nouvelle à Böttiger (1), Duvau ajoutait : « Mme de Staël est de retour. La semaine dernière, avant son départ pour Coppet, elle m'a fait prier de l'y venir voir. Je voulais y aller dîner cette semaine, mais *velor Satis vetor*. Elle est très contente de son voyage d'Italie et se propose d'y retourner. Je vous en dirai davantage quand je l'aurai vue. » Ce fut deux ans plus tard seulement — on verra pourquoi — et alors que ses relations avec elle avaient cessé, que Duvau devait entretenir de nouveau son ami de Mme de Staël.

L'entorse, qu'il s'était donnée, ne condamna pas

1. Lettre du 4 juillet, déjà citée.

longtemps Duvau au repos. Il reprit bientôt ses études
et ses travaux interrompus et put même, le mois suivant, quoiqu'il souffrit encore de sa chute, entreprendre
l'excursion qu'il avait projeté de faire dans la haute
montagne.Par Bex, Vevey et Berne il gagna la région
des glaciers. Il y resta quinze jours entiers et recueillit
grand nombre de plantes nouvelles pour lui. Il s'occupait de les dessécher et de rédiger le journal de son
excursion, quand il reçut l'ordre de partir sans retard
pour Paris. Le cœur lui saigna, dit-il (1), quand il
dut quitter Genève. Le 26 septembre il se mit avec
son élève en route pour Paris. Mais ils ne s'y rendirent
pas directement ; ils firent un détour par le Jura, Be-
sançon et Strasbourg. Ils ne durent donc guère arriver
à Paris avant le milieu d'octobre.

1. Lettre du 30 avril 1806. *Briefe an Böttiger*, t. X L, n° 30.

CHAPITRE VI

LA FARINIÈRE. VIE DE RETRAITE ET D'ÉTUDES.
(1806 — 1809)

En arrivant à Paris, Duvau croyait avoir à passer
encore l'hiver tout entier avec son élève. Il résolut
aussi de demander quelques semaines de liberté
pour conclure enfin l'union si longtemps différée avec
sa cousine. Comme il n'était lié par aucun engagement
formel, M. Perrégaux se rendit sans peine à son désir.
Il partit donc et, après avoir passé quinze jours chez
son père, ils se rendirent ensemble à Rennes, auprès
de sa tante de et sa cousine. Le 12 novembre, « le jour
le plus heureux de sa vie (1) », fut célébré son mariage
avec sa chère Cécile, union si ardemment désirée par
sa mère et par lui même, et que les circonstances
avaient si longtemps contrariée. Peu de temps auparavant, M. Perrégaux lui avait écrit qu'il pouvait rester
à Rennes jusqu'à ce qu'il le rappelât. On devine combien cette nouvelle lui fut agréable, car il avait
promis de repartir trois jours après la cérémonie. Une

1. Lettre du 4 mai, suite de la lettre du 30 avril 1806. *Briefe an Böltiger*,
t. X L, n° 00029.

seconde lettre vint mettre le comble à sa joie : M. Perrégaux lui disait que, son fils ayant été, en sa qualité
d'auditeur, envoyé en Allemagne, il pouvait désormais
se considérer comme libre ; quant à lui, il était prêt,
« dès son retour à Paris », à tenir ses engagements,
Dans ces conditions, au lieu de repartir, Duvau prolongea son séjour à Rennes, goûtant, dans la société
de sa tante et près de sa femme, les joies de la vie
de famille, si bien faites pour sa nature aimante et
dont il avait été privé durant de si longues années. Ce
ne fut que vers la Noël qu'il retourna à Paris. M. Perrégaux lui donna généreusement les trente mille francs
qu'il lui avait promis. Mais son fils, rentré d'Allemagne,
quoiqu'il eût eu, Duvau le croyait du moins, de l'affection pour lui, ne lui rendit pas visite, encore qu'il
demeurât dans le voisinage ; indifférence qui causa
un véritable chagrin à Duvau, et qu'il rappelait encore
deux ans après dans une lettre à Böttiger (1).

Duvau ne se hâta pas de retourner à Rennes. Il
passa deux mois entiers à Paris. Plus d'une raison l'y
retenait. Il avait d'anciens amis à revoir, des relations
à renouer ou à se créer ; enfin il voulait profiter de son
séjour dans la capitale pour poursuivre et parfaire
les études scientifiques qu'il avait commencées à
Genève. Il dit lui même qu'il suivit plusieurs cours du
Collège de France et qu'il allait souvent à l'Ecole des
Mines (2). J'inclinerais à croire qu'il fréquenta aussi
le Museum d'histoire naturelle. C'est peut être alors
qu'il fit la connaissance de Desfontaines (3) au cours

1. Lettre du 6 avril 1808. *Briefe an Böttiger* t. X L, nᵣ 00028.

2. Lettre du 4 mai, déjà citée.

3. Desfontaines (René-Louiche), né en 1750 à Tremblay (Ille-et-Vilaine) ; publia, au retour d'un voyage en Afrique, la *Flore Atlantique*, 2 vol.
in-4ᵒ, 1798 ; chargé peu après d'un cours au Jardin des Plantes, il fut
plus tard, nommé professeur au Muséum d'Histoire naturelle.

duquel il a consacré une notice conservée dans les *Papiers Mounier*. (1) C'est là aussi, sans doute, qu'il rencontra Bonpland (2). Revenu, l'année précédente, du grand voyage qu'il avait fait avec Humboldt dans l'Amérique équinoxiale, il s'occupait en ce moment de classer les immenses collections de plantes qu'il avait rapportées et dont il avait fait don au Museum. Duvau se sentit attiré vers ce botaniste infatigable, « homme des plus intéressants, dit-il (3), possédant de nombreuses connaissances, ayant beaucoup vu, ne parlant de ce qu'il savait qu'avec la plus grande modestie » ; et il se lia étroitement avec lui.

Mais Duvau ne se plaisait pas seulement dans la société des savants ; il aimait aussi celle des érudits et des lettrés. S'il n'alla pas voir Millin qui, il y avait trois ans, l'avait reçu si sèchement à sa dernière visite (4), il le rencontra en société et lui parla beaucoup de Göschen. Mais Millin l'écouta à peine et se montra si dédaigneux et si pédant que, dit il, il n'essayera pas de le saluer une quatrième fois. Je ne sais s'il rencontra aussi Hase ; mais, outre son cousin de Lamardelle avec lequel il avait les relations les plus intimes, encore qu'il en parle rarement dans ses lettres, il ne put guère manquer d'aller voir de Gérando pour qui,

1. Liasse J. cote 17.

2. Bonpland (Aimé), né en 1773 à La Rochelle, médecin-naturaliste, accompagna, en 1799, Humboldt dans son voyage en Amérique. Revenu au mois d'août 1804, il présenta, dès 1805, aux professeurs du Muséum la première livraison des *Plantes Equinoctiales*. Dr. Hamy (E.-T)., *Aimé Bonpland, médecin et naturaliste, explorateur de l'Amerique du Sud. Sa vie, son œuvre, sa correspondance, etc. Paris* (1806), *in-8° p.* XXVIII. — Duvau connaissait Humboldt, mais quand il arriva à Paris celui-ci avait déjà quitté la ville pour se rendre en Italie

3. Lettre du 30 avril — 4 mai 1806, déjà citée.

4. Je ne sais au juste à quelle époque Duvau put être reçu aussi mal par Millin qui l'avait très bien accueilli, on se le rappelle, en 1802.

on se le rappelle, il éprouvait la plus grande sympathie. Quant à Camille Jordan, il était retourné à Lyon et Duvau ne put, dès lors, reprendre ses relations avec cet ami oublieux et néanmoins toujours cher. Mais il avait un autre ami, bien autrement cher, Joseph Mounier qui, appelé au Conseil d'Etat au mois de février, demeurait à Paris. En 1802, pendant son séjour à Rennes il avait eu la joie de le revoir, après une année de séparation. Maintenant, il eut celle de le voir plus longtemps et bien plus souvent encore. Il dit lui même qu'il lui rendait visite presque tous les jours.

Malheureusement, la santé de l'ancien Constituant était, depuis longtemps, précaire. Au commencement de 1804, à Rennes, il avait eu une première attaque du mal — une affection du cœur — qui devait l'emporter. Il eut une rechute à Paris au mois de novembre et il était très souffrant, quand Duvau arriva dans cette ville ; cependant, il continuait d'aller au Conseil d'Etat. Il y parut une dernière fois le 18 janvier. Le 22 son état s'aggrava subitement.

« Le samedi 23, dit Duvau qui nous a laissé de la fin de son ami un récit touchant et ému, je suis resté chez lui de 10 heures du matin jusqu'à 2 heures de l'après-midi. Je m'y trouvais avec Mme de Tessé et son ami le tribun Gallois (1). Il parlait avec peine, mais clairement et avec sa concision habituelle. J'y retournai le soir. Hallé en descendait précisément avec de Gérando et me déclara qu'il ne passerait pas la nuit. Gallois (vir probus) y était resté avec deux autres amis. La respiration n'était pas aussi embarrassée que la veille, mais il n'avait presque plus de connaissance. Il était assis sur son lit. Son fils, qui savait tout, conservait tout son courage. Sa fille ne se doutait de rien ; il lui demanda pendant la nuit : « Qui est là ? — *C'est Edouard*, répondit-elle, *et M.D(uvau).— Est-ce bien toi bavardin ? Bonjour, M.D(uvau).*Vers une heure il demanda qu'on l'assît dans son fauteuil. Il était si faible que nous hésitions, mais nous avions peur de lui faire de la peine, si nous refusions. — *Voulez-vous qu'on vous lève ?*

1. Gallois (Jean-Ant. Cauvin), né à Aix en 1761. Partisan du coup d'Etat de Brumaire. Fut nommé, par Bonaparte, membre, puis président du Tribunal. Etait membre de l'institut depuis 1796.

lui demandâmes-nous. — *Je le demande depuis un quart d'heure, et on ne le veut pas.* — Ce furent ses dernières paroles. Nous l'habillâmes et le conduisîmes à son fauteuil. Il était 1 heure et demie. Il avait perdu connaissance. Ses deux enfants, la garde-malade et le domestique étaient empressés auprès de lui. Nous lui frottions le front, les tempes... Je ne puis sans émotion penser à Victorine, cet ange. Je la vois encore, agenouillée, lui réchauffant les pieds et me demandant à chaque moment : *Comment est le pouls ? le pouls revient-il ?* Pour lui il n'avait conscience de rien ; ce n'était, pensait-il, qu'un simple accès ; et il ne souffrait pas plus physiquement que moralement. On alla chercher Mme de Tessé, la respiration devenait toujours plus faible, sa fille plus anxieuse, son fils plus courageux. Mme de Tessé ne vint pas. Je lui tenais toujours le bras gauche. Un peu avant 3 heures j'eus un frisson que je puis ne décrire. Une voiture s'arrêta devant la porte. Edouard s'efforçait encore, avec une plume, de lui insuffler de l'air dans la gorge. Le serviteur me fit un signe. Gallois, dis-je, emmenez les enfants. A ce moment, Mme de Tessé arriva comme un ange du ciel. Je lui tenais encore le bras. Je le regardai... il était déjà blême... Je n'avais encore vu mourir personne, et c'est par lui que je devais commencer ! Il me semblait, et il me semble encore qu'avec lui a disparu la vertu elle-même. Il est impossible de décrire le désespoir des enfants. Si vous aviez vu l'expression de leur douleur, leurs embrassements, leurs efforts pour se consoler l'un l'autre... C'était un spectacle à vous déchirer le cœur. Je m'arrête et vais me promener quelques instants avec ma Cécile, j'en ai besoin.

Ce fut trois jours après seulement que Duvau, reprenant sa lettre, ajoutait (1) :

Mme de Tessé garde les enfants auprès d'elle jusqu'à ce qu'on prenne une décision. — C'est une personne d'un cœur et d'un esprit incomparable. L'empereur était venu le soir. Le lendemain, quand se réunirent les conseillers, « Mounier est mort » leur dit-il ; et il témoigna sa douleur en nommant le fils auditeur, et déclara qu'il s'occuperait de la famille et que la section de l'Intérieur se chargerait des frais de funérailles. Car il est mort comme Aristide. Avez-vous lu l'article de Suard dans le *Publiciste* du 27. Je ne connais rien de meilleur. Le discours de Regnaud aussi est excellent et plein de sentiments vrais et bien exprimés. A Paris il n'y a qu'une voix pour louer Mounier. Que de témoignages et de marques d'estime je pourrais citer, si le temps me le permettait ! Il aurait prochainement occupé un poste important, serait, avec le temps, devenu Ministre de l'Intérieur ! « *Pour celui-là,* a dit l'empereur, *c'est un honnête homme, il est franc, on sait ce qu'il pense* ». Les enfants habitaient très loin. Cependant jusqu'au 20 février je suis allé les voir tous les jours et ai passé parfois

---

1. Lettre du 7 mai, continuation de celle du 4 déjà citée.

5 à 6 heures avec eux. J'étais hors de moi, quand il m'a fallu partir. — A Rennes on avait voulu célébrer un service pour lui; mais le projet échoua. Quand j'y suis allé, toutefois, et que j'eus vu ses amis, qui sont légion,on peut le dire, la cérémonie se fit, ce qui me causa une grande joie. »

Et arrivant à Edouard Mounier il nous a tracé de son caractère et de ses talents un portrait que je ne puis m'empêcher de reproduire.

« Edouard est très laborieux et capable. C'est sans comparaison le jeune homme le plus intelligent et le plus instruit que je connaisse et que j'aie jamais vu. Il a fait une étude étendue de toutes les sciences naturelles, en particulier de la botanique et de la minéralogie. Il est très versé aussi dans la connaissance des sciences exactes, possède plusieurs langues. Il a énormément lu. Il a été élevé par son père et a travaillé avec lui et sous sa direction trois ans et demi. Tout en lui respire l'honnêteté et la candeur de la jeunesse. Quant aux défauts qu'il peut avoir, ils disparaîtront avec le temps, et il deviendra non meilleur — cela est impossible — mais plus distingué même que son père. Sa sœur aînée est la personne la plus noble de son sexe. Philippine n'est encore qu'une aimable enfant. (1)

On comprend, d'après ce qui précède, la peine que Duvau éprouva à quitter les enfants de son ami, la joie qu'il eut à les retrouver 3 ans plus tard et l'amitié inaltérable qui jusqu'à sa mort l'unit à eux.

En quittant Paris, Duvau se rendit directement à Rennes où sa femme l'attendait. Il y resta toute la fin de février et le mois de mars en entier. Et ce ne fut que dans les premiers jours d'avril qu'il songea à se mettre en route. Le moment du départ causa une profonde douleur à Madame Duvau qui jusque-là avait toujours vécu avec sa mère ; mais pour adoucir la peine de la séparation, il fut convenu qu'ils partageraient leur temps entre Rennes et la Farinière. On partit vers le 10 avril. Il était depuis 18 jours chez son père, « heureux comme un oiseau en liberté », quand,

---

1. Philippine n'avait encore que onze ans.

le 30, il se rappela la lettre que Böttiger lui avait adressée le 21 juillet de l'année précédente, et à laquelle ses nombreuses occupations durant les dernières semaines qu'il avait passées à Genève et son départ précipité l'avaient empêché de répondre. Il s'empressa, « en rougissant de honte », d'écrire à son ami (1), et comme pour se faire pardonner son long oubli, il lui racontait en détail tout ce qu'il avait fait ou ce qui lui était arrivé depuis le mois de juin de l'année précédente jusqu'à son arrivée à la Farinière : une entorse qu'il s'était donnée, l'invitation de Mme de Staël, son excursion dans la région des glaciers, son départ précipité qui l'avait empêché de répondre à la lettre que Böttiger lui avait écrite au mois de juillet, puis son retour, puis son mariage, la générosité avec laquelle M. Perrégaux avait rempli ses engagements, l'indifférence au contraire de son élève, indifférence qui lui avait été d'autant plus sensible qu'il était loin de la soupçonner, la dernière maladie et la mort de Mounier, enfin son retour à Rennes auprès de sa femme et son arrivée chez son père.

Au milieu de cette vie si occupée, Duvau n'avait pas cessé néanmoins de correspondre avec ses amis éloignés et c'est d'eux qu'après avoir rappelé rapidement comment il avait passé les huit derniers mois il entretenait maintenant Böttiger. Et d'abord Göschen. Il semble que le célèbre éditeur cherchait alors à nouer des relations commerciales en France et qu'il s'en était ouvert à Duvau. Mais celui-ci fut bien vite au courant de la crise que traversait alors le commerce de la librairie à Paris et de l'impossibilité d'y fonder aucune entreprise nouvelle de ce genre. Toute l'atten-

---

1. Lettre du 30 avril 1806, déjà citée. — Duvau avait reçu la lettre de Böttiger le 2 août.

tion était portée sur les choses de la guerre, les sciences
seules étaient encore en honneur ; les publications
purement littéraires étaient dédaignées, et les meilleurs
ouvrages restaient invendus chez les éditeurs, dont
les affaires devenaient chaque jour plus mauvaises.
L'un d'eux, Henrichs, dont Duvau avait fait la connaissance à Leipizg (1), avait quitté son commerce
et était entré comme interprète dans l'armée qu'il
avait suivie en Allemagne, tandis que ses affaires mal
gérées ou déjà compromises avant son départ le
faisaient mettre en faillite. La maison de librairie
dirigée par Schoell (2), disait-on, menaçait aussi ruine.
Qu'adviendra-t-il alors, remarquait Duvau, — crainte
non justifiée, on le verra — de la publication de Humboldt et de Bonpland ? Aussi, en présence de cette
indifférence du public pour les choses de la littérature,
Duvau renonça-t-il, comme il l'écrivait à Böttiger,
à remanier et à publier son *Voyage d'Italie* en y ajoutant
un appendice sur Genève.

Après avoir donné ces nouvelles qu'il croyait,
tout étrangères qu'elles lui étaient, pouvoir satisfaire
la curiosité de son ami, répondant à la lettre que celui-
ci lui avait écrite :

Mille fois merci, disait-il (3), pour les renseignements que vous m'avez
donnés. Je n'ai pu découvrir aucun des livres (allemands) que vous m'aviez
recommandés. On ne trouve rien à Genève. Je m'y suis complètement
dégermanisé. En Allemagne il n'y a, paraît-il, rien à faire qu'avec les revues
etc. Göschen désirait avoir un extrait du *Journal* de mon excursion aux
glaciers. Mais je n'ai pas encore pu me résoudre à en traduire quoique ce

1. V. plus haut, chap. V, p.

2. Schoell (Maximilien-Frédérick), né en 1766 près de Sarrebruck,
dirigea à Paris depuis 1802 une maison de librairie qui réussit peu. Fit
paraître de 1816 à 1818 une *Histoire abrégée des traités de paix* et commença en 1830 la publication d'un *Cours d'Histoire moderne des Etats
européens*.

3. Même lettre, datée du 7 mai.

soit. J'ai entendu dire que ce bon, cet honnête et excellent homme **est** un peu gêné. J'ai reçu de Griesbach une lettre qui me donne des nouvelles de mes amis de Iéna et de Weimar. Lui et les siens vont bien. Seulement l'académie est bien malade, pour ne pas dire morte. »

Et passant brusquement à un autre sujet.

« Je suis allé très peu chez Mme de Staël. Elle est revenue peu de temps avant ma chute et demeurait à Coppet. Aussi je ne puis presque rien vous en dire. Mon opinion sur elle, mon ami, est toujours la même. Elle est très bonne, tout le monde en convient. Je ne vous parle pas de son esprit ; vous le connaissez. Et que vous-dirai je d'elle ? Nous ne sommes pas fait l'un pour l'autre. Elle aime ce qui est théâtral, et moi je ne puis ni le supporter ni le souffrir. Elle n'estime en moi que l'honnête homme. Enfin, je ne lui ai jamais parlé de ses ouvrages (1). Je ne l'ai même pas remercié pour le dernier en votre nom. Je n'ai pu m'y résoudre. »

Ce dernier ouvrage, la *Vie de Necker*, Duvau, on se le rappelle (2), l'avait, au lendemain de son apparition, critiqué dans sa lettre de Genève du mois de février de l'année précédente. Il le critiquait à nouveau dans sa lettre du mois d'avril-mai 1806, et contrairement à ce qu'en a dit Lady Blennerhasselt (3) et les autres biographes de Mme de Staël, il affirmait — il l'avait déjà fait — que ses amis, entre autres, deux femmes « les plus spirituelles après elle et en outre les plus vertueuses et douées du meilleur goût », l'avaient dissuadée de publier ce livre. Ce qui l'irritait dans cet ouvrage et ce qui, paraît-il, révoltait aussi Mounier, c'était les attaques dirigées par l'auteur contre les Français, en particulier le reproche de « faux raffinement »

---

1. Il est curieux que Duvau ne possédait dans sa riche bibliothèque ni la *Vie de Necker* ni les deux romans de Mme de Staël, *Delphine et Corinne*, ni même l'*Allemagne*, ouvrage qui aurait dû, il semble, avoir pour lui un intérêt particulier. Du moins l'inventaire de cette bibliothèque, dressé après la mort de Mme Duvau, et dont je dois la connaissance à une communication bienveillante de M. Saint-Mleux, n'en fait pas mention.

2. V. chap. V.

3. *Mme de Staël et son temps* (1766-1817), trad. de l'allemand par Aug. Dietrich. (Paris, 3 vol. in-8°).

qui leur était adressé. « Qu'est-ce donc que le faux raffinement ? disait-il (1). Est-ce peut-être celui d'un Mounier ? Vous auriez dû l'entendre parler de ce livre ! Tous ceux qui pensent comme lui ont repoussé avec indignation un ouvrage qui contient des choses si étranges... C'est l'expression seule que je blâme, ajoutait-il, comme la blâment tous les vrais Français » Et il opposait à l'affectation de Madame de Staël, la douleur sincère des enfants de Mounier, l'affection et le respect dont il les avait vus témoigner pour leur père mourant, comme une preuve manifeste des sentiments profonds dont nous sommes capables. Mais Duvau ne s'en tenait pas là. Il n'hésitait pas à condamner la publication des *Pensées* ou *Sermons* et du *Roman de Necker*. Il croyait que les *Pensées*, à l'exception du *Bonheur des sots* ou des trois ou quatre autres semblables n'avaient pas mérité de voir le jour. La plupart, comme il disait déjà dans la lettre du mois de février 1805, sont parfaitement insignifiantes. « Et le *Roman* ? Si un jeune auteur offrait un tel livre à notre ami Göschen, pensez-vous que celui-ci lui en donnerait 6 groschen par feuille ? »

Et interrompant brusquement ces critiques :

« Mme de Staël, disait-il, apprécie comme il faut votre mérite et ne parle de vous qu'avec estime. En dépit de tout je fais grand cas de sa bonté et reconnais tout la supériorité de son esprit. Elle joue en ce moment la tragédie et la comédie, et les joue à merveille. Pour cela Schlegel lui est très utile par sa connaissance des anciens et surtout de ce qui a trait au costume. Donnez-moi donc des nouvelles de Macdonald. J'avais fini par lui conseiller de faire le voyage de Suisse, où il n'y avait rien à craindre. Mais depuis ont éclaté les désordres que vous savez. Un monde d'évènements s'est passé depuis nos dernières lettres... Que je plains la pauvre Allemagne ballottée entre des influences contraires. Qu'adviendra-t-il de la Saxe ?... Je suis très inquiet à votre sujet, mon cher. Ecrivez-moi seulement quelques lignes pour me tranquilliser ; quelques mots aussi sur

1. Même lettre, du 7 mai.

Weimar... Le bonheur et le malheur de mes amis, le bonheur et le malheur
d'un pays où j'ai été accueilli avec tant de bienveillance, où il m'est arrivé
tant de choses heureuses, malheureuses ou indifférentes, me touche de si
près qu'il me font passer bien des heures d'anxiété. »

Huit jours après, se rappelant qu'il n'avait pas encore
entretenu Böttiger de la vie nouvelle qu'il menait,
de ses occupations et de ses études, il ajoutait un nouvel
et long post-scriptum (1) à sa lettre du 30 avril, en y
mêlant le souvenir de ce qu'il devait à Mounier, et
l'expression des regrets toujours vivants que lui
laissait sa perte irréparable :

« Mounier parlait souvent de vous et avait pour vous une grande estime.
Ecrivez-moi ce que les journaux allemands ont pu dire de lui. Qui écrira
sa biographie ? Il faut qu'elle soit faite, n'importe comment. Edouard
m'a informé dernièrement de ce qu'il espérait pour lui et ses sœurs ;
mais il n'y a encore rien de décidé. Avant-hier j'ai reçu une lettre de Mme
de Schardt qui se plaint que je ne lui ai pas écrit à l'occasion du triste
évènement. Je voulais le faire ; mais une telle lettre ! Mes amis m'ont
pressé de chercher un emploi. Mais cela m'a été impossible ; car ma
femme ne peut pas se séparer de sa mère, et moi... Peut-être aurais-je pu,
par l'intermédiaire de Mounier, obtenir avec le temps une place qui m'aurait convenu. Mais maintenant ! Je ne possède presque rien. D'ailleurs
je ne saurais servir là où il n'est pas. Je passerais l'hiver à Rennes et l'été
en Touraine. Malheureusement on ne peut guère espérer que ma belle-
mère vive encore longtemps. Qu'arrivera-t-il après ? je l'ignore. Probablement je me fixerai à la Farinière avec ma femme. Le mois prochain elle
retourne à Rennes ; moi, je resterai encore trois mois ici. Pourquoi faut-il
que nous perdions notre mère ! Qui la pourra remplacer !... Je fais régu-
lièrement des excursions dans les environs et j'y recueille des plantes. A
ce point de vue je ne connaissais pas encore la Touraine. Je vivrai et je
mourrai en m'occupant d'histoire naturelle. Je suis bien loin d'être un
maître ; pourtant, j'ai fait quelques progrès, et pendant les deux derniers
étés j'ai récolté plus de 2000 plantes. La *Flore française* de de Candolle est
un magnifique ouvrage. J'ai bien peu de temps pour m'occuper de littérature et même pour lire, et les journaux exceptés, je ne lis presque rien (2).
Imaginez-vous que près de la moitié de mes livres allemands ont été perdus.

1. Daté du 15 mai.

2. Cette indifférence de Duvau pour la lecture a dû être quelque chose
de passager ; à en juger par sa nombreuse bibliothèque, il dut être, au
contraire, un lecteur fervent.

Parmi ceux que j'ai conservés se trouve *Wieland* (1). C'est ainsi que je vis, pauvre mais indépendant, parfaitement heureux avec ma femme et les miens. Si seulement j'avais plus souvent des nouvelles de ceux qui sont à l'étranger. Si les chemins n'étaient pas si complètement fermés. Pourvu que ces amis se trouvent bien!...Que fait le senior Wieland? Que deviennent les Schlegel, Schelling, etc ? Le divin Tieck a donc tiré de l'obscurité quelque chose de plus divin qu'Homère — les Liebelugen (2) ! Le *Voyage dans le Nord* de Seume a-t-il paru? Donnez-moi un petit aperçu (du mouvement littéraire) comme vous savez si bien le faire dans vos lettres. »

Et après une digression sur l'emploi qu'il faisait, pour écrire ses lettres, de l'alphabet allemand, quelque regret qu'il eût de la peine qu'il donnait par là à Böttiger — « mais cela lui imposerait un travail si lourd de se servir de lettres latines » — il continuait :

« Mes bien cordiaux compliments à votre femme, à votre famille et au brave Triklir. J'ai perdu, il y a six semaines, une tante bien-aimée, perte bien cruelle pour toute sa famille. Je suis parfois si abattu, si morose, j'ai l'âme tellement assombrie que je n'ai de courage à rien, depuis la mort de Mounier. Il avait été mon appui, le maître auquel je suis redevable de ce qu'il peut y avoir de bon en moi. De tout cela plus rien. Oh ! qu'est-ce que la vie! une bulle de savon! Heureusement que quelque chose de meilleur lui succède. Adieux, mon ami, écrivez-moi, j'en ai besoin. Rien en moi n'a changé. Je vous suis cordialement attaché et invariablement fidèle.

Votre Auguste Duvau. (3)

Au milieu de sa vie calme et studieuse un deuil cruel vint frapper Duvau. A la fin de novembre 1807, il perdit sa tante et belle-mère à laquelle il était tendrement attaché. Cette mort qui lui causa une vive douleur, apporta un changement profond à sa manière de vivre. Il cessa de partager son temps entre la Farinière et Rennes, et malgré la peine que sa femme

---

1. Que sont devenus les ouvrages allemands que Duvau avait conservés ? Il n'en est mentionné aucun dans l'inventaire de sa bibliothèque. Est-ce que l'auteur de cet inventaire, incapable d'en lire les titres, aurait omis de les cataloguer ?

2. Singulier lapsus pour *Nibelungen*.

3. Il donne l'adresse : Langeais par Tours.

avait de quitter cette dernière ville, il se fixa définitivement en Touraine. Il ne dit pas, pour cela, un éternel
adieu à la Bretagne. Au commencement du printemps
suivant, on le retrouve à Rennes. Il y était venu pour
procéder, ainsi que sa femme, avec ses belles-sœurs
et ses beaux-frères, au règlement de la succession de
sa belle-mère, règlement qui eut lieu le 1 avril 1808 (1).
La seconde de ses belles-sœurs, Jeanne-Marie,
malade depuis le mois de novembre, donnait les plus
grandes inquiétudes. Elle ne tarda pas cependant à
guérir, mais sa santé resta toujours mauvaise ; et elle
finit par prendre la résolution d'aller demeurer avec
sa sœur Mme Duvau, ce qui enleva à celle-ci la dernière raison qu'elle avait de regretter la Bretagne. Sept
mois après, Duvau retourna encore dans cette province.
Il y était appelé par une autre affaire de famille ;
il s'agissait cette fois des deux filles de sa belle-sœur
Mme Françoise-Renée-Louise Lemoënne de Launay,
et dont la puînée, Marie-Françoise-Elisabeth, l'avait
choisi comme représentant, émancipation qui eut lieu
le 23 novembre (2), devant le juge de paix de Bécherel
(3). Ce voyage, le dernier, il semble bien, que Duvau
fit en Bretagne, dut être d'assez courte durée. Il n'en
fut pas de même de celui qui l'avait précédé ; et pendant
les loisirs du séjour prolongé qu'il fit alors à Rennes,
Duvau écrivit, le 6 avril 1808 à Böttiger une longue

1. Renseignement fourni par M. Saint-Mleux. Duvau avait deux belles-
sœurs : Françoise-Renée-Louise et Jeanne-Marie. Il avait aussi deux
beaux-frères : le premier Lemoënne de Launay époux de Françoise-Renée-
Louise, et Louis-Alexandre Picquet de Melesse, époux de sa propre
sœur. Ce dernier, ainsi que sa femme, avaient émigré en Amérique et
ne semblent pas avoir pu assister à la convention du 1 avril.

2. Renseignement fourni par M. de Saint-Mleux, petit-fils de Marie-
Françoise-Elisabeth. Mme de Launay demeurait au château de Ligouyer,
près de Bécherel.

3. Chef-lieu de canton d'Ille-et-Vilaine, arrondissement de Montfort.

lettre qui nous fournit les renseignements les plus précieux sur la vie qu'il menait depuis deux ans et sur les études qu'il poursuivait.

« Nous sommes devenus, lui disait-il (1), presque étrangers depuis deux ans et demi que j'ai reçu ,à Genève, votre dernière lettre. Pendant l'été 1805, je vous ai écrit avant de quitter Genève, et en mai (2) 1806, je vous ai adressé une lettre où je vous racontais la mort de Mounier. L'avez-vous reçue ? J'ai appris par Griesbach et Göschen que vous vous trouviez bien à Dresde. J'espère qu'Edouard Mounier vous aura vu (3) et pourra me parler de vous. Comme je désire avoir de vos nouvelles ! Ecrivez-moi donc ! Quels travaux littéraires entreprenez-vous ? Quelle est votre situation actuelle ?

Et comme s'il eût supposé que Böttiger n'avait pas reçu sa lettre d'avril-mai 1806, il lui racontait à nouveau tout ce qui lui était arrivé depuis son départ de Genève jusqu'à la fin de février de cette année. Puis il ajoutait :

« A la fin de février 1806 je suis retourné à Rennes. Je suis allé, depuis, trois fois en Touraine. A la fin de novembre 1807, nous avons perdu notre chère mère, ce qui a été pour nous un coup très sensible, car elle était un ange de bonté. Avant sa mort nous partagions notre temps entre elle et mon père, maintenant nous resterons presque toujours en Touraine, quoique je sois peiné que ma femme doive quitter ainsi la Bretagne. Nous n'avons pas d'enfants, ce qui est pour nous une douleur de tous les instants. A part cela je jouis de tout le bonheur que l'union des âmes peut procurer. Vous connaissez l'esprit de ma femme d'après ses lettres. Ses sentiments sont aussi élevés qu'on le peut souhaiter. Nous ne sommes plus jeunes... Pourquoi chercherais-je une place comme le voudraient mes amis ? Nous ne sommes pas riches, nous ne sommes pas pauvres non

1. Lettre du 6 avril 1808. *Briefe an Böttiger*, t. X L, nᵣ 29.

2. Mai (4) est la date du post-scriptum. La lettre avait été commencée le 30 avril.

3. Depuis le mois de novembre 1806 Edouard Mounier était en Allemagne et avait dû passer par Dresde pour se rendre en Silésie où il résida pendant un an (Papiers Mounier, Liasse A. note 2).

plus. Et nous nous trouvons si bien dans notre indépendance ! La botanique et l'histoire naturelle me sont chaque jour plus chères ; plus je m'y
livre, plus elles me procurent de joies. Si les livres qui en traitent n'étaient
pas aussi chers ! »

Quelles qu'aient été, à cette époque, les recherches
de botanique de Duvau, elles ne lui faisaient pas oublier
complètement l'Allemagne, et son regret était de n'avoir pu, depuis son départ, suivre le développement
de sa littérature.

« J'ignore tout, écrivait-il à Bottiger (1), de la littérature allemande
et de son état actuel. Pourriez-vous m'en dire quelque chose ? Depuis
longtemps je n'entends plus parler de Göschen et de Seume, mais j'ai,
eu d'excellentes lettres de Griesbach, ainsi que de Mme S. (2) — La mort
de la Duchesse mère m'a causé un grand chagrin — je lui devais tant !
et aussi celle de Mlle Gochhausen. La pauvre Allemagne ! Mon cœur
bat toujours pour tout ce qui la touche de près. Que la Saxe en soit venue
là... Je l'avais prévu. Que pensez-vous de Levesque et de son *Histoire de
la République romaine*, ajoutait-il en changeant brusquement de sujet,
ainsi que de l'ouvrage de Rulhière (3), et de l'*Histoire de la Guerre de
Vendée* par Beauchamps ? Quoiqu'on puisse dire du style de Rulhière,
il compte parmi nos meilleurs historiens ; son livre est remarquable.
Beauchamps écrit avec indépendance et impartialité. Après la lecture
du premier livre je l'avais pris pour un royaliste ; j'ai appris depuis qu'il
est républicain ».

Et revenant alors à Weimar et aux écrivains qu'il
y avait connus :

« Que dit-on des ouvrages de Gœthe sur la physique ? Wieland va-t-il
publier quelque nouvelle œuvre ? Que pense-t-on des *Vues* de Humboldt ?
Pendant que j'étais à Weimar, Humboldt m'avait beaucoup parlé de
l'Amérique et du voyage qu'il projetait d'y faire. S'il m'avait emmené
avec lui, j'aurais vu beaucoup de choses, mais je n'aurais pas connu Mounier. Bonpland est un jeune homme très distingué. «Vous aurez bientôt
ajoutait-il la visite, de Madame de Staël (4). Sismondi m'a écrit qu'elle

1. Lettre du 6 avril 1808, déjà citée.

2. Sans doute Mme de Schardt.

3. Probablement l'*Histoire de l'anarchie de Pologne*, publiée après sa
mort, par Daunou, en 1807.

4. Au mois de décembre Mme de Staël s'était décidée à retourner en
Allemagne et elle passa l'hiver et la plus grande partie du printemps 1808
à Vienne.

doit aller à Vienne et de là à Weimar. Certainement ils s'arrêteront à Dresde. Comme Sismondi est timide, je vous prie de lui faire des avances. Vous trouverez rarement un homme aussi spirituel, et qui pense et parle avec autant de force et de chaleur qu'on le peut faire en ces moments malheureux. Vous connaissez sans doute son livre *De la richesse commerciale*. Maintenant commence la publication de son meilleur ouvrage : *Histoire des républiques italiennes*, pour lequel il fait des recherches immenses et qui fera époque. Lui et Camille Jordan sont peut-être les deux hommes dont la conversation m'a fait le plus penser à cause de la chaleur sans prétention qu'ils y montrent. Donnez-lui quelques lignes pour Göschen et Seume. Sismondi vous dira combien j'ai été content de mon séjour à Genève.

On sent, en lisant la lettre dont je viens de donner des extraits, que Duvau, au milieu des jours paisibles de la vie qu'il menait en Touraine, éprouvait comme la nostalgie de l'Allemagne. Il aimait à se rappeler les années qu'il avait passées dans cette contrée et où il comptait encore tant de bienfaiteurs et d'amis. On ne doit pas être surpris aussi qu'après quelque hésitation il ait, séduit par les conditions avantageuses qui lui étaient faites, — il devait toucher 3.000 francs et était libre de choisir son itinéraire de voyage — saisi l'occasion imprévue de revoir, au lendemain des bouleversements qu'il avait subis, un pays à la destinée duquel, comme il le dit (1), il prenait toujours part. A peine rentré à la Farinière il s'était remis à classer les plantes de son herbier, quand, malgré la saison avancée et la peine qu'il éprouvait à s'éloigner — il est vrai pour peu de temps — de sa femme et de son vieux père, il accepta l'offre qu'un ami d'enfance « qu'il n'avait pas vu depuis 24 ans » lui faisait d'accompagner de Tours à Hambourg deux jeunes Espagnols confiés à sa garde.

Il partit le 9 décembre, et après avoir rejoint, à Tours, ses compagnons de voyage, il s'achemina

1. Lettre du 9 janvier 1809. *Briefe an Böttiger*, t. X L, nʳ 25.

vers Paris. Il s'arrêta 9 jours dans cette ville, ayant à compléter ses préparatifs de voyage et aussi à faire quelques visites. Il est probable qu'il n'oublia pas d'aller chez son cousin de Lamardelle. Il vit aussi, il nous l'apprend, le « bon » Hase. Mais il n'alla pas voir Millin dont il eut, dit-il d'une manière énigmatique, à se plaindre pour la troisième fois. De Paris il gagna Francfort d'où il se dirigea sur Cassel. Il ne voulut pas traverser cette ville sans rendre visite à l'historien Jean de Müller dont il avait fait, on se le rappelle, la connaissance en 1802 à Vienne et qu'il avait revu, deux ans après, à Berlin. Depuis 1807, Müller était ministre du roi de Westphalie. Mais Duvau ne douta pas que, malgré la dignité dont il était revêtu, le grand historien ne voulûtbien le recevoir. « J'espère, lui écrivit-il à peine arrivé (1), que vous ne m'avez pas entièrement oublié et que, malgré les honneurs dont vous êtes entouré, vous voudrez bien accueillir encore un homme qui n'a d'autre recommandation auprès de vous que son admiration pour vos talents, et sa reconnaissance des bontés que vous avez eues pour lui à Vienne en 1802 et à Berlin en 1804 ». Duvau ne s'était pas trompé. Müller consentit à l'accueillir avec sa bienveillance habituelle, et l'entretien d'une heure qu'il eut avec lui, le confirma dans l'opinion — on la partageait à Gottingue — que le célèbre historien pourrait faire beaucoup pour le bien de l'Etat dont il était devenu ministre.

De Cassel on se rendit à Gottingue. Il entrait dans le plan de voyage de Duvau de s'arrêter quelques temps dans cette ville universitaire, pour renouer le fil interrompu de ses souvenirs littéraires et se mettre au courant des nouvelles publications allemandes. Il

---

1. Billet daté : vendredi matin à midi, déjà cité, et que je reproduis ici in extenso d'après la traduction de M. Baldensperger.

s'empressa de lire les revues qu'il put trouver, en particulier les *Gottingische Anzeigen*, le *Mercure allemand*, *Minerva*, dont il fit, nous apprend-il, des extraits. Il se procura autant que lui permettaient ses moyens, quelques ouvrages importants qui avaient paru depuis son départ de l'Allemagne, entre autres l'*Attila* et *Die Weihe der Kraft* de Werner (1). Il ne manqua pas, suivant son habitude, d'aller rendre visite aux écrivains célébres de la ville, en particulier à l'historien Heeren (2), auteur des *Idées sur la politique et le commerce des peuples de l'antiquité*, dont il reçut le meilleur accueil. En même temps que Duvau refaisait ainsiconnaissance avec la littérature d'outre-Rhin, qui depuis 4 ans lui était, suivant sa propre expression, devenue étrangère, il s'empressa d'entrer en relations avec les naturalistes de Gottingue : avec Blumenbach (3), qui lui demanda — question qui lui fut agréable — s'il avait écrit quelque chose de nouveau ; avec le botaniste Schrader (4) ; il ne resta pas chez ce dernier moins de cinq heures entières et fut très satisfait de ce savant modeste et admirateur sincère des bota-

1. Werner (Friedrich-Ludwig-Zacharias), né en 1768 à Konigsberg. Poète dramatique de l'école romantique ; débuta comme tel par *Die Sôhne des Thales*, 1ere partie 1803. *Martin Luther oder Die Weihe der Kraft* parut en 1807, et *Attila* en 1808.

2. Heeren (Arnold), né en 1760 près de Brême. Outre les *Idées sur la politique et le commerce des peuples de l'antiquité*, publié 1793-1796, il a écrit un *Essai sur l'influence des croisades*.trad.par Charles de Villers en 1808, ouvrage dont parle Duvau dans sa lettre.

3. Blumenbach (Johann-Friedrich) né à Gotha en 1752, étudia à Iéna et à Gottingue ; professeur de médecine à l'Université de cette ville dès 1776 ; auteur d'un *Handbuch der Naturgeschichte* (1779) et d'un *Handbuch der vergleichenden Anatomie* (1805).

4. Schrader (Heinrich-Adolph) ,né en 1767 près de Hildesheim, étudia la médecine à Gottingue; publia, dès 1794, un *Spicilegium Floræ germanicae*, et commença, 12 ans plus tard, la publication d'une *Flora germanica* dont le 1er vol. seul a paru.

nistes français contemporains et de leurs méthodes ;
tout différent en cela de Willdenow, qui s'emportait
quand on lui parlait des familles naturelles. Sa *Flore*,
ajoutait-il, est très estimée en France ; on en attend
la suite avec impatience.

De Gottingue, Duvau et ses compagnons sans
s'arrêter, il semble, à Hanovre, gagnèrent Hambourg
où ils arrivèrent le 3 janvier par un froid intense ; ils y
restèrent jusqu'au 11. J'ignore quelle affaire conduisait les deux Espagnols que Duvau accompagnait,
dans la grande ville hanséatique. Quant à lui, il employa le temps qu'il y passa, à achever de refaire connaissance avec la littérature allemande dont Hambourg avait, dans la première moitié du siècle précédant
été un des centres, mais dont elle ne comptait plus
aujourd'hui aucun représentant connu, excepté Archenholz (1), l'auteur de la *Guerre de sept ans*, que
Duvau alla voir, sans doute dans sa propriété d'Odendorf ; celui-ci put « à peine en croire ses oreilles,
quand il l'entendit parler, comme il avait, lui dit-il,
eu peine à en voir ses yeux un jour que Göschen
lui avait montré une de ses lettres (2) ». Il alla voir aussi
le fils du célèbre théologien, ami de Lessing, J. A.,
H. Reimarus, (3) médecin et naturaliste, alors professeur d'histoire naturelle au Gymnase de Hambourg.

Depuis qu'il était en Allemagne, tout rappelait
à Duvau le souvenir de Böttiger. Aussi bien que l'érudit archéologue ne lui eût pas donné de ses nouvelles
depuis plus de trois ans, on ne doit pas s'étonner

1. Archenholz (Joh. Wilh.), né en 1745, près de Danzig. Il publia, en
1788, l'*Histoire de la Guerre de sept ans* ; acheta, vers la fin de sa vie le
bien d'Odendorf près de Hambourg, où il se fixa.

2. Lettre du 9 janvier 1809, déjà citée.

3. Reimarus (Johann-Albert-Heinrich), fils de l'auteur des *Fragments
d'un inconnu*, publiés par Lessing ; médecin et, depuis 1796, professeur
d'histoire naturelle.

qu'il ait songé à lui écrire. Le 9 janvier il lui adressa une longue lettre qui m'a fourni les principaux éléments du récit que j'ai donné de son voyage. « Voilà trois ans et demi que j'ai reçu votre dernière lettre à Genève. Depuis lors, toutes nos lettres ont dû se perdre. Puisse du moins celle-ci vous parvenir et vous convaincre que je suis toujours encore votre ami, votre reconnaissant et cordial ami » Si Duvau cherchait ainsi à excuser le long silence de Böttiger, en l'attribuant à l'incertitude des communications, il est un reproche toutefois qu'il ne put s'empêcher de lui adresser : en parcourant le *Mercure allemand* il avait été peiné de n'y rencontrer aucun article consacré à Mounier. « Vous avez du temps pour tout, disait-il (1), et cependant vous n'avez pas dit un mot de Mounier, dont l'honoralibité n'a peut-être été égalée que par Griesbach. Pourtant vous le connaissiez ; il avait été votre ami ; c'était l'honneur même. » Puis, oubliant bien vite ce grief : « Si vous avez, disait-il, des commissions pour Paris, adressez les-moi chez de Lamardelley (un de ses cousins, dont il a été déjà question plus haut) J'ai appris par Müller et d'autres que vous étiez toujours à Dresde, mais que vous n'aviez pas obtenu la place de bibliothécaire. Donnez-moi de vos nouvelles. Avez-vous entendu parler de Mac donald ?

Deux jours après avoir écrit cette lettre, Duvau quittait Hambourg. Mais il ne prit pas, au retour, le même chemin qu'à l'aller. Désireux de visiter la Hollande et la Belgique, il revint en France par Brême, Amsterdam, Rotterdam, Anvers et sans doute Bruxelles. Quand arriva-t-il à Paris ? Nous l'ignorons, comme nous ignorons également à quelle

---

1. Lettre du 9 janvier, déjà citée. — Bottiger était directeur du *Nouveau Mercure allemand*.

époque il regagna la Farinière où les siens l'attendaient
avec impatience. Il ne devait pas être moins impatient de se rendre auprès d'eux. Néanmoins il resta
quelque temps à Paris, plus longtemps, sans doute,
que le mois précédant. Il avait à revoir quelques-uns
de ses amis ou des savants qu'il avait déjà visités. Il
désirait encore plus rendre visite à ceux qu'il n'avait
pu rencontrer (1). Parmi ceux-ci, il y en avait un qu'il
souhaitait entre tous d'embrasser après une séparation
de trois ans : son ancien élève Edouard Mounier,
récemment rentré d'Allemagne en France. On comprend qu'il fut impatient de revoir ce jeune ami, dont
il avait le premier reconnu et proclamé les grandes
qualités et prévu la brillante carrière et qu'il eut hâte
de s'entretenir avec lui du pays qu'il considérait
comme une seconde patrie et auquel le rattachaient
tant de souvenirs. Malheureusement nous ne savons
rien de la rencontre et des entretiens de Duvau et
de Mounier. Mais ils furent pour le premier d'une
importance décisive : ils changèrent le cours de sa vie.

1. Lettre du 10 janvier 1809, déjà citée.

CHAPITRE VII

DUVAU FONCTIONNAIRE

(1809 — 1822)

Un décret du 12 février 1809 (1) annonçait dans sa laconique simplicité la nomination d'Edouard Mounier comme secrétaire du cabinet de l'Empereur. Napoléon ne pouvait donner une preuve plus manifeste de la satisfaction qu'il avait éprouvée de la manière dont Edouard Mounier s'était acquitté, malgré sa grande jeunesse — il n'avait pas encore vingt-cinq ans — des missions difficiles dont il l'avait chargé (2) ; et en l'attachant ainsi à son service, il témoignait hautement au fils de l'ancien Constituant la confiance qu'il avait en sa droiture et en sa fidélité. Le poste auquel il était ainsi appelé conférait à Edouard Mounier une grande influence. Il n'en abusa pas. Mais il crut pouvoir s'en servir pour retenir près de lui son ancien maître.

1. Archives nationales, A F, IV, 360 plaq. 2629, n° 3.

2. Intendant de Weimar à la fin de 1806, puis administrateur adjoint en Silésie et intendant de Glogau de 1807-1808 ; enfin, après le congrès d'Erfurth (octobre 1808), inspecteur général des vivres de guerre. (*Biogr. Univ.* art. Edouard Mounier).

Duvau avait-il témoigné le désir d'obtenir quelque emploi qui lui permit de vivre moins modestement qu'il ne le faisait à la Farinière ? Est-ce Edouard Mounier qui insista auprès de lui pour qu'il vint se fixer à Paris (1) ? Quoiqu'il en soit de ces hypothèses, Duvau par l'intervention de son ancien élève, fut nommé chef du bureau de traductions. Le choix ne pouvait être meilleur. La connaissance approfondie de l'allemand, celle qu'il avait de l'anglais, de l'italien et d'autres langues encore, destinait d'avance le nouveau titulaire à remplir le poste auquel il était ainsi appelé. Mais une vie nouvelle allait commencer pour lui. A l'existence calme et paisible de la Farinière devait succéder la vie active et agitée de Paris. Les longs loisirs consacrés en toute liberté à l'étude feront place aux obligations étroites et assujettissantes de sa charge. Il s'y plia sans peine et les remplit avec sa conscience coutumière. Il fut un fonctionnaire accompli. Mais il ne perdit par là rien de son indépendance de caractère ou de son libéralisme de pensée et de sentiment qu'admiraient tous ceux qui l'approchèrent.

Nous ne savons pas à quelle époque Duvau quitta la Farinière pour venir s'établir à Paris. L'interruption, pendant treize ans, de sa correspondance avec Bottiger nous laisse dans l'ignorance la plus grande de ce qu'il fit et devint pendant les premières années de son séjour dans la capitale. Seules quelques allusions au passé qu'on trouve dans des lettres d'une date postérieure, nous permettent d'entrevoir quel fut alors son genre de vie, quelles furent les relations qu'il entretint et les occupations auxquelles il se livra. Laissant son vieux

---

1. Duvau, on l'a vu, avait autrefois refusé, malgré les instances de ses amis, de demander une place, ne voulant servir qu'avec ou sous Mounier. On comprend qu'il ait changé d'opinion depuis que le fils de son ami, et son ancien élève, Edouard Mounier, lui offrait un poste.

père à la Farinière, il était venu s'établir à Paris avec
sa femme et sa belle-sœur, qu'il avait suivies en Touraine, et on peut se le représenter comme vivant pour
les siens et quelques amis de choix, recevant dans sa
maison hospitalière les visiteurs étrangers qu'on lui
adressait, les savants qui venaient le consulter ou lui
demander quelque renseignement, assurés qu'ils étaient
de trouver toujours auprès de lui l'accueil le plus
bienveillant, et consacrant les trop rares loisirs que lui
laissaient ses occupations professionnelles, aux études
qui avaient depuis quinze ans, fait le charme et la
consolation de sa vie, et qui continueront d'en être
la consolation et le charme jusqu'au jour où la maladie
le força d'y renoncer.

Bien que rien ne nous renseigne sur les amis qu'il
fréquentait alors, nous pouvons néanmoins en citer
quelques-uns ; au premier rang, prend place Edouard
Mounier avec lequel il conserva jusqu'à sa mort — la
lettre qu'on a lue au commencement de cette étude, en
est la preuve — les plus étroites relations, et dont
il ne parle, en écrivant à Böttiger, que dans les termes
les plus affectueux. J'incline aussi à mettre au nombre
de ses amis d'alors, de Gérando, revenu des missions
qu'il avait remplies en 1808 en Italie, puis en Catalogne
(1), et vers lequel il s'était, on se le rappelle, dès le
premier jour senti attiré par la plus grande conformité
de sentiments et de pensées. Quant à Camille Jordan,
retourné à Lyon, depuis longtemps, marié en 1810,
il avait cessé, il semble, d'être en correspondance avec
Duvau, et les deux amis ne devaient se revoir qu'après
la Restauration. Duvau eut sans doute, dès le premier
temps de son séjour à Paris, bien d'autres relations

____

1. *Biographie Universelle*, art. de Gérando. — A son retour il avait été,
au mois d'avril 1809, nommé secrétaire général du Ministère de l'Intérieur,
Arch. Nat. A F IX ; plaquette 2756, n° 57).

qu'avec Edouard Mounier et de Gérando ; avec Hase
par exemple, qu'il rencontrait en société et voyait à la
bibliothèque et dont les entretiens lui étaient très utiles,
comme il l'écrivait plus tard à Böttiger (1) ; avec
le Provençal Toulouzan (2) dont le nom se rencontre
par hasard douze ans plus tard, dans une lettre de
Charles Lyell et qui aurait, d'après M. Roux, secrétaire de la Société de statistique de Marseille, été
suppléant au Collège de France de 1811 à 1820 ; avec
d'autres érudits ou écrivains dont les noms nous sont
restés inconnus ; je ne parle pas des savants botanistes ou naturalistes, il en sera question plus loin.

Si l'on est mal renseigné sur les relations que Duvau
eut à cette époque avec ses amis ou ses correspondants
de France, on ne l'est pas davantage sur celles qu'ils
entretenait avec les correspondants et les amis qu'il
avait à l'étranger. La mort, d'ailleurs éclaircit bien
vite leurs rangs et diminua singulièrement leur nombre.
Dès 1810 disparut Seume avec qui il avait eu les rapports
les plus amicaux ; deux ans après mourut le « bon »
Griesbach qui lui avait toujours témoigné une si
affectueuse bienveillance, et en 1813 succomba Wieland
vers lequel, s'il n'avait plus, il semble, avec lui de
relations, se reportait toujours sa pensée et son souvenir. Il ne lui restait, pour ne pas parler de Böttiger,

1. Lettres du 6 février et 30 avril 1824 et du 6 juillet 1825. *Briefe an
Böttiger*, t. X L, nᵗˢ 31, 32 et 36. Voir chap. IX.

2. Toulouzan (Nicolas), né à Ollioules en 1781. Emigré avec son père
pendant la révolution. Avait reçu une forte éducation et possédait plusieurs
langues. Venu à Paris en 1811, il se fit connaître par un « *Essai sur l'histoire
de la nature* ». En 1820 il quitta Paris et se fixa à Marseille ; il devint,
l'année suivante, professeur d'histoire et de géographie au collège royal.
Mis en disponibilité en 1823, il fit paraître, peu après, le journal « *L'Ami
du Bien* » et en 1826 les « *Annales provençales d'agronomie pratique et d'é-
conomie rurale* ». En 1831 il fut nommé de nouveau professeur d'histoire
au Collège de Marseille, et mourut en 1840.

guère que Göschen auquel il continuait d'écrire pour lui donner ou en obtenir des renseignements et lui demander les livres dont il avait besoin. (1)

Mais Duvau n'avait pas seulement des correspondants et des amis en Allemagne, il en comptait aussi en Angleterre. Je ne sais si Cléments, son compagnon de voyage en Italie, avait continué d'être en rapports avec lui. Mais une lettre — écrite en anglais, disait le signataire, parce que Duvau connaissait cette langue mieux que lui ne savait le français — conservée dans les papiers Mounier, nous le montre correspondant depuis longtemps avec un membre du Parlement anglais, Henry Grey Bennet. Où avait-il fait la connaissance de cet homme politique ? Rien ne nous l'apprend ; mais je ne serais pas éloigné toutefois de penser que c'était peut-être un de ces deux anglais qu'il avait rencontrés à Turin à la fin de son voyage d'Italie et avec lesquels il s'était rendu à Genève. Quoiqu'il en soit de cette supposition, un commerce de lettres déjà ancien existait entre Duvau et Grey Bennet, commerce que ni la difficulté de communication, ni la guerre n'avaient pu complètement arrêter.

Après avoir rappelé (2) durant combien d'années il avait été inquiet de savoir ce que Duvau était devenu — et il n'avait pu que penser à leur ancienne intimité sans avoir l'espoir de pouvoir la renouveler — une tentative qu'il avait faite pour avoir de ses nouvelles était restée infructueuse et une lettre que Duvau avait donnée pour lui à un de ses amis ne lui était pas parvenue davantage.

« Je saisis l'occasion qui se présente, continuait Bennet, de vous adresser ces quelques lignes et de vous donner l'assurance que cette longue guerre

1. Nous le verrons aussi, une fois au moins, s'adresser à Knebel pour le même objet. Cf. lettre du 6 février 1824, chap. IX.

1. Lettre du 6 août 1811. *Papiers Mounier*, Liase H, cote 12.

n'a pas été assez longue pour me faire oublier combien d'heures agréables nous avons passées ensemble. Je vous envoie par la même occasion, deux volumes de vers publiés en ces dernières années et que nous admirons tout en reconnaissant les défauts. Ils sont pleins de sentiment et de cœur et d'une véritable inspiration poétique, faits pour plaire aux amis de la vérité et de la nature. J'aurais pu y joindre quelques autres choses, mais on y trouve un tel fatras politique que je n'aurais pu vous en recommander la lecture. J'ai eu grand plaisir d'apprendre que votre occupation vous est agréable, et je souhaite du fond du cœur que les braves gens des deux côtés de la Manche puissent se rencontrer,comme toutes les nations civilisées devraient le faire, en paix et en amitié. Mais je crains que ce jour ne soit aussi éloigné que l'horizon qui recule à mesure que nous croyons en approcher..... Quant à moi, je suis à peu près tel que vous m'avez vu : aussi bon whig que jamais... Ayant pris part à toutes les luttes de mon parti pendant que j'étais au Parlement, et maintenant, que je n'ai pas été réélu à cause de mes sentiments de tolérance — mes électeurs étant hostiles au Catholic Bill — je combats l'ennemi commun autant qu'il est en mon pouvoir, et j'attends les élections de l'année prochaine pour reprendre mon siège au Parlement et recommencer la lutte. Votre ami Cléments est tel que vous le connaissez, l'ennemi de ses pauvres compatriotes et le défenseur acharné des mesures que je déplore, tant anglais que je suis. Depuis que nous nous sommes quittés, j'ai voyagé en Espagne et dans le Portugal, et je vais partir dans quelques jours pour les Indes occidentales avec une partie de ma famille, qui y passera l'hiver prochain. Ce ne sera pas une excursion agréable, pourtant elle n'est pas complètement sans intérêt, et peut-être pousserai-je jusqu'au Brésil et dans les colonies espagnoles où nous sommes, en ce moment, en grande faveur. Je n'aurai rien à faire pendant un an, et la vie de dissipation d'un gentilhomme anglais n'est pas de mon goût. »

Et il poursuivait en entretenant Duvau de son frère John, qui à Lisbonne cherchait à rétablir sa santé épuisée par ses pénibles fonctions professionnelles, et de son ami Maitland qui avait échappé heureusement aux balles pendant sa campagne en Espagne et qui, après avoir perdu sa femme la seconde année de son mariage, était resté seul avec son jeune garçon.

« Je vous prie, disait-il en terminant, d'accepter les livres qui accompagnent ma lettre, comme un gage d'amitié, et si vous entendez parler de Camille (Jordan), présentez-lui mon respectueux souvenir, ainsi qu'à de Gérando. Pourquoi ne nous rencontrons-nous jamais ? ».

Cette lettre, que j'ai reproduite presque en entier à

cause de l'intérêt qu'elle présente, est le seul débris d'une correspondance que l'état d'hostilité qui régnait depuis huit ans entre la France et l'Angleterre, avait trop souvent contrariée et que les guerres des années suivantes, si elle se continue (1) rendirent encore plus difficile.

⁂

Si les guerres des dernières années de l'Empire rendirent difficiles, parfois presque impossibles, les relations de Duvau avec ses correspondants étrangers, elles apportèrent souvent un trouble non moins grand aux relations qu'il entretenait avec ses amis de France. En 1809 déjà, la guerre d'Autriche l'avait séparé de Mounier pendant des mois entiers (2). Celle de Russie devait l'en séparer plus longtemps encore. Lorsque, au printemps de 1812, Napoléon, décidé à commencer les hostilités, quitta brusquement Paris pour se rendre à Dresde et de là gagner la Niémen, il emmena avec lui Edouard Mounier. Celui-ci l'accompagna pendant toute la campagne de Russie, assista à la bataille de la Moskova qui ouvrit à l'armée française les portes de Moscou, fut témoin de l'incendie de cette capitale et prit part à la retraite qu'un hiver précoce et d'une exceptionnelle rigueur rendit si désastreuse.

On devine avec quelle anxiété Duvau avait dû suivre les péripéties d'une guerre qu'il désapprouvait peut-être et d'où il avait pu craindre que Edouard Mounier, comme tant d'autres, ne revînt jamais. Il reparut ce-

1. Les relations de Duvau avec Grey Bennet semblent bien avoir duré jusqu'à sa mort. Chose curieuse du moins, une somme de 1.000 francs figure dans l'inventaire fait après le décès de Mme Duvau, comme dûe par son mari au Parlementaire anglais.

2. De Barante, art. Mounier, dans la *Biographie Universelle*.

pendant et revint à Paris au mois de décembre. Mais
la joie que Duvau eut à le revoir, ne fut pas de longue
durée. Tandis que ses généraux ramenaient péniblement
en deçà de la Vistule les débris de la grande armée (1),
Napoléon levait à la hâte des recrues pour faire tête
à la coalition qui se formait contre lui. C'est au milieu
des angoisses que lui causaient les préparatifs de cette
guerre nouvelle dont l'Allemagne cette fois allait être
le théâtre, que Duvau fut frappé par un deuil cruel.
Le 17 février 1813 son père mourut à la Farinière à
l'âge de quatre-vingt ans et quatre mois (2). Son
frère vivait au loin, sa sœur était toujours en Géorgie.
Il resta, je ne sais en vertu de quel accord, seul posses-
seur de la Farinière.

Cependant le prince Eugène, avec les débris de la
Grande Armée qu'il avait réunis sur les bords de l'Elbe,
luttait héroïquement, mais avec peine, contre les forces
de la Russie et de la Prusse. Napoléon ne pouvait
tarder plus longtemps à entrer en campagne. Il quitta
Paris, emmenant cette fois encore avec lui Edouard
Mounier, et gagna rapidement Erfurth. C'est de là
qu'il organisa la lutte marquée d'abord par les combats
sanglants de Lützen et de Bautzen. Puis, après un
armistice suivi de négociations inutiles reprenant l'of-
fensive, il livra la bataille de Dresde où tomba Moreau,
et quelques jours après, celle de Leipzig — la bataille
des nations — qui dura trois jours et porta un coup
fatal à sa puissance. Obligé de battre en retraite devant
des forces supérieures, après un dernier combat
près de Hanau, il repassa le Rhin et rentra à Paris.

Edouard Mounier se fatiguait-il des fonctions qui
le tenaient si souvent et si longtemps éloigné de sa

---

1. Théophile Lavallée, *Histoire des Français*, t. IV, 1848, p. 488.

2. Registre de l'Etat civil de Cinq-Mars, pour 1813.

jeune femme — il s'était marié en 1810 (1). Demanda-
t-il à en être relevé ? Je ne le sais ; mais le 27 novembre
1813 il quitta la direction du cabinet de l'empereur
et fut nommé intendant des bâtiments de la couronne.
Il s'empressa de prendre Duvau pour secrétaire.
Il s'attachait ainsi par des liens plus étroits son ancien
maître devenu son ami.

L'intendance des bâtiments dut, dans les premiers
temps, peu occuper Edouard Mounier et son auxiliaire. On ne pouvait guère, dans les circonstances
présentes, songer qu'à la guerre. L'hiver n'avait
pas empêché les alliés de la continuer. Dès le 21 décembre les armées coalisées avaient franchi le Rhin.
Le territoire français fut envahi ; les troupes ennemies
s'avançaient sur un front qui allait de Namur à Langres.
Napoléon, le 25 janvier, se porta à leur rencontre.
Mais malgré des prodiges de stratégie et des succès
répétés, il ne put arrêter leur marche en avant, et une
dernière bataille livrée aux portes de Paris, décida de
son sort et de celui de la France.

Ce brusque changement des choses jeta dans l'incertitude bien des esprits. Duvau, lui, se décida sans peine.
Par naissance et par son éducation, il était légitimiste.
C'était pour défendre la royauté, qu'en 1792 il avait
émigré. Si le spectacle de l'ordre rétabli avait fait de
lui, en 1803, un apologiste d'un gouvernement répa-
rateur, si plus tard il consentit à servir Napoléon,
il ne devint pas pour cela bonapartiste, comme l'en
accusait Mme de Staël, et les guerres inutiles et funestes
des derniers temps de l'empire, la liberté chaque jour
plus opprimée, avait dû secrètement l'éloigner d'un
pouvoir qui conduisait le pays à sa ruine, et, s'il souffrit dans son patriotisme de voir la France vaincue et

1. Sa femme était une Miss Lighton dont il avait fait la connaissance
en Allemagne (De Barante, art. *Mounier* dans la *Biographie Universelle*).

envahie, s'il put regretter de voir Louis XVIII ramené par les armées étrangères, il ne s'en rallia pas moins sans hésiter au nouveau régime, et cela d'autant mieux que ce régime promettait d'être libéral et reconnaissait solennellement par une Charte les libertés et les droits de tous les citoyens. Malgré le poste de confiance qu'il avait occupé sous Napoléon, Edouard Mounier, avec une facilité qui peut au moins paraître excessive, n'hésita pas non plus à adhérer au gouvernement des Bourbons, et il conserva l'intendance des bâtiments de la couronne dont Duvau resta le secrétaire. Quoique aussi ancien fonctionnaire de l'empire, de Gérando se rallia également sans hésiter au gouvernement de Louis XVIII, séduit, il semble, par les qualités de ce prince qui n'avait « pas moins d'élévation dans l'esprit que dans le cœur (1) » Quant à Camille Jordan, que son hostilité pour Napoléon avait forcé, depuis dix ans et plus, de vivre retiré à Lyon, il crut le moment venu d'en sortir ; il se présenta à la députation et fut envoyé à la chambre par les électeurs du département du Rhône. Duvau dut éprouver une joie bien grande à revoir, après tant d'années de séparation, un ami qui lui avait été si cher. Malheureusement nous ne savons rien des relations qu'il eut maintenant avec lui, ainsi qu'avec de Gérando.

Les espérances que le gouvernement de Louis XVIII avait fait naître, furent bien vite dissipées ; la réaction mit obstacle aux intentions libérales du Roi. L'armée, regardée comme suspecte, fut exilée sur les bords de la Loire. Les exigences toujours plus grandes des émigrés inquiétèrent une partie de la nation et le mécontentement devint bientôt général. Du fond de

1. Lettre de Mme de Gérando au général Lamarque, du 8 juin 1814. *Lettres de Mme de Gérando*, Paris 1880, p. 264.

sa retraite mal surveillée de l'île d'Elbe, Napoléon
suivait d'un œil attentif l'agitation croissante des
esprits, et quand il crut le moment favorable, il partit
en secret et vint débarquer au golfe de Jouan (1 mars).
De là, par la route des Alpes, il gagna rapidement
Grenoble. Il se dirigea ensuite sur Lyon et marcha,
sans que rien l'arrêtât sur Paris, tandis que Louis
XVIII se retirait à Gand.

Cette brusque révolution jeta dans les esprits un
trouble encore plus grand que l'avait fait, l'année
précédente, le retour des Bourbons. Mounier, ne
voulant pas s'exposer à une nouvelle palinodie, quitta
la France et se rendit à Weimar (1) où il attendit les
évènements. Duvau aussi quitta, non le France,
mais Paris et se retira dans sa terre de Touraine (2).
Camille Jordan non plus ne resta pas à Paris ; et retourna à Lyon. — Quant à de Gérando, sans hésiter
il se rallia au nouveau pouvoir. Il semble avoir été
sous le coup de l'admiration qu'inspira alors à Benjamin Constant Napoléon, qu'il trouvait « phénomène ,
plus qu'il ne pouvait l'exprimer et plus qu'il ne s'y
attendait (3) » Il fut même chargé d'une .mission à
Metz pour organiser la défense du territoire. Mais
malgré son génie et l'enthousiasme de ses anciens
compagnons d'armes, il fut impossible à Napoléon
de résister aux forces de la coalition. La bataille
sanglante de Waterloo mit un terme à la funeste aventure des Cent jours, et, tandis que Napoléon voguait
vers Sainte-Hélène, Louis XVIII remontait sur le
trône.

Ce n'était pas comme souverain légitime, mais en

1. De Barante, art. *Mounier* de la *Biogr. Univ.*

2. Lettre de Mounier à Böttiger du 9 mai 1815.

3. Lettre du 9 mai 1815, de la baronne de Gérando au général Lamarque.
Lettres de Mme de Gérando, p. 276.

protégé de l'étranger que Louis XVIII, en juillet 1815, rentra dans la France humiliée et traitée par les alliés, en pays conquis. Au lieu de ramener la paix et de rétablir l'union à l'intérieur, son retour aussi fut le signal de sanglants désordres et déchaîna les passions politiques les plus violentes. Des massacres eurent lieu dans plusieurs villes du Midi, des troubles éclatèrent dans l'Ouest ; partout les généraux et les officiers qui avaient aidé au rétablissement de l'empire, furent poursuivis et proscrits. Les élections du mois d'août, en envoyant une majorité, ultra-royaliste à la Chambre, exaltèrent encore la fureur de la réaction. Les modérés, trop peu nombreux, furent impuissants à empêcher le vote des lois les plus oppressives. De nouveaux désordres éclatèrent dans le Midi. Les poursuites furent continuées contre les officiers qui s'étaient déclarés pour Napoléon pendant les Cent jours. Des épurations se firent dans toutes les administrations ; les anciens conventionnels furent bannis de France. La dissolution de la « Chambre introuvable », au mois d'octobre 1816 mit fin, en partie du moins, aux excès de la réaction. Les modérés se trouvèrent dans la Chambre nouvelle en assez grand nombre pour les combattre. Parmi ceux ci était Camille Jordan, nommé député par les électeurs du département de l'Ain et qui, l'année suivante, fut fait conseiller d'Etat (1). Quant à Edouard Mounier, rentré en France peu de temps après Louis XVIII, il fut remis à la tête de l'intendance des bâtiments de la couronne. Duvau non plus n'était pas resté à la Farinière et avait bientôt repris ses fonctions de secrétaire auprès de Mounier. Il continua de partager son temps entre ses occupations professionnelles et les études si variées auxquelles il aimait à se livrer. En 1817 on le voit vivant retiré dans son modeste

1. De Barante, article *Camille Jordan* dans la *Biographie Universelle*.

intérieur de la rue Caumartin (n° 30), avec sa femme d'une assez médiocre santé, et sa belle sœur Mademoiselle Jeanne Marie Picquet de Melesse, dont la santé était encore plus mauvaise — nous avons vu quelles inquiétudes elle lui avait déjà données en 1808 — Au mois de juillet, elle se sentit si malade que, se croyant sur le point de mourir, elle fit ses dernières volontés par un testament olographe et légua« le peu de mobilier qu'elle possédait » à son beau frère (Duvau) en reconnaissance « des bienfaits dont il l'avait comblée (1) ». Mlle de Melesse s'était trop effrayée ; elle vécut encore plusieurs années. Nous la trouverons, mentionnée dans deux lettres postérieures, l'une de 1823, l'autre de 1824.

L'échec subi par la réaction aux élections du mois d'août 1816 et la faiblesse numérique de la gauche permirent au ministère alors au pouvoir de gouverner sans peine pendant deux ans. Mais les choses changèrent en 1818. Les élections envoyèrent à la Chambre les principaux membres de l'opposition libérale. A Royer Collard, qui en était un des chefs les plus importants, vinrent se joindre Benjamin Constant, Manuel et Lafayette qui, battus l'année précédente, furent élus cette fois. Camille Jordan, que le département de l'Ain, nous l'avons vu, avait envoyé à la Chambre en 1816, et qui y revint en 1818, se réunit à eux, et se fit le défenseur des libertés publiques menacées. Dans ces conditions Decazes, de fait premier ministre, voulant s'appuyer sur le parti libéral, comprit qu'il devait pour cela aussi renforcer sa majorité, et il fit une promotion

---

1. « ...Mon intention positive est que le peu de mobilier, que j'ai apporté à Paris, appartienne en propre à M. et Mme Du Vau (sic), *mes* beau-frère et sœur qui m'ont comblée de bienfaits et de bons procédés et à qui mes infirmités ont tant causé d'embarras pendant la fin de ma triste vie ». Je dois ce texte à l'obligeante communication de M. Saint-Mleux.

de 60 pairs. Parmi eux se trouvait Edouard Mounier (1), qui débuta ainsi dans la politique et devint un des soutiens les plus sûrs du ministère. Cependant, en dépit de son habileté, l'autorité de Decazes s'usa bien vite, et après l'assasinat du duc de Berry, en février 1820, qui donna une force nouvelle à la réaction, il fut obligé de se retirer. Richelieu, qui le remplaça, résolu de ne gouverner qu'avec la droite — la droite modérée si c'était possible — rencontra de grandes difficultés dans la composition de son ministère. Il avait offert le portefeuille de l'intérieur à Edouard Mounier. Celui ci refusa, mais il consentit à prendre l'importante direction des affaires départementales et de la police (2) et appela auprès de lui Duvau comme secrétaire, qui accepta, encore que les absorbantes fonctions dont il allait être chargé, dussent contrarier les travaux auxquels il se livrait. Camille Jordan qui, malgré son état de santé, avait brigué un nouveau mandat aux dernières élections et persévéré dans l'opposition qu'il faisait au pouvoir, fut privé de sa place de conseiller d'Etat ; il n'en continua pas moins la lutte. Mais il avait trop compté sur ses forces, et au mois de mai il succomba brusquement au mal dont il était atteint depuis plusieurs années. Sa mort causa une douleur universelle, même à ses adversaires politiques et ses obsèques donnèrent lieu à une manifestation touchante de tous les partis, qui s'accordèrent à honorer en lui, suivant le mot de Royer-Collard, un « orateur universel, un noble esprit, un cœur généreux, un député fidèle à la religion, au Roi et au peuple (3) ».

1. Viel-Castel (Louis de), *Histoire de la Restauration*, Paris, in-8°, t. VII, (1864), p. 351.

2. Barante (de), art. *Edouard Mounier*, dans la *Biographie Universelle*.

3. Viel-Castel, (Louis de), *Histoire de la Restauration*, t. X, (1867), p. 67 s.

Malgré son talent et son autorité personnelle, Richelieu ne put conserver longtemps le pouvoir. Il fut
obligé, lui aussi de se retirer devant les efforts de la
réaction (décembre 1821) et de Villèle avec Corbière
forma alors un ministère exclusivement royaliste.
Edouard Mounier, qui ne l'était pas assez, sans doute,
perdit sa place de conseiller d'Etat et n'en conserva
que le titre (1). Il dut aussi bientôt quitter la direction
des affaires départementales et de la police ; il l'abandonna (2) sans regrets et reprit celle de l'intendance des
bâtiments de la couronne, en même temps que Duvau,
son auxiliaire toujours fidèle, en redevenait le secrétaire.
C'est-là le dernier poste que remplit ce savant modeste.
Ce poste lui procurait un traitement modique, mais
qui lui suffisait, en lui laissant assez de loisirs pour qu'il
pût poursuivre les nombreux travaux qu'il avait entrepris. Il le conserva aussi jusqu'au jour où la fatigue le dé-
termina à prendre sa retraite et à se retirer à la Farinière.

Duvau n'était pas resté spectateur indifférent des
évènements dont il avait été le témoin depuis dix ans
Non seulement il les avait suivis d'un œil attentif,
mais il voulut encore en fixer le souvenir en notant
jour par jour quelques-uns des principaux d'entre eux.
Ainsi dans la liasse D (cote 1) des *Papiers Mounier*
se trouve un cahier et quelques feuilles volantes — les
deux premières en allemand — contenant le récit
d'une partie des Cent-jours et le journal en 52 folios

1. Barante (de), art. *Edouard Mounier*, dans la *Biographie Universelle*.

2. Je ne sais à quelle époque au juste il l'abandonna, mais comme
dans une lettre à Böttiger datée du 3 février 1822 (*Briefe an Böttiger*,
X L, nr 00030). Duvau parle de Mounier comme directeur de l'administration départementale, on voit qu'à cette date Mounier n'avait pas encore
quitté cette fonction.

des évènements qui s'étaient passés de janvier 1816 au 2 mars 1818, journal et feuilles que M. Roidot (1) regarde comme provenant de Duvau ; de même la cote 10 de la liasse C renferme un manuscrit allemand sur 60 feuillets, probablement aussi de la main de Duvau, qui traite des évènements de l'année 1817 ; dans la liasse A (cote 4) se rencontre, encore de la main de Duvau, une « appréciation très remarquable sur Louis XVIII et les membres de sa famille », tirée de l'*Indépendant* du 20 mai 1815. Mais il ne cessa pas de prendre des notes sur les hommes et les choses du temps même quand, en 1822, redevenu chef du secrétariat de l'intendance des bâtiments, il aurait dû porter moins d'intérêt que dans les années précédentes aux évènements politiques. Il y a, dans la cote 12 de la liasse B, à la date du 22 juin de cette année, des « notes et appréciations politiques » sur certains personnages de l'époque, en particulier Chateaubriand Courvoisier, le général réactionnaire Donnadieu, le jurisconsulte Tripier, Lourdeix, etc, qui paraissent encore devoir lui être attribuées. Il en est de même des 5 pages de notes du même cahier, qui traitent des évènements qui se sont passés du 8 janvier au 27 février 1823. Enfin, dans la cote 8 de la même liasse, se trouve un tableau de la « situation politique en 1823 », en 2 cahiers, de la main de Duvau d'après M. Roidot, où il est question, entre autres , de « l'expulsion du député Manuel » et de « Lamennais antipape ».

Est-ce Duvau seul qui eut l'idée de prendre ces notes ? Les prit-il, au moins quelques-unes d'entre elles, de concert avec Mounier, comme il copia, avec ce dernier, un « mémoire sur les causes et les conséquences de la chute du ministère du duc de Richelieu »

---

1. *Inventaire des pièces Mounier* (*Mémoires de la société Eduenne*, nouv. série, t. XIV) Autun 1885, in-8⁰.

œuvre de ce ministre lui-même, datée du 2 janvier 1822 (1). Il est difficile de répondre d'une manière positive à ces questions. Mais on peut croire qu'une partie de ces notes, la plus grande même, fut prise par Duvau pour sa satisfaction, je dirais presque son édification personnelle, dans un but désintéressé et uniquement pour se rendre un compte plus exact des évènements dont il était témoin et pour mieux juger les hommes qu'il voyait agir sur la scène politique. Il les garda aussi longtemps par devers lui, sans avoir l'intention d'en tirer parti : il vint cependant un moment où il songea à publier quelques-unes de ces notes. Nous savons par son propre témoignage (2) qu'en 1821 il avait, pour un anglais, écrit des notes sur la situation de la France en 1813, 1814 et 1815. Il les avait encore en 1824 et les montra à son ami Walker (3) qui entreprit de les traduire en anglais. Il ne les avait pas fait paraître en français parce que, croyait-il, ça ne valait pas la peine, et maintenant c'était trop tard pour y songer. Mais il se demandait si, en les remaniant et en les mettant en allemand, elles ne pourraient pas, écrites dans l'esprit libéral qui lui était propre, offrir quelque intérêt aux lecteurs d'outre-Rhin. Il les avait proposées à M. Willmann, éditeur des *Zeitschwingen* qui n'avait pas paru disposé à les accepter. Dans ces circonstances, il avait cru devoir consulter Böttiger avec lequel il avait repris depuis deux ans et demi sa correspondance. « M. Pfeilschifter, disait-il (4), m'a demandé, il y a déjà quelque temps, de collaborer à son journal les *Zeit-*

---

1. *Papiers Mounier*, liasse B, cote 7.

2. Supplément (fragment) à la lettre du 17 décembre 1824. *Briefe an Böttiger*, t. X L, nʳ 34.

3. Duvau avait fait sa connaissance en 1804 à Francfort.

4. Même lettre.

schwingen. Je lui avais adressé un article *Sur la retraite des troupes d'occupation en France*, dont il parut très content et pour lequel il m'a envoyé 29 francs, en me promettant de me donner la même somme pour des articles de même longueur. Est-ce raisonnable et suffisant ? Mon mémoire sur la situation de la France se compose de 3 ou quatre feuilles. M. Pfeilschifter m'a demandé de le lui envoyer. J'aimerais mieux qu'il parût comme brochure. Toutefois, si ce n'est pas possible, je voudrais qu'il fût publié dans une revue respectable. Pourriez-vous me donner un conseil à ce sujet ? »

Je ne sais ce que répondit Böttiger, et je ne sais pas davantage si Duvau se décida à donner ces notes à Pfeilschifter, mais si elles parurent, ce fut la dernière publication qu'il fit en allemand et dans une revue allemande. Désormais c'est en français et pour des revues ou des publications françaises qu'il écrira exclusivement. Il le faisait déjà depuis sept ans.

CHAPITRE VIII

TRAVAUX LITTÉRAIRES

(1817 — 1827)

En 1811, Joseph Michaud (1) avait fondé, avec son frère, la *Biographie Universelle* et, sans se laisser arrêter par les malheurs des guerres et de la double invasion qui marquèrent la fin de l'Empire et le commencement de la restauration, il en poursuivit sans relâche la publication et la continua jusqu'à son complet achèvement. Avec ses connaissances étendues et variées, Duvau était un collaborateur désigné d'avance de cette grande entreprise. On ne doit donc pas être surpris aussi que ses directeurs se soient empressés de se l'attacher ; et pendant dix ans, il leur prêta le concours le plus utile. Durant tout ce temps, la préparation des articles destinées à la *Biographie* fut l'objet constant de ses préoccupations et quand

---

1. Michaud (Joseph), né en 1767 à Albens (Savoie), mort en 1839 ; connu surtout par son *Histoire des Croisades* (1811-1822). La *Biographie Universelle*, dirigée par son frère *Michaud jeune*, et terminée en 1828, comprend 52 volumes. En 1834, il y fut joint un supplément que Michaud jeune dirigea et acheva en 1857.

en 1822, il eut repris sa correspondance avec Böttiger,
ils devinrent un des sujets favoris. de ses entretiens
avec son ami.

Le premier de ces articles parut en 1817 (1) ; il
était consacré à Griesbach. En l'écrivant, Duvau
payait une dette de reconnaissance envers le savant
qui n'avait cessé de lui témoigner la plus affectueuse
bienveillance. Il n'était ni helléniste ni théologien,
pour parler de ce théologien helléniste ; · mais il
consulta avec tant de soins tout ce qu'on avait écrit
sur Griesbach au lendemain de sa mort (2), qu'il
fit du célèbre professeur de Iéna et de son activité
un portrait aussi fidèle que ressemblant. Duvau n'était
pas plus philosophe que théologien, et pourtant il n'a
pas hésité à écrire l'article de Leibniz de la *Biographie
Universelle* (3). Mais il ne s'est pas hasardé à exposer
le système du penseur allemand; il laissa cette tâche
à Maine de Biran (4). Il s'est borné à en raconter la
vie, en s'attachant à mettre en lumière son rôle comme
publiciste historien, théologien et savant universel ;
il l'a fait d'une manière aussi complète qu'habile,
et qui dut satisfaire les lecteurs de l'époque.

Avec Jacobi, Lessing et les autres écrivains allemands dont il a écrit les notices, Duvau se trouvait
sur un terrain qui lui était mieux connu. Si l'on en
excepte Opitz, qui appartient à une époque plus ancienne, il avait lu et étudié leurs œuvres depuis longtemps. Elles lui étaient familières ; il connaissait

1. *Biogr. Univ.*, vol. XVIII, (1817).

2. En particulier l'article de Paulus des *Annales Philologiques* de Heidelberg.

3. Gottfried-Wilhelm de Leibniz, 1646-1716. *Biographie Universelle*,
t. XXIII Paris 1819.

4. Quant aux travaux mathématiques de Leibniz, ils ont été exposés
par Biot.

même personnellement plusieurs de ces écrivains, et avait vécu dans leur intimité. L'article sur Georg Jacobi (1) est court sans être incomplet ; on y trouve tout ce qu'il convenait de savoir de cet écrivain de second ordre. Duvau l'a montré poète aimable aussi bien que prosateur correct ; comme poète imitateur de Chapelle et disciple de Glein, chantant dans des vers faciles, à l'exemple d'Horace et de Chaulieu, les plaisirs de la vie ; comme prosateur, collaborant aux journaux littéraires de l'époque et fondant même une revue, l'*Iris*, sans avoir l'ambition d'être chef d'une école nouvelle.

L'article sur Lessing (2), comme l'écrivain auquel il est consacré, a une importance tout autre que la notice qui traite de Jacobi. Duvau s'est efforcé de faire connaître tel qu'il fut, le réformateur du théâtre allemand. Si l'on peut trouver peut-être, qu'il a passé trop rapidement sur les premiers essais de Lessing, s'il n'a pas assez mis en lumière le rôle joué par les revues auxquelles le poète critique collabora à ses débuts, il a très bien montré comment, par les vues neuves et originales qu'il y a défendues et la critique inexorable et souvent même injuste qu'il a faite, dans la *Dramaturgie de Hambourg*, d'œuvres jusque-là universellement admirées, Lessing a puissamment contribué à affranchir de l'influence étrangère le théâtre et la littérature allemande tout entière. Il a aussi très bien jugé l'œuvre dramatique de Lessing et non moins bien montré les progrès constants que le poète fit depuis *Miss Sarah Sampson*, essai de tragédie bourgeoise bien faible encore, jusqu'à *Minna de Barnhelm* et *Emilia Gallotti*, qui témoignent d'une entente de la scène déjà si complète, et *Nathan le Sage*, plaidoyer

1. Joh. Georg. 1740-1814. *Biographie Universelle*, t. XXI, 1818.
2. Gotthold-Ephraïm, 1729-1781, *Biogr. Univ.* t. XXIV, (1819),

éloquent en faveur de la tolérance.On ne peut qu'approuver aussi tout ce que Duvau a dit des théories
esthétiques de Lessing, et des discussions qu'elles
soulevèrent, ainsi que de sa polémique avec le pasteur
Götze, polémique suscitée par la publication des
Fragments d'un inconnu. Aussi, malgré quelques
négligences de style qu'on peut signaler dans cette
notice, on s'explique que Duvau en ait été content
et qu'il ait été désireux de savoir ce qu'on en pensait
en Allemagne.

Après quelques mots sur la jeunesse de Musaeus (1),
ses études commencées à Eisenach et continuées
à Iéna, sur sa carrière ecclésiastique brusquement
arrêtée par l'hostilité de ses premiers paroissiens,
Duvau passe successivement en revue les œuvres
du célèbre romancier : d'abord *Grandisson II*, devenu
plus tard le *Grandisson allemand*, roman imité de Richardson ; puis pour ne rien dire d'un opéra comique,
adaptation de la *Jardinière de Vincennes*, les *Voyages
physiognomiques*, satire plaisante, dans laquelle il tour-
ne en ridicule les admirateurs enthousiastes de Lavater,
ainsi que les interprétations fantastiques de ses
prétendus disciples, ouvrage qui fut lu avec avidité,
mais dont le succès n'enrichit pas son auteur ; enfin
les *Contes populaires des Allemands*, recueil charmant,
dont chaque morceau, sous sa plume fidèle, a conservé
toute sa naïve simplicité. Après avoir parlé de cet
ouvrage où Musaeus apparaît comme un des fondateurs
du folk-lore, et qui mit le comble à sa réputation,
Duvau cite encore les *Apparitions de l'ami Hein*,
« œuvre plus morale que littéraire », dans laquelle sont
« décrites, en vers ou en prose, des scènes empruntées

---

1. Johann-Karl-August Musaeus, 1735-1788 ; choisi comme précepteur
des jeunes ducs de Weimar en 1763 et nommé professeur de gymnase de
cette ville en 1770. *Biogr. Univ.* t. XXX (1821), p. 466-469.

à la vie privée de personnages que des gravures qui accompagnent le texte, représentent comme surpris, au milieu de leur pleine activité, par la mort » ; puis, un recueil de petits romans et contes publiés sous le titre bizarre de *Plumes d'autruche*, (*Straussfedern*), recueil que la mort l'empêcha de continuer. Enfin, après une courte mention de *Moralische Kinderklapper*, imitation des *Hochets moraux* de Monget, qu'il ne fut pas donné à Musaeus de faire paraître et une mention encore plus courte de ses œuvres posthumes, vers de circonstance, anecdotes, etc., recueillis et publiés par son neveu Kotzebue, l'article se termine par l'éloge du fécond romancier, que Duvau n'avait pas connu personnellement, mais dont il avait bien des fois entendu vanter la constante bienveillance, l'aménité et le charme inoubliable de sa conversation. Duvau n'était pas préparé à faire un article sur Opitz (1). Il connaissait mal les écrivains de cette époque et encore moins — ce qu'il a dit sur les *Minnesinger* et les *Meistersänger* le montre assez — ceux de l'âge précédent ; il a néanmoins, en s'entourant de tous les moyens d'information — il cite lui-même Jördens, et dans une lettre il parle de renseignements demandés à Knebel — écrit sur le fondateur de la première école silésienne une étude suffisamment complète, et qui donne une idée juste de l'activité et de l'influence de cet écrivain sage et formé à l'école des anciens et des poètes modernes de la France et de l'Italie. Il a très bien résumé l'histoire de sa vie et donné de chacun de ses principaux ouvrages, une analyse exacte et qui en fait bien connaître l'esprit et l'importance ; poésies latines, œuvres de jeunesse, poèmes moraux et didactiques qui fondèrent sa réputation, traduction de l'*Arcadie* de Sydney,

---

1. Martin Opitz von Boberfeld, 1597-1639. *Biographie Universelle*, 1822, t. XXXII, pp. 23-27.

opéras imités ou adaptés de l'italien, enfin une prosodie allemande qui ne cessait pas de faire loi après sa mort et eut jusqu'en 1668 dix éditions.

L'article que Duvau a écrit sur Ramler (1) est tel qu'il convenait à l'imitateur d'Horace, au poète aimable et facile qui a chanté, dans les mètres les plus divers, et avec une égale aisance, le grand Frédéric et Lycidas, l'hiver et Apollon, célébré les charmes du mois de mai et la mort de Jésus. Ramler ne se borne pas à imiter avec bonheur les odes d'Horace ; il les traduisit aussi et rendit par là, remarque Duvau, à la langue allemande un nouveau service. Comme si sa verve eût été épuisée vers la fin de sa vie Ramler renonça à écrire des œuvres nouvelles, et se borna à donner des éditions estimées, par exemple des *Chansons de Krause* et des *Epigrammes de Logau* ; il publia aussi des recueils utiles tels que les *Meilleurs Epigrammes des Allemands*, des *Fables et contes*, etc. Il eut même l'idée étrange et qui serait aujourd'hui irréalisable, celle de donner de nouvelles éditions de poètes connus et quelques-uns même encore vivants, revues et corrigées et parfois tellement transformées qu'elles ressemblaient très peu à ce qu'elles étaient à l'origine ; entreprise, dit avec raison Duvau, qui souleva plus d'une protestation et vint troubler la paix des dernières années du poète.

C'est peut-être parce que Salis avait vécu en France que Duvau a fait sa notice dans la *Biographie Universelle* (2). Capitaine de la garde suisse avant la Révolution, plus tard encore officier dans la ligne, rentré après 1792 dans sa patrie, Salis vécut d'abord dans la retraite, fut un instant inspecteur général de la

1. Karl-Wilhelm Ramler, 1725-1798. *Biographie Universelle*, 1824, t. XXVII, pp. 49-54.

2. Joh. Gaudenz von Salis-Sewis, 1762-1834. *Biogr. Univ.* 1825, t. XL, pp. 169-170.

milice suisse, puis se retira définitivement dans le
canton des Grisons, son pays natal. Poète secondaire,
remarque Duvau, dans l'idylle comme dans l'élégie,
Salis, qu'il chante les jouissances de la campagne,
les beautés de la nature, les bienfaits du créateur,
la fragilité des biens terrestres, le charme de la vertu,
ne s'est jamais élevé à la hauteur d'inspiration d'un
Höldy, Weisse ou Matthisson. Mais il a su interpréter
non sans grâce les sentiments les plus doux du cœur
humain, comme dans le *Chant du laboureur*, l'*Enfance*,
les *Stances sur le soir*, et le *Souvenir des absents*.

L'article sur Schiller (1) est un des mieux faits que
Duvau ait donnés à la *Biographie Universelle*, et un
de ceux où il a montré le plus d'indépendance et d'originalité dans ses jugements. Il a fait marcher de front,
avec grande raison la biographie du poète et l'étude
de ses œuvres, ce qui lui a permis de mieux montrer
la genèse et le caractère particulier de chacune de
celles-ci. Il était inutile, comme il l'a fait, de parler
si longuement des essais de jeunesse de Schiller, mais
il eût fallut, peut-être, faire mieux connaître les influences qu'il avait subies, et qui seules peuvent expliquer
la nature et l'inspiration de ces premières pièces.
Comment, sans cela, arriver à comprendre les *Brigands*,
pour ne pas parler de la *Conjuration de Fiesque* et de
Intrigue et Amour. Duvau y est parvenu toutefois
et, s'il condamne peut-être trop sévèrement la *Conjuration de Fiesque* comme étant sans valeur, il a bien
fait voir le caractère complexe et étrange des *Brigands*
et aussi d'*Intrigue et amour*. *Don Carlos* qui vient ensuite
marque une période de transition, où Schiller n'a pas
encore acquis un sens complet de la réalité, où ses
conceptions ont encore un caractère trop romanesque,

2. Joh.-Christ. Freidrich von Schiller 1759-1805. *Biogr. Univ.*, t
XL I, (1825) p. 133-151.

mais où on aperçoit déjà quelques-unes des beautés qui distinguent les œuvres de son âge mûr. Son arrivée à Iéna, ses études philosophiques et ses travaux historiques, que Duvau a très bien jugés, préparent pour Schiller une ère nouvelle dans son développement poétique. Elle s'ouvre avec la trilogie de *Wallenstein*, la troisième partie surtout, la *Mort de Wallenstein*, car *Les Piccolomini*, comme le remarque avec justesse Duvau, sont sans grande valeur. Il a fort bien montré ce qu'il y a de vraiment dramatique dans la *Mort de Wallenstein*, la première pièce vraiment historique du grand écrivain. Il étudie ensuite successivement *Marie Stuart*, dont il apprécie très bien les beautés, mais dont il exagère peut-être les défauts, et qu'il ne loue pas assez, il me semble, dans son ensemble ; puis *Jeanne d'Arc*, dont l'histoire, d'après lui, aurait dû faire une trilogie, mais que Schiller a resserrée dans les bornes d'une simple tragédie, pièce dont la seconde partie cesse d'être historique pour prendre un caractère purement romanesque, mais qui, malgré son dénouement invraisemblable, eut, grâce aux beautés de détail, un immense succès. Duvau est sévère pour la *Fiancée de Messine*, et on ne peut l'en blâmer ; l'emploi de la fatalité antique, dans ce sujet tout moderne, la haine des deux frères qui reste inexplicable, enlève, malgré la beauté des vers, à cette pièce tout intérêt dramatique. Il en est tout autrement de *Guillaume Tell*, dont la scène se déroule au milieu de la nature alpestre que Schiller a si bien décrite, encore qu'il ne l'eût jamais vue, où la grandeur du sujet, l'affranchissement de l'Helvétie, donne à l'œuvre tout entière un intérêt que ne diminue pas l'espèce de dualité que Duvau a cru devoir signaler entre le rôle presque inconscient de Guillaume Tell et le but, marqué d'avance, vers lequel marchent résolument les conjurés. Toute la fin de l'article est consacrée à l'appréciation générale de l'œuvre poétique de Schiller, de son œuvre dramatique aussi bien que de son œuvre lyrique. Elle abonde en vues justes, en aperçus pleins de délicatesse et d'un sentiment vrai des grandes qualités qui distinguent le poète. On s'étonne seulement que Duvau n'ai rien dit des ballades, où Schiller a fait preuve d'un talent qui n'a pas été surpassé.

Duvau avait connu personnellement Seume ; il avait pu apprécier sa nature noble et généreuse. Aussi l'article qu'il lui a consacré dans la *Biographie Universelle* (1) témoigna-t-il de la sympathie la plus bienveillante. Après quelques mots sur les premières années de Seume et ses études à Leipzig, il nous le montre arrêté, quand il se rendait à Paris, par les recruteurs du duc de Hesse, embarqué pour l'Amérique, secrétaire du colonel anglais à Halifax, et là consacrant ses loisirs à l'étude, puis revenu en Europe après la signature de la paix, désertant, mais pour tomber entre les mains des recruteurs prussiens, s'échappant encore, repris et enfin, après avoir été mis en congé, revenant à Leipzig. Il le fait voir ensuite gouverneur du jeune comte Igelströhm, suivant à Varsovie, comme secrétaire, l'oncle de son élève, assistant à la révolte de la Pologne, fait prisonnier, puis délivré, et, après son retour en Saxe, publiant *Quelques détails sur les événements en Pologne en 1794*, puis *sur la vie et le caractère de Catherine II*, etc ; plus tard chargé par Göschen de surveiller l'édition qu'il donnait des classiques allemands, s'établissant à Grimma, puis, au bout de deux ans, fatigué de la vie sédentaire qu'il menait dans cette ville, entreprenant la « promenade » à Syracuse qui l'a rendu célèbre, promenade dans laquelle il visita les principales villes de l'Italie, poussa jusqu'en

---

1. Joh. Gottleb Seume, 1763-1810. *Biogr. Univ.* t. XLII, (1825). p. 162-166.

Sicile, et revint en Allemagne à travers la Suisse et la France. Duvau nous le montre ensuite, après avoir publié son voyage et traduit la *Description du cap de Bonne-Espérance* de Perceval, repris de la nostalgie des voyages, parcourant la Russie et les pays scandinaves, excursion dont *Mon été dans le nord* est le captivant récit. Après cette revue rapide des œuvres en prose de Seume, Duvau examine rapidement ses œuvres en vers : recueil de poésies, tragédie de *Miltiade*, « d'une trop grande simplicité pour être jouée, mais pleine de nobles sentiments ». Puis, il énumère ses œuvres posthumes : les *Considérations morales et religieuses*, « *Manuel abrégé de morale* pour les paysans », et « œuvre d'un excellent citoyen » ; enfin une espèce d'Autobiographie inachevée : *Mein Leben*, terminée par son ami Claudius.

Duvau a triomphé des difficultés toutes particulières que présentait la notice sur Weisse (1). Il a retracé un portrait ressemblant de cet écrivain fécond et qui abordait les genres les plus divers. Il l'a montré à la fois ou tour à tour poète lyrique et dramatique, critique, puis traducteur et moraliste, composant des *Poésies badines* ou les *Chants d'une amazone*, aussi bien que des tragédies, telles que *Richard III* et *Roméo et Juliette*, etc, et des comédies comme la *Matrone d'Éphèse*, le *Crédule*, etc, ou même des opéras-comiques imités du français, collaborant en même temps à l'ancienne et à la nouvelle *Bibliothèque des Belles Lettres*, traduisant ensuite de nombreux ouvrages français et anglais, enfin pendant les trente dernières années de sa vie, devenu « l'Ami des enfants » écrivant pour eux des récits amusants et moraux, dont Berquin devait s'inspirer. Duvau avait connu personnellement

1. Christ.-Félix Weisse, 1726-1804. *Biogr. Univ.*, t. L, (1827), pp. 337-43.

Weisse à Leipzig ; il semble que le souvenir du vieux poète lui ait été constamment présent pendant qu'il écrivait la notice qu'il lui a consacrée.

De tous les articles qu'il a donnés à la *Biographie Universelle,* celui que Duvau a écrit sur Wieland (1), est de beaucoup le plus long et le plus complet, celui qui lui a demandé le plus de temps et de travail. Après avoir cité les noms des écrivains qu'on peut regarder, d'après lui, comme les représentants principaux de la littérature allemande depuis le XVIe siècle jusqu'au milieu du XVIIIe et dit quelques mots des premières années de Wieland, il passe successivement en revue ses nombreux ouvrages, en s'appliquant à mettre en lumière les influences diverses qu'il subissait à l'époque, où il les composa ainsi qu'à faire voir la nature, la vraie portée et le mérite littéraire de chacun d'eux. C'est ainsi qu'il nous montre Wieland dans la maison paternelle, au retour de l'école de Klosterbergen, n'hésitant pas à composer, dans l'enthousiasme de la jeunesse, un *Poème sur la nature des choses,* des *Epitres morales* et un *Anti-Ovide* ; puis à Zurich, où l'a appelé Bodmer, exalté par la lecture de la *Messiade* de Klopstock, des *Nuits* de Young et des épopées de Bodmer, écrivant les *Lettres d'amis morts à leurs amis encore vivants,* l'*Epreuve d'Abraham* et les *Sentiments d'un Chrétien,* se recueillant ensuite peu à peu, et, descendu « des sphères éthérées parmi les hommes », composant le poème sur Cyrus à l'imitation de la *Cyropédie* de Xenophon, la tragédie de *Lady Jeanne Gray* et celle de *Clémentine Poiretta,* tirée de *Grandison* de Richardson, premiers symptômes d'une transformation qui s'achevera à Biberach. Là, Duvau nous le fait voir oublieux de ses

1. Christ.-Martin Wieland, 1733-1813. *Biogr. Univ.* t. L, (1827), pp. 501-538.

anciennes admirations, se plaisant maintenant à lire Horace et Lucien, ce maître du scepticisme, les écrivains français du parti philosophique, depuis Voltaire jusqu'à Crébillon, étudiant Shakespeare, dont il entreprend la traduction et Cervantes,et écrivant *Don Sylvio de Rosalva ou Triomphe de la nature sur l'exaltation*, et les *Contes comiques*, qui marquent sa rupture définitive avec le passé ; puis, dans le calme de la réflexion, composant l'*Histoire d'Agathon*, roman qui fonde sa réputation et répand son nom à l'étranger et le poème de *Musarion*, où il expose en vers harmonieux la « Philosophie des Grâces » qui ne voit en ce monde « ni un élysée, ni un enfer ». Duvau nous montre ensuite, après les *Dialogues de Diogène de Sinope* et le *Nouvel Amadis*, Wieland nous conduisant avec le *Miroir d'or*, dans le monde oriental, à la cour de Schah Gebal, où nous écoutons l'histoire instructive des rois de Scheschian et les conseils non moins instructifs du sage Danischmend, roman qui décida de la fortune et de l'avenir de son auteur. Appelé par la Duchesse douairière pour achever l'instruction du duc-héritier Charles-Auguste et de son frère Constantin, Wieland vient se fixer pour toujours à Weimar, et son activité littéraire, loin de se ralentir, sembla s'accroître encore dans ce nouveau milieu. On le voit, peu après son arrivée, écrire les *Abdéritains*, satire humoristique des ridicules et des travers des habitants d'une petite ville allemande, donnant au *Miroir d'or* un complément dans *l'Histoire du sage Danischmend*, composant des opéras pour la cour, tels que le *Choix d'Hercule, Alceste* et le *Jugement de Midas*, puis fondant le *Mercure allemand*, moins pour se livrer à la critique que pour avoir un organe où il pût exposer ses théories littéraires ou philosophiques, et surtout pour publier les œuvres nouvelles qu'il ne cessera pas d'écrire, telles que *Idris et Zenide, Gandalin ou*

Amour pour Amour, Géron le courtois, poème où nous le voyons cherchant maintenant son inspiration dans la poésie romantique du moyen-âge, qui lui fournira le sujet d'un de ses chef-d'œuvres les plus célèbres ; *Oberon.*

Wieland ne pouvait être indifférent aux discussions de son temps, philosophiques, religieuses ou politiques. Duvau a consacré à la part qu'il y prit, quelques-unes des meilleurs pages de sa notice. Dès 1770, Wieland avait essayé de réfuter les vues erronées de Rousseau sur l' « état primitif de l'homme » ; plus tard il écrit les *Entretiens libres sur quelques évènements du moment,* où il examine avec impartialité la question du maintien ou de la suppression des ordres religieux ; puis, les *Réponses et questions aux doutes et questions d'un soi-disant cosmopolite,* dans lesquelles il s'élève avec force contre « cette philosophie qui ébranle tout, et livre le monde à une rage épidémique de doute », enfin les *Idées sur le libre emploi de la raison dans ce qui est relatif à la foi.* Dans ces *Idées,* qui témoignent d'une vénéra-tion profonde pour la religion, Wieland, redevenu croyant n'hésite pas à dire que « ébranler la religion est une attaque contre la constitution de l'état, dont elle est une partie essentielle, et contre la sûreté publique, dont elle est la garantie ». —

Wieland avait été, aux débuts de la Révolution, un des admirateurs les plus ardents du nouvel état des choses ; mais les troubles qui ne tardèrent pas à éclater changèrent bien vite ses sentiments, et il devint l'adversaire des théories qu'il avait acceptées avec enthousiasme. Il n'hésita pas à contester à l'Assemblée nationale le droit de donner à la France une nouvelle constitution ; la suppression des deux premiers ordres excita son indignation ; il alla même jusqu'à déclarer que les Français ne sont pas mûrs pour la liberté. Dans les *Paroles de circonstance,* en 1793, il fait un tableau douloureux de ce que la France était devenue entre les mains des réformateurs ; et en 1798, dans les *Dialogues entre quatre yeux*, il proposait, comme unique remède à l'anarchie incurable dont souffrait le pays, de nommer dictateur Bonaparte, qui était alors encore en Egypte.

Les polémiques, auxquelles Wieland prenait part ainsi, ne l'empêchaient pas de poursuivre, en en élargissant le cadre, ses travaux littéraires. Non content d'être créateur de compositions originales, il se fit traducteur, et résolut de faire passer en allemand les œuvres de quelques-uns de ses auteurs favoris. Dès 1782, il avait fait paraître une traduction des *Epîtres*, et quatre ans plus tard une des *Satires* d'Horace ; puis vinrent les *Œuvres complètes* de Lucien. Revenant ensuite à la fiction, il écrit le roman de *Peregrinus Protée*, qu'il représente non tel que le peint Lucien, mais plein d'enthousiasme pour la vérité ; plus tard, l'histoire merveilleuse d'*Agathodamon*, qui n'est autre que celle d'Apollonius de Thyanes ; enfin, dernière œuvre originale, pour ne pas parler de deux petits romans en lettre, *Ménandre et Glycère, et Cratès* et *Hipparchia*, l'histoire d'*Aristippe et ses contemporains*, « suite de tableaux qui font passer sous nos yeux les personnages les plus célèbres de la Grèce contemporaine », histoire dans laquelle Wieland expose encore une fois les principes de la morale épurée d'Aristippe, c'est-à-dire la sienne propre, qu'il avait déjà exaltée dans *Agathon* et *Musarion*. Renonçant alors à la fiction, il se borne désormais à donner des traductions, tantôt celle d'une commédie d'Aristophane, tantôt celle des tragédies d'Euripide, enfin la traduction des *Lettres* de Cicéron, que la mort l'empêcha d'achever. Après cette revue des ouvrages de Wieland, qui ne compte pas moins de 38 pages, Duvau termine son article par une appréciation fort juste de trois recueils de *Lettres* du célèbre écrivain, « où l'on trouve dit-il, avec de nombreux renseignements sur les hommes et les choses, comme un résumé de la littérature allemande pendant soixante ans. » Par ces mots se termine cette longue étude, vraie *réhabilitation* d'un homme qui, après avoir été un des écrivains favoris de sa nation, s'était vu, vers la fin de sa vie, attaqué avec dédain par les critiques de l'école romantique.

Duvau ne s'est pas borné à parler dans la *Biographie Universelle* de quelques-uns des écrivains allemands les plus connus, il a aussi donné au dictionnaire de Michaud, et cela ne doit pas surprendre, un certain nombre d'articles consacrés à des botanistes français ou étrangers. Dans le premier qu'il ait écrit, il s'est efforcé de faire connaître Bernard de Jussieu (1), le fondateur véritable de la méthode naturelle. Si, par là ce savant s'imposait déjà à son attention, il devait encore lui plaire par la générosité de sa nature, sa modestie qui lui fit, malgré l'importance de ses travaux, se contenter du simple titre de démonstrateur, enfin par sa bonté et son désintéressement. Aussi a-t-il retracé, avec une sympathie marquée, la vie de travail de Bernard de Jussieu, nous le montrant tour à tour à Montpellier, où il est reçu docteur en médecine, puis à Paris, où il succède à Vaillant comme sous-démonstrateur, à Trianon, où il organise le jardin particulier de Louis XV et y applique pour la première fois la classification naturelle, méthode qu'il ne cessa d'exposer dans de nombreux mémoires, méthode dont il est le véritable créateur, et que son neveu Antoine Laurent n'a fait que préciser et affirmer

Après Bernard de Jussieu, Duvau consacra de courts articles à des artistes, le peintre Kleemann (2) et le

---

1. 1699-1777. *Biogr. Univ.* t. XXII (1818), pp. 162-167.
2. Christian-Freidr. Karl Kleemann, 1735-1789. *B. U.* t. XXII, 1818, p. 465.

graveur Knorr (1) ; ce qui pourrait surprendre, si l'un et l'autre n'avaient employé leur talent à illustrer des ouvrages d'histoire naturelle. C'est un botaniste au contraire, après Kleemann et Knorr, mais encore plus un voyageur qu'un botaniste, que Duvau nous fait connaître dans J. G. Kœnig (2). Né en Livonie, il se fixa de bonne heure d'abord en Danemark, où il exerça la pharmacie, puis en Suède. Revenu en Danemark il fut chargé d'une mission dans l'île de Bornholm, puis en Islande, et enfin dans l'Inde voyages pendant lesquels il recueillit un nombre considérable de plantes nouvelles.

L'Ecluse et Lobel ont aussi beaucoup voyagé, mais ils furent, avant tout, des savants et des botanistes. Duvau à raconté en détail les études prolongées que l'artésien de l'Ecluse (3) fit à Marbourg, Wittemberg, et à Montpellier, où il abandonna le droit pour la botanique, ses voyages en Espagne, en Angleterre et en Autriche, où il organise les jardins impériaux. Enfin il a fort bien caractérisé les nombreuses publications de ce laborieux savant, et montré la place importante qu'elles occupent dans l'histoire de la botanique au XVIe siècle. Duvau n'a pas raconté avec moins de soin les voyages du Flamand Lobel (4) dans le sud de la France, en Allemagne, dans le nord de l'Italie, plus tard en Hollande, où il fut médecin du Stathouder et en Angleterre, où il devint le botanographe de Jacques 1er. Elève de Rondelet comme de l'Ecluse

1. Georg. Wolfgang Knorr, 1705-1761. H. p. 496. Kleemann ne s'occupa guère que de l'histoire des insectes. Quant à Knorr, il publia, en 1750, le Thesaurus reiherboriae, etc. avec 301 planches enluminées.

2. John.-Gerhard Kœnig, 1728-1785. *Bio. Uni.* t. XXII, 1818, p. 525.

3. Charles de l'Ecluse, 1525-1609. *Bio. Uni.*, t. XXIII, (1819), pp. 519-522.

4. Mathias Lobel, 1538-1616 ; *Biogr. Univ.*, t. XXIV, p. 596-598.

il est connu surtout par son *Histoire des plantes* faite en collaboration avec Pena, ouvrage plusieurs fois réédité et chaque fois plus développé, dans lequel on trouve les premiers linéaments d'une classification naturelle.

C'est à Duvau aussi qu'on doit les notices de la *Biographie Universelle* consacrées aux trois botanistes anglais Lightfoot, Morison et Parkinson. Quoiqu'ayant embrassé l'état ecclésisatique, Lightfoot (2) se donna presque tout entier à l'étude de l'histoire naturelle. Il fit avec Pennant une excursion aux Hybrides et parcourut à plusieurs reprises les différents comtés de l'Ecosse, recueillant avec soin toutes les plantes qu'il rencontrait. Le résultat de ces patientes recherches se trouve consigné dans la *Flore d'Ecosse*, rédigée d'après le système de Linné, et ornée de nombreuses figures.

Duvau a traité Morison (1) avec une prédilection marquée, et a tout fait pour mettre en relief les progrès que ce savant a fait faire à la botanique. Obligé de quitter sa patrie quand la cause de Charles 1er fut perdue, Morison chercha un refuge en France. Il y continua de se livrer à l'étude, commencée en Angleterre, de la médecine et de la botanique. Reçu docteur en médecine à Angers, il fut, sur le recommandation de Robin, chargé par Gaston d'Orléans de la direction du jardin qu'il avait à Blois — il en devait plus tard publier le catalogue. Rentré en Angleterre après la Restauration, il fut nommé par Charles II son médecin, en même temps que surintendant des jardins royaux. Peu après, il fut appelé à Oxford comme professeur de botanique. Césalpin avait essayé d'établir

1. John Lightfoot, 1735-1788 ; *Biogr. Univ.*, t. XXIV, (1819), pp. 476-477.

2. Robert Morison, 1620-1683. *Biogr. Univ.* t. XXX (1821), pp. 175-179.

une classification des plantes d'après la forme de leur fruit. Morison généralisa cette méthode en l'étendant à tous les organes de reproduction. Il en fit une première application dans sa monographie des *Ombellifères*, et plus tard dans son *Histoire universelle des plantes*, qu'une mort prématurée l'empêcha d'achever. Aussi, malgré ses erreurs, peut-il être considéré comme un précurseur de la classification naturelle ; et Tournefort a pu dire de lui que « s'il n'avait pas éclairé la botanique, elle serait encore dans les ténèbres ».

Parkinson (1) est loin d'avoir, comme botaniste, l'importance de Morison, auquel il est, du reste, antérieur. C'est en effet neuf ans seulement après la naissance de celui qui publia son *Paradisi in sole, Paradisus terrestris*, titre bizarre d'un ouvrage curieux dit Duvau, parce qu'il nous fait connaître les espèces, déjà si nombreuses à cette époque, des plantes — fleurs d'agréments et arbres fruitiers — cultivées alors dans les jardins et dans les vergers. Dans le *Theatrum botanicum*, publié plus tard, il se borna a répartir les plantes alors connues, en 17 tribus, en les rangeant, dans les sept premières, d'après leurs propriétés vraies ou supposées, dans les dix autres d'après leur conformation générale ou leur habitat, « classification vicieuse, dit Duvau, et qui ne tient pas compte des caractères regardés comme distinctifs par plusieurs de ses prédécesseurs. »

Duvau a consacré une longue notice à Plumier (2), et ce minime provençal la méritait. Après avoir abandonné l'étude des mathématiques et de la physique, qu'il poursuivait à Rome, pour se livrer à celle de la

---

1. John Parkinson, 1567-1645. *Biogr. Univ.*, t. XXXII, (1822), pp. 589-590.

2. Plumier (Charles), 1648-1706. *Biogr. Univ.*, t. XXXV, (1823), pp. 93-99.

botanique, les herborisations qu'à son retour en France
il fit, sur les côtes de sa province natale, avec Tournefort et Garidel, attirèrent sur lui l'attention et
déterminèrent Surian à le choisir pour l'accompagner
aux Indes occidentales. Dans ce premier voyage
et dans deux autres, dont l'un le conduisit au Mexique,
il recueillit et dessina avec la plus remarquable habileté,
non seulement un grand nombre de plantes dont la
plupart étaient nouvelles, mais encore les représentants
nombreux du règne animal. Malgré une mort prématurée qui l'arrêta au moment de partir pour le Pérou, Plumier a laissé des travaux d'une importance dont on
peut à peine se faire une idée : 1° *Description des plantes
de l'Amérique.* 2° *Nova plantarum Americanarum
genera,* ouvrage dans lequel environ 700 espèces
encore inconnues sont décrites et classées d'après les
caractères de la fleur et du fruit. 3° un *Traité des
fougères de l'Amérique,* « un des plus grands monuments
de patience et d'habileté qu'on puisse citer » ; enfin
de magnifiques manuscrits dont 22 volumes, conservés
à la Bibliothèque Nationale, et au Muséum d'histoire
naturelle — d'autres se trouvent à l'étranger — ont
été en détail décrits par Duvau, description qu'on ne
peut lire sans ressentir pour Plumier et sa merveilleuse
puissance de travail l'admiration la plus profonde.

Il y avait peu de choses à dire de Scheuchzer (1), et
Duvau, avec raison, n'a consacré qu'un court article
à ce botaniste suisse qui a borné ses recherches à l'étude
des Graminées, dénomination sous laquelle il comprend
outre cette famille, celles des foncées et des cypéracées.
La nomenclature de ces plantes, comme le remarque
Duvau, laissait encore beaucoup à désirer ; Scheuchzer
lui a fait faire un progrès réel par l'étude attentive
qu'il a faite des caractères génériques tirés de l'insertion

----

1. Joh. Scheuchzer, 1684-1738. *Biogr. Univ.,* t. XLI, (1825), pp. 119-120.

des épillets, caractères qui lui ont permis la distinction de certains genres confondus jusqu'alors ; il lui a fait faire des progrès non moins grands par les descriptions minutieuses des espèces qu'il a étudiées dans ses trois ouvrages, en particulier dans le dernier *Agrostographia, sive graminum, juncorum, ceperoïdum eisque affinium historia*, où se trouve fondue et condensée la matière des deux premiers.

Duvau, comme il était juste, a parlé plus longuement du botaniste allemand Schreber que de Scheuchzer. Elève favori de Linné, et, après son retour dans sa patrie devenu professeur à Leipzig, Schreber (1) a joui, dans son temps, d'une grande réputation, due moins à l'importance de ses travaux qu'à son empressement à rendre service et à son aménité. Après sa monographie des *Graminées* dans laquelle il ne s'est pas borné à décrire chacune des espèces — on regrette seulement qu'il n'ait pas essayé de mieux classer les genres auxquels elles appartiennent —, mais en a indiqué aussi les usages et l'emploi, après le *Spicilegium Florae Lipsicae*, « ouvrage peu recherché », Duvau cite, travaux d'un intérêt restreint, une dissertation sur le genre des Mousses, *Phascum*, une étude sur deux genres de Labiées, l'*Ajuga et le Teucrium*, un mémoire curieux sur *le Persea des Egyptiens*, dont il n'a pu toutefois reconnaître la vraie nature — il était réservé à Schweinfurth de la découvrir. Il faut ajouter une 8ᵉ édition des *Genera plantarum* de Linné, dont le grand nom empêchera son éditeur d'être oublié.

La notice sur Tournefort (2) est la plus longue et la plus étendue que Duvau ait écrite sur les botanistes.

---

1. Joh.-Daniel-Christ. Schreber, 1739-1810. *Biogr. Univ.*, t. XLI, (1825), pp. 238-240.

2. Jos. Pitton de Tournefort, 1656-1708. *Biogr. Univ.*, t. XLVI, (1826), pp. 360-368.

Après avoir montré Tournefort passionné, dès le
collège, pour la botanique et continuant au séminaire,
où il entra pour se conformer au désir de son père,
à étudier cette science en même temps que la physique,
Duvau le fait voir, une fois devenu libre de se livrer
à ses goûts favoris, herborisant dans le Dauphiné
et en Savoie, puis aux environs de Montpellier, ville
où il était allé étudier la médecine, parcourant plus
tard la Catalogne et les Pyrénées, consolé des dangers
courus et des privations éprouvées par les riches récoltes de plantes qu'il faisait. Il le montre ensuite appelé
à Paris par Fagon qui le choisit comme son successeur
à la chaire de botanique, travaillant activement
à accroître le Jardin du Roi, puis entreprenant de
longs voyages, en Espagne jusqu'en Andalousie et
en Portugal, en Angleterre et Hollande, nommé, à
son retour, membre de l'Académie des Sciences et
achevant le grand ouvrage qui a fondé sa réputation
comme savant : *Eléments de la botanique ou méthode pour
connaître les plantes.* Duvau s'est étendu longuement
sur cet ouvrage et sur la méthode de Tournefort
exposée dans le premier volume — les deux autres
renferment des planches dessinées par Aubriet,
et il passe en revue les différents essais de classification
faits avant la publication des *Eléments de la botanique.*
Il rappelle comment, dans Gessner, se trouve déjà l'idée
des genres, qui devaient, d'après lui, être établis
d'après la forme de la fleur et du fruit. comment
Cisalpini, et plus tard Morison, avaient regardé les
formes particulières du fruit comme le meilleur moyen
de classer les plantes. Il montre ensuite, comment
Tournefort, adoptant les vues de ces devanciers,
fit un pas de plus, en ne considérant pas seulement
le fleur et le fruit comme seuls caractères distinctifs
des plantes, mais en mettant aussi au nombre de ces
caractères les feuilles, les racines, les tiges, la saveur

et le port, et comment, en se servant de tous ces éléments, il établit pour la première fois, une classification complète et véritable du règne végétal, répartissant toutes les plantes en 22 classes, distinguées entre elles par la fleur ou son absence, et les différentes formes qu'elle affecte, classes au-dessous desquelles viennent les genres caractérisés chacun à la fois par la forme particulière de la fleur et du fruit, enfin, au-dessous de ces genres, les espèces, qui diffèrent entre elles par les parties accessoires, feuiles, racines, tiges, etc. Si l'on peut relever des erreurs dans cette classification, par exemple la division arbitraire des plantes en herbes et en arbres — ceux-ci forment les cinq dernières classes — l'ignorance du sexe des plantes, la méthode de Tournefort n'est pas seulement supérieure à celle de ses devanciers, elle a fait loi depuis lui ; le plus grand nombre des genres qu'il a établis, a été conservé par Linné et quelques-uns de ceux que le célèbre botaniste suédois avait rejeté ont été, depuis lors, rétablis ; Tournefort a eu aussi le mérite, ce que Duvau a oublié de dire, d'avoir définitivement constitué les grandes familles des crucifères, des papilionacées, des ombellifères, des labiées et des liliacées, il regardé encore avec raison, comme étant un calice et non une corolle, l'unique enveloppe florale que compte un grand nombre de plantes. Enfin, il a reconnu que certains végétaux, considérés, avant lui, comme ne portant pas de fruit, tels que les mousses, les algues, etc, en ont réellement. Aussi peut-on le considérer, avec Duvau, comme le « restaurateur de la botanique ».

Reçu docteur en médecine, Tournefort publia, peu après, *l'Histoire des plantes dans les environs de Paris et leur usage dans la médecine*, fruit des herborisations qu'il avait faites autour de la capitale ; puis il donna, sous le titre de *Institutiones rei herbariae*, une traduction latine des *Eléments* revus et augmentés,

traduction dans le premier volume de laquelle se
trouve, sous le titre de *Isagoge in rem herboriam*,
« une histoire assez étendue et curieuse de la botanique »,
suivie de l'exposé de sa méthode. Il fut alors chargé
d'une mission scientifique dans le Levant, qui devait
être féconde en heureux résultats. Parti, avec Aubriet
et le médecin Gundelsheimer, il visita successivement
Candie, les îles de l'Archipel, gagna Constantinople,
parcourut les côtes méridionales de la Mer Noire,
l'Arménie, la Géorgie, poussa jusqu'au mont Ararat,
et revint à travers l'Asie mineure ; empêché par la
peste de visiter la Syrie et l'Egypte, il rentra en France,
rapportant — moisson considérable — plus de 1.300
plantes. Nommé, après son retour professeur de médecine au Collège de France, ce qui ouvrait un nouveau
champ à son activité, il publia, l'année suivante, le
premier volume de son *Voyage* ; une mort prématurée
l'empêcha de faire paraître lui-même le second ; mais
le premier, tant il témoigne d'érudition et de connaissance variées, a suffi pour assurer sa gloire.

✱✱✱

S'il était naturel que Duvau donnât à la *Biographie
Universelle* des articles sur quelques botanistes français et étrangers, comme il en avait donné sur divers
écrivains allemands, on s'explique moins bien, à
première vue, qu'il ait cru pouvoir en consacrer
plusieurs à des hommes de guerre comme La Motte-
Picquet, Piccolomini et Wallenstein. Mais en écrivant
la notice biographique de La Motte-Picquet, c'était
un hommage qu'il rendait à un membre de sa famille
(1), et en écrivant les articles consacrés à Piccolomini

---

1. L'amiral de La Motte-Picquet, qui s'appelait en réalité Picquet de
la Motte, était le cousin germain du beau-père de Duvau, Guy-Alexandre
Picquet de Melesse.

et à Wallenstein, il ne faisait que mettre en œuvre les souvenirs que lui avait laissés la lecture de la *Guerre de Trente ans* et des deux tragédies de Schiller, dont ils sont les héros.

Dans sa notice sur La Motte-Picquet (1) Duvau s'est attaché à faire un tableau saisissant de l'activité de cet homme de mer, qui ne consentit à prendre sa retraite qu'après 46 années de service ininterrompu. Il le montre allant, dès l'âge de 17 ans, combattre les barbaresques, puis ayant fait déjà neuf campagnes, s'embarquant avec Kersaint pour le Canada, campagne au retour de laquelle, attaqué par une flotte anglaise, il prit, quand Kersaint fut blessé, le commandement et parvint à faire rentrer heureusement son vaisseau à Port-Louis. Il rappelle ensuite les immenses services que La Motte-Picquet rendit au commerce pendant la guerre de sept ans, en conduisant à destination ou ramenant à leur port d'attache les convois qu'il était chargé d'escorter. Toujours sur mer pendant les années suivantes, ce fut la guerre de l'indépendance de l'Amérique surtout qui lui donna l'occasion de déployer ses talents militaires. C'est d'abord le combat d'Ouessant et ses mesures contre des forces de beaucoup supérieures, puis, une croisière sur les côtes d'Angleterre, d'où il revient avec une prise de 13 bâteaux ; la conduite d'un nombreux convoi à la Martinique, la part prise à la conquête de l'île de Grenade et à la défaite de l'amiral anglais Byron ; puis, les troupes de débarquement conduites à Savannah, et, à son retour à la Martinique, un combat acharné, avec trois vaisseaux, contre toute la flotte anglaise de l'amiral Parker ; l'année suivante, dans une croisière heureuse il fait de nombreuses prises: enfin un convoi conduit de la Martinique à Saint-

---

1. Comte Toussaint Guillaume Picquet de La Motte, 1720-1791. *Biogr. Univ.*, t. XXX, 1821, pp. 287-290.

Domingue, après deux jours de combat contre les vaisseaux anglais qui veulent l'arrêter, Duvau le montre, revenu à Brest sur son vaisseau à demi désemparé, faisant bientôt une nouvelle croisière dans les eaux anglaises, enlevant vingt-six bâteaux à un convoi escorté par la commodore Hosham, qui n'ose l'attaquer; puis, mis à la tête de la flotte légère, prenant part au siège de Gibraltar et au combat du cap Spartel, et, rentré en France après la paix, se résolvant enfin au repos que lui imposait une santé ruinée par tant de longues et incessantes fatigues.

L'article sur Piccolomini (1) est sans prétentions. Duvau s'est borné presque à énumérer rapidement les principaux faits d'armes du célèbre général. Il le montre d'abord servant en Italie dans l'armée espagnole, puis passant en Allemagne avec un régiment de cavalerie que le grand duc de Toscane envoyait à Ferdinand II, se distinguant à la bataille de Lutzen, et, deux ans après, prenant une part active, avec Jean de Werth, à la défaite du duc de Weimar, à la bataille de Nordlingen, puis, l'année suivante, préservant les Pays-Bas menacés par une armée française. Il le fait voir ensuite faisant une expédition assez peu heureuse contre la Hollande, délivrant Thionville, attaqué par Châtillon, mais échouant dans une tentative pour pénétrer en Champagne, rentrant alors en Allemagne, après avoir ravitaillé, dans la Franconie, son armée épuisée, et se portant au secours de la Bohême envahie par Baner ; puis, par une marche rapide, préservant l'Autriche menacée à son tour par les Suédois ; enfin revenu vers l'ouest de l'Allemagne, maintenant théâtre principal de la guerre, guerroyant avec succès contre les Suédois et leurs alliés, mais battu en Silésie par

1. Octave Piccolomini, 1599-1626. *Biogr. Univ.*, t. XXXIV, (1823), pp. 272-274.

Torstenson, qu'il avait voulu arrêter. Rentré ensuite au service de l'Espagne et envoyé par Philippe IV avec le titre de généralissime, il réorganise l'armée des Pays-Bas découragée par le défaite de Rocroy ; mais bientôt rappelé en Allemagne par Ferdinand, pour tenir tête aux Suédois, il hâte la conclusion de la paix qui, en mettant fin à la guerre, mit fin aussi à sa carrière militaire.

On sent, en lisant la notice qu'il lui a consacrée, que Duvau a été séduit par la figure de Wallenstein (1), et l'on comprend qu'il se soit efforcé de la reproduire dans sa sombre et énigmatique grandeur. Après avoir dit quelques mots de l'antiquité de sa famille, de sa jeunesse insoumise et turbulente, passant sous silence ses premiers faits d'armes, il le montre d'abord allant offrir à l'archiduc Ferdinand, en guerre avec les Vénitiens, une troupe de 300 cavaliers, et nommé colonel, en récompense de ce service. Chargé par l'empereur d'apaiser les troubles de Bohême, nous le voyons prenant une part active aux hostilités quand la guerre éclata, et se distinguant entre autres à la bataille de Prague. Comblé de faveur, son ambition le fait accuser auprès de l'empereur, mais il n'hésite pas à se présenter devant lui et rentre en grâce. Ferdinand devait d'ailleurs être bientôt obligé d'avoir recours à lui. Incapable de ramener la paix antre les catholiques et les protestants, effrayé de la puissance croissante de la Ligue et de Maximilien de Bavière, il accepte l'offre que lui fait Wallenstein de lever une armée à ses frais. Celui-ci entre aussitôt en campagne, en même temps que Tilly, et tandis que ce dernier marche contre les Danois, il va attaquer Mansfeld, le bat à Dessau et le poursuit jusqu'en Hongrie. Revenu dans

---

1. Albert Venceslas de Wallenstein (ou Waldstein) 1583-1634. *Biogr. Univ.*, t. L, (1827), pp. 102-118.

le nord de l'Allemagne, il force l'électeur de Brandebourg à faire la paix, et, malgré son échec devant
Stralsund, il soumet tout le pays entre la Baltique
et l'Elbe, et contraint enfin Christian IV, battu par Tilly,
à signer la paix de Lubeck. Duvau montre Wallenstein devenu alors l'arbitre de l'Allemagne, nommé par
Ferdinand duc de Meklembourg et généralissime des
flottes de l'empire. Cependant ses menées ambitieuses
finissent par effrayer l'Empereur, qui le destitue.
Mais l'arrivée de Gustave-Adolphe et ses succès
rapides, la défaite et la mort de Tilly sur les bords
du Lech, contraignent Ferdinand à faire de nouveau
appel à Wallenstein et à accepter toutes ses conditions.
Duvau nous montre celui-ci levant rapidement une
armée, délivrant la Bavière, livrant à Gustave-Adolphe
la bataille indécise de Nuremberg et le poursuivant
jusqu'en Saxe, où le roi de Suède est tué à Lutzen.
Mais au lieu de poursuivre les Suédois, Wallenstein
entre en Silésie, laissant la Bavière exposée aux attaques
de Bernard de Saxe-Weimar et de Horn. Maximilien,
incapable de se défendre, implore le secours des impériaux, mais Wallenstein, croyant le moment favorable à ses projets ambitieux, au lieu de se porter au
secours de Maximilien, engage des négociations avec
la Suède, la Saxe et le Brandebourg. Ferdinand délie
alors l'armée du serment de fidélité envers Wallenstein,
et celui-ci, mis au ban de l'empire, est assassiné à
Egra.

CHAPITRE IX

REPRISE DE LA CORRESPONDANCE AVEC BÖTTIGER

(1822 — 1828)

La collaboration de Duvau à la *Biographie Universelle* durait depuis cinq ans déjà, quand il reprit avec
Böttiger sa correspondance, on ignore pour quelle
raison, depuis longtemps interrompue. Il avait écrit
plusieurs fois à son ami, mais ses lettres, probablement
perdues, étaient restées sans réponse. Enfin, au commencement de l'année 1822, il lui adressa une nouvelle
lettre (1) qui, plus heureuse que les précédentes,
parvint à sa destination. « Depuis deux semaines,
disait-il, il m'a été impossible d'écrire. Maintenant
que je puis le faire, je m'empresse de vous donner de
mes nouvelles, et j'espère bien que vous me donnerez
des vôtres. Je vous ai écrit plusieurs fois, sans avoir
jamais reçu de réponse..... Mounier, vous le savez
peut-être, est directeur de l'administration départementale ; je suis son secrétaire, ce qui me prend
presque tout mon temps » Et, arrivant à ses travaux

1. Lettre du 3 février 8221. *Briefe an Böttiger*, t. X L, n^r 32.

littéraires dont, on le comprend, il tenait avant tout à l'entretenir : « Trouve-t-on dans vos gazettes littéraires quelque chose sur la *Biographie Universelle* ? J'y ai donné beaucoup d'articles. Le premier a été pour mon vénérable ami Griesbach ; j'ai parlé aussi de plusieurs botanistes, par exemple de Bernard de Jussieu, et quelques autres de moindre importance. J'ai fait aussi la première partie de l'article *Leibnitz*, enfin, en entier, l'article *Lessing*, que je vous envoie. Vous savez, combien, par nature, je suis impartial ; je me suis doublement efforcé de l'être. Je suis bien désireux de savoir ce que vous penserez de cet article. Dites-le-moi donc ! J'ai l'intention de faire encore les articles de *Schiller* et de *Wieland*. A-t-on parlé de mon *Lessing* et de mon *Leibnitz* en Allemagne ? Si je puis, ajoutait-il, faire quelque chose pour vous qui m'avez rendu de si grands services autrefois, ai-je besoin de vous dire combien je le ferais volontiers ?..... M. Mounier se rappelle à votre souvenir. Que devient la famille Neumann — il avait connu cette famille à Dresde (1) — et M. le conseiller Althof ? Dites-lui que ma femme se porte très bien et que je me rappelle toujours sa dernière visite à Paris. »

La correspondance de Duvau avec Bottiger, ainsi reprise, devait se continuer maintenant presque jusqu'à la veille de sa mort. Cependant ce ne fut que deux ans après qu'il écrivit une seconde lettre à son ami. Dans l'intervalle, un triple deuil était venu cruellement le frapper. Sa sœur Adélaïde — Madame Louis-Alexandre Picquet de Melesse — émigrée, on le sait, en Amérique, et qui y était restée, mourut au commencement de l'année 1822 ; et, six mois après, avait succombé, à l'âge de seize ans et demi, le troisième

---

1. V. plus haut, chap. IV.

et le plus jeune de ses fils (1). Ce jeune homme, doué
des plus grandes qualités et qui donnait les plus belles
espérances, était venu en France, et Duvau l'avait
pris chez lui. Il dirigeait son éducation et le regardait
comme son propre fils. On comprend la douleur que
dut lui causer la brusque disparition de ce neveu aimé.
Ce ne fut pas la dernière qu'il éprouva. L'année suivante, il eut encore à déplorer la perte de son frère
Alexis qui, comme leur sœur Adélaïde, vivait loin de
la France depuis tant d'années, et dont sa correspondance fait mention, pour la dernière fois, en 1804.
A cette date, Alexis était commandant de l'île de la
Désirade. Adjoint, quatre ans après, au commandant
de la Grande Terre, il conserva ce grade jusqu'à la
capitulation de l'île en 1810. Resté dans l'ancienne
colonie et promu capitaine de vaisseau honoraire
par ordonnance du Roi du 31 décembre 1814, il
avait été, en 1819, nommé gardien de l'Ilet à cochons
à la Pointe à Pitre. Il était depuis le 1er janvier à la
retraite — « licencié » —, quand il mourut en février
ou juin 1823 (2).

Cependant Böttiger, souffrant d'ailleurs, ne s'était
pas pressé de répondre à la lettre du 3 février 1822 ;
il ne le fit qu'à la fin de cette année, et sa lettre (3), confiée
à une amie, Madame de Quendt qui se rendait à Paris,
ne parvint à Duvau que dans le courant d'octobre
1823. Au milieu de ses nombreuses occupations,
Duvau lui-même ne répondit à son ami que quatre
mois plus tard. Après avoir fait allusion à la maladie
dont avait été atteint Böttiger, et lui avoir souhaité
une complète guérison, « J'espère, disait-il, que vous
vivrez encore de longues années pour vos amis et

---

1. Lettre à Böttiger du 6 février 1824. *Briefe an Böttiger*, t. X L, n^r 00031
2. *Archives du Ministère de la Marine.*
3. Lettre du 6 février 1824. *Briefe an Böttiger*, t. X L, n^r 33.

pour la science et que vous me donnerez longtemps encore des travaux semblables à celui que vous m'avez envoyé. Merci pour votre étude (1) que j'ai lue avec tant de plaisir..... Mme de Quendt paraît être une femme excellente et douée des plus belles qualités. Nous avons, elle et moi, parlé beaucoup de vous et de l'Allemagne. Ai-je besoin de dire combien j'aurai de plaisir si vous pouviez m'écrire quelquefois par son intermédiaire ? Elle m'a fait espérer que je vous verrai peut-être prochainement à Paris. En ce moment, je lis Schiller, continuait-il, en vue de l'article que je dois faire sur lui pour la *Biographie Universelle*. J'espère donner quelque chose digne de figurer dans cette publication. Si vous étiez ici cet été, nous lirions ensemble ses œuvres. A plus d'un égard je serai sévère — on a vu plus haut sur quel point il l'a été — mais aussi plein d'admiration pour le génie de ce grand poète. Si la *Biographie Universelle* est à la bibliothèque de Dresde, lisez donc mes notices. J'ai demandé* à Knebel de me renseigner sur Opitz et sur Ramler Je vois de temps en temps ici le savant et estimable Hase. Nous avons tous deux les mêmes opinions sur la littérature française et la littérature allemande. »

Trois mois après, Duvau adressait une nouvelle lettre à Böttiger (2). « Je vous remercie, disait-il en commençant, de m'avoir fait faire la connaissance de Mme de Quendt, votre noble amie, si spirituelle et si bonne. J'ai passé des heures bien agréables dans sa société et je m'en promets encore. Ma sympathie pour l'Allemagne s'est réveillée dans nos longs entretiens.

---

1. J'ignore quelle était cette étude. Serait-ce le *Amalthea oder Museum der Kunstmythologie und bildenden Altertumskunde*, 3 vol. 8°, Leipzig 1821-1825 ; ou bien *Der Handezoll, an die dramatische Muse bezahlt*, Leipzig 1822 ?

2. Lettre du 30 avril 1824. *Briefe an Böttiger*, t. X L, n[r] 32.

Elle a eu l'amabilité de venir voir souvent ma femme, qui se réjouit de la connaître. J'aurais voulu vous envoyer quelque nouveauté archéologique, mais je n'ai rien trouvé. Je regrette de n'avoir pu, ce qui est mon continuel désir, vous être de quelque utilité, moi qui ai, en des temps difficiles, reçu de vous tant de marques de bonté, dont le souvenir m'est toujours présent. Puis revenant à ses recherches biographiques : Que j'aimerais à causer avec vous de Schiller ! Mme de Quandt me donnera certainement sur lui plus d'un bon conseil. Et il poursuivait :

« Schiller était sans doute un génie, mais un génie incomplet. Ses ouvrages en prose sont ou de simples fragments ou des œuvres restées inachevées. Ses pièces de théâtre, avec leurs cinq actes, forment sans doute un tout, mais la plupart des caractères en sont manqués, faussés ou trop idéalisés. Qu'il est loin, à cet égard, de Shakespeare, et même de Gœthe qui, pour le reste, est inférieur à tous les deux. Je ne puis pas ici ; vous le pensez bien, motiver mon jugement. Je me borne à vous le communiquer en vous demandant ce que vous en pensez. Schiller n'est est pas moins un incomparable magicien. Il charme et subjugue, irrésistible comme la nature, comme une gracieuse jeune fille, comme un beau jeune homme plein d'esprit, si non entièrement raisonnable. Je ne suis pas, non plus, très content de sa versification. Qu'il est loin des ïambes purs et légers de Wieland ! Il n'y a pas un vers de *Don Carlos, Marie Stuart, Jeanne d'Arc, la Fiancée de Messine, Guillaume Tell*, que je n'aie — ce que peu d'Allemands ont fait — scandé avec soin. Il supporte rarement l'épreuve. Feuilletez la première pièce venue : Vous n'y trouverez nulle part cinq ïambes de suite qui soient irréprochables ; nulle part, c'est-à-dire rarement. Voilà bien de la prétention pour un étranger. Mais je me crois obligé de le dire, et j'en apporte des preuves. Si vous pouviez m'envoyer quelque travail réellement bien fait sur ce favori de l'Allemagne — et avec grande raison son favori — vous me feriez grand plaisir. Quel contraste entre le calme habituel, la sévère impartialité de sa pensée, etc., et un Moor si excentrique, un Posa si indécis, un Max si peu naturel ! J'espère que ma notice ne paraîtra pas trop vide et banale ».

Et passant à un autre sujet :

« Votre ami Hase m'est très utile. Nous nous comprenons à merveille. Ce n'est pas seulement un grand érudit, c'est aussi un esprit pondéré et exempt de préjugés. Il jouit ici d'une grande estime, et je l'aime beaucoup. Je consacrerai aussi une notice à mon bon et fidèle ami Seume, poursuivait-il. C'est grand dommage que son autobiographie (1) soit aussi sèche. Il y a, cependant, bien des choses intéressantes — même pour nous — à dire sur sa vie, aussi bien que sur ses ouvrages, que je possède tous. Il m'a donné, à Francfort, dans l'automne de 1804, quand nous nous sommes quittés pour la dernière fois, l'*Homère* qu'il avait emporté, avec *Théocrite*, dans son voyage de Sicile. Ce livre m'est sacré. Je voulais le léguer à mon fils... Que ne devait-il pas avoir ?

      Mon ami,

Te, dulcis fili, te, longo in funere vitae.
Te, veniente die, te, decedente, vocabo.

« Ce seront probablement mes derniers vers latins.

« Mais il ne faut pas que j'oublie de vous remercier encore. J'ai lu avec beaucoup de plaisir vos journaux d'histoire et de littérature et la brochure consacrée à Blumenbach.

Et après avoir dit qu'il espérait aller en Touraine, si la santé de sa belle-sœur le permettait : « Mais voilà assez de bavardage », ajoutait-il comme pour terminer. Puis se ravisant, il lui parlait des samedis de Férussac — il en sera question plus loin — et ajoutait encore : « Au moment où j'allais fermer ma lettre, j'ai reçu la visite du professeur Huschke, fils du médecin de la cour de Weimar, qui m'a apporté une lettre de Griesbach (2) ». Knebel a prié Göschen de m'envoyer un ouvrage, probablement son *Lucrèce*, ce dont je me réjouis d'avance. Quand vous aurez occasion d'écrire à ce dernier, priez-le de vous envoyer, avec ce *Lucrèce* (3), ce qu'il peut avoir sur Schiller. — Vale et me ama »

Au mois de décembre Duvau adressa encore une lettre à Böttiger (4). Après s'être excusé de son long silence : « J'ai voulu plus d'une fois vous écrire, et

1. *Mein Leben*, continué par Göschen et Clodius. Leipzig, in-8° 1813.

2. Probablement un fils du théologien helléniste de Iéna, avec lequel Duvau — nous l'avons vu — était si lié.

3. Lucrèce, *De la nature des choses* ; 2 vol. 1821.

4. Lettre du 17 décembre 1824. *Briefe an Böttiger*, t. X L, nʳ 35.

pourtant je ne l'ai pas fait; au milieu de mes nombreuses occupations le temps et le courage m'ont manqué ». De quoi Duvau voulait-il donc parler dans cette lettre qui débutait d'une manière si énigmatique ? Etait-ce d'un renseignement dont il avait un besoin pressant ? Avait-il quelque nouvelle intéressante à communiquer à son ami ? Il s'agissait de tout autre chose. On avait fondé, paraît-il, en France une Société d'enseignement mutuel, et un comité s'occupait d'organiser des écoles semblables à l'étranger. Duvau, on reconnaît là son désir de faire le bien, était entré dans ce comité, et avait pris sur lui de désigner Böttiger pour faire partie de la Société. Il espérait qu'il accepterait, et lui demandait de lui en donner prochainement l'assurance. « On répondra à toutes les demandes que vous pourriez adresser ; je me suis chargé de tout ce qui traite de l'éducation. Quelle est, au juste, votre situation actuelle, en quoi consistent vos occupations, quels sont vos titres ? Je vous prie de me donner une courte notice sur votre carrière scientifique, sur les places que vous avez occupées, les ouvrages et les mémoires que vous avez écrits, les sociétés savantes auxquelles vous appartenez. Je crois que vous avez collaboré à la *Gazette littéraire* de Halle et à celle de Iéna. Je connais les articles que vous avez publiés dans *Londres et Paris* dans le *Mercure allemand* et dans l'*Athenaeum*. Et après cette espèce d'interrogatoire : « Ma femme va bien, disait-il, Edouard Mounier aussi ; il jouit d'une estime universelle ; en esprit, en connaissances, comme en honnêteté, il égale son père. Que devient Göschen ? Il me doit une réponse sur un renseignement que je lui ai demandé ».

Je ne sais ce que répondit Böttiger à la lettre de Duvau, j'ignore même ce qu'était au juste, cette Société d'enseignement mutuel dont il est question dans cette lettre. En y entrant, Duvau avait montré une fois de plus son empressement à rendre service. Et s'il souhaitait si vivement que Böttiger en fît partie, c'est qu'il croyait que l'adhésion d'un tel savant donnerait du lustre à la Société, serait profitable à tous ses membres et en particulier à lui-même, qui l'avait proposé. Il faut voir dans la démarche de Duvau aussi une preuve de l'affection respectueuse qu'il ne cessait d'avoir pour Böttiger, et de la reconnaissance qu'il avait vouée à l'érudit allemand pour les services que celui-ci lui avait rendus. Et ses sentiments se font jour de la manière la plus touchante dans une autre lettre qu'il écrivit six mois après à l'érudit (1).

« Mon cher ami de trente ans, lui disait-il, car il y a trnte ans que je vous ai vu pour la première fois. Je n'ai jamais oublié votre fidèle amitié, et depuis lors je vous ai suivi au milieu des péripéties de votre vie. Vous avez été tour à tour bien portant et malade. Puisse votre santé être toujours bonne ; j'y prends le plus grand intérêt. Votre digne amie vous dira combien souvent je pense à vous. Quant à ce qu'elle pourra vous apprendre de moi, vous y retrouverez, je l'espère, le Duvau que vous avez connu. Je la verrai s'éloigner d'ici avec peine, et je regrette qu'elle ne se plaise pas mieux à Paris. Pourtant bien des étrangers y vivent satisfaits. J'espère bien qu'elle reviendra. J'ai eu l'occasion de rencontrer chez elle plusieurs Allemands distingués, entre autres Hase, que je vois d'ailleurs à la Bibliothèque.

Puis arrivant à sa notice sur Schiller, qui venait de paraître, et aux articles qu'il projetait de faire pour la *Biographie Universelle* :

« Je vous enverrai prochainement, disait-il, mon article sur Schiller. Vos compatriotes qui sont ici, en particulier M. von Humboldt, l'ont si bien accueilli que je suis tenté de croire qu'il ne sera pas trop sévèrement jugé en Allemagne. Ce sera maintenant le tour de *Tilly* (2), de *Tournefort* et de *Wallenstein* ; sur ce dernier j'ai trouvé beaucoup de choses dans le *Theatrum Europeanum* ; enfin viendra *Wieland*, pour lequel le bon Göschen m'a envoyé son *Gruber* (3). Je lui suis très reconnaissant de m'avoir envoyé

1. Lettre du 6 juillet 1825. *Briefe an Böttiger*, t. XL, n° 37.

2. L'article *Tilly* dans la *Biographie Universelle* n'est pas de Duvau, mais de Michaud jeune.

3. J. H. Gruber, *Wielands Leben*, dans les vol. L I et L II de *C. M. Wielands samtliche Werke*, Leipzig 1828.

aussi le *Herder* et le *Schiller* de Dohring. Saluez-le de ma part dans votre prochaine lettre.

Et par un de ces coqs-à-l'âne dont il était coutumier, il remarquait :

« La lutte entre les partisans des classiques et des romantiques offre aux spectateurs une bien amusante distraction. Il y aurait beaucoup à faire ici en fait d'allemand. J'avais eu l'intention d'entreprendre quelque chose, mais mes multiples et nombreuses occupations m'y ont fait renoncer; d'ailleurs les moyens d'information font défaut. Tous les Mounier vont bien et vous envoient leur plus cordial souvenir. Mais il est temps de finir cette lettre. Je le fais en vous embrassant du fond du cœur et en vous remerciant de votre bienveillante amitié de trente ans. Je rouvre ma lettre pour y ajouter quelques mots. Mme de Quendt reste encore quelque temps ici. Faut-il renoncer à l'espoir de vous voir à Paris ? Nous vous ferions si bon accueil, et vous trouveriez ici tant de sujets de satisfaction pour votre esprit et votre cœur. J'ai vu, dans un catalogue de Leipzig, annoncés quelques-uns de vos ouvrages, entre autres le *Stammbaum der heidnischen Religionen* (1). Pourrais-je en avoir un exemplaire ? »

Puis passant brusquement à un autre sujet :

Avez-vous entendu dire, demandait-il, que votre Humboldt a reçu des propositions avantageuses pour aller au Mexique, et qu'il n'est pas éloigné d'accepter ? Ce qui en est au juste, je ne saurais l'affirmer. Ce serait un sacrifice pour lui, mais ce serait aussi un profit pour la science. Aurait-il donc renoncé à son voyage au Tibet ? Nous avons eu à Paris Kunth (1), un de ses auxiliaires, un des meilleurs botaniques qu'il y ait, et pour moi un excellent ami. On éprouve ici en ce moment une vraie passion pour les sciences naturelles, en particulier pour la géologie. Cela est dû pour beaucoup aux découvertes de Cuvier, homme d'une science immense, et dont on peut à peine se faire une idée. Je dis souvent que si tous les livres étaient perdus, Cuvier et Humboldt suffiraient pour nous donner un tableau complet des connaissances actuelles. Ajoutons-y Muller, Abel Remusat et quelques-uns de vos philologues ; je crois qu'il n'y manquerait presque rien ».

Pour quelle raison, on l'ignore comme tant d'autres choses de sa vie, la correspondance de Duvau avec Böttiger se trouva-t-elle de nouveau interrompue pendant près de 3 ans. ? Comme cela était déjà arrivé plus d'une fois, Böttiger n'avait pas répondu à ses lettres, et d'un autre

1. V. sur Kunth, chap. X.

côté Duvau, occupé de ses articles biographiques et, nous le verrons, de ses premières publications sur la botanique, n'avait guère eu le temps d'écrire à son oublieux ami. Un évènement qui dut apporter du trouble dans sa vie était d'ailleurs arrivé, il semble, dans l'intervalle. Sa belle-sœur qui, nous le savons, vivait avec lui, et dont la santé était depuis si longtemps compromise, avait fini par succomber. Ce deuil, toutefois, n'empêcha pas Duvau d'achever rapidement les divers travaux qu'il avait commencés, et quelque temps après avoir terminé son long article sur Wieland, il profita du prochain départ de Mme de Quendt pour écrire à Böttiger (1). « Je n'ai reçu de vous aucune nouvelle depuis une éternité ; Mme de Quendt, qui retourne en Allemagne vous donnera des miennes. Je lui ai remis tout un paquet dont une partie vous est destinée. J'espère que votre santé est toujours assez bonne, du moins à ce que m'a dit notre ami Hase. Je souhaiterais d'avoir quelques lignes de votre main, qui m'en donneraient l'assurance. Puisqu'il faut renoncer au plaisir de vous voir, je vous envoie mes articles sur Wallenstein et sur Wieland. Pour faire une étude complète de la vie de Wallenstein, j'aurais eu besoin d'un nombre considérable de pages. Mais, pour les écrire, le temps me manquait. Tel qu'il est, mon article a été un long et dur travail. Quant à Wieland je ne vous ferai pas grâce ; il me faut savoir, et longuement, ce que vous en pensez. Vous me devez déjà quelques lignes pour mon *Schiller*. Vous ne vous en tirerez pas à si bon compte pour *Wieland*. D'après Hase, j'y aurais travaillé une année tout entière ; en réalité,cet article m'a pris 8-9 mois..... Songez que j'ai dû renfermer une matière aussi riche dans des bornes aussi étroites... Sans doute la secte des Schlegel

1. Lettre du 13 avril 1828. *Briefe an Böttiger*, t. X L, n° 38.

regardera mon travail de haut, avec un rire méprisant. Mais je crois, je l'espère du moins, que j'ai fait œuvre méritoire. La réhabilitation d'un tel allemand par un français ; quel spectacle ! Dites-moi, je vous prie, si cela a fait sensation chez vous. J'avais pensé d'abord à traduire ma notice et à la faire insérer dans une revue allemande, mais j'y ai renoncé. Je me propose de développer mon article sur Wieland et d'en faire un tableau de la littérature allemande des origines au commencement du XIXe siècle, en faisant une mention toute particulière des Minnesinger et des Meistersänger et des œuvres qui ont paru dans la seconde moitié si brillante du XVIIIe siècle. Vous connaissez ma manière de sentir et de penser. Et vous pouvez être sûr que j'écrirais mon esquisse dans l'esprit de ma notice. Je la composerais d'abord en allemand et je l'arrangerais ensuite au goût des Français ». C'était là, on le voit, un projet analogue à celui qu'il avait formé vingt-quatre ans auparavant et qui ne devait pas plus aboutir que le premier. Les études de botanique auxquelles il se livra désormais presque exclusivement l'empêchèrent de le mettre à exécution.

CHAPITRE X

RELATIONS ET TRAVAUX SCIENTIFIQUES
(1810 — 1826)

Bien qu'il n'ait rien publié sur la botanique jusqu'en
1824, Duvau s'était, bien des années avant cette date,
livré à l'étude de cette science. On a vu quelle passion
elle lui avait inspiré à Leipzig, pendant l'été de 1804 (1).
Il a rappelé lui-même à plusieurs reprises (2) les herborisations fructueuses qu'il fit l'année suivante, pendant
son séjour à Genève, et, dans une lettre écrite de Rennes
en 1808 (3), il parle avec complaisance des joies que
lui procurait la botanique qui lui était, disait-il, chaque
jour plus chère. Son installation à Paris ne mit pas fin
à l'étude qu'il en faisait. Dans ses promenades autour
de la capitale et surtout durant ses vacances, qu'il
passait à la Farinière, il poursuivait avec ardeur ses
explorations botaniques, enrichissant chaque jour
son herbier qui, dit-il (4), comptait déjà en 1806

1. Chap. V.

2. Chap. V, Chap. VI.

3. Lettre du 6 avril, V. chap. VI.

4. Lettre du 30 avril — 4 mai 1806, déjà citée.

2.000 plantes, recueillies à elles seules pendant les deux étés précédents, herbier que ses nouvelles récoltes, avec les dons qu'on lui faisait, durent singulièrement augmenter, et dont on ne saurait aussi trop déplorer la disparition.

Mais Duvau ne se contenta pas de recueillir les plantes et de les cataloguer méthodiquement en suivant « l'excellente » *Flore française* de de Candolle (1). Il semble bien avoir fait de bonne heure de quelques-unes d'entre elles une étude spéciale. Il compara entre eux les divers systèmes de classification. Avec sa curiosité toujours en éveil il rechercha quelles connaissance du monde végétal avaient eues quelque-uns des écrivains les plus connus de l'antiquité. Enfin il n'hésita pas de retracer, peut-être d'après l'exemple de l'*Histoire rei herbariae* de Kurt Sprengel (2) une Histoire de la botanique depuis les temps les plus reculés jusqu'au XIXe siècle. Les *Papiers Mounier* (3) renferment de nombreux mémoires, notices, remarques, extraits, attribués par l'inventaire à Edouard Mounier, et dont quelques-uns sont vraiment de lui, mais dont les autres sont presque tous l'œuvre le Duvau, sans qu'on puisse dire malheureusement à quelle époque ils remontent. Tels sont : le mémoire sur la *Chélidoine*, le *Lotus siliquosus* sinon la *Canna indica*, l'examen de la méthode de Haller, du *Systema plantarum* d'Allioni, ainsi qu'une étude sur le *Cours de botanique de* Desfontaines ; c'est bien lui, surtout qui semble avoir étudié la flore de l'*Iliade* et de la *Batrachomyomachie*, comme celle de la *Théogonie* d'Hésiode ; enfin on sait par son propre témoignage qu'il est l'auteur d'une

1. Il s'agit de la *Flore française* de Lamarck, revue par celui-ci et par Auguste de Candolle.

2. Amsterdam 1807, 2 vol. in-8°

3. Liasse J. cote 17 et 18.

Phytologie, essai d'une Histoire de la botanique, où il a fait preuve d'une connaissance approfondie de la plus estimable des sciences (1). On comprend que, se sentant près de mourir, il en ait remis le manuscrit à Charles Bélanger en le chargeant de le publier, et on peut regretter que ce vœu n'ait pas été exaucé.

Ces mémoires ne purent guère être connus, s'ils le furent, que dans l'entourage de Duvau. Ses herborisations, au contraire, ne restèrent pas ignorées — il en entretenait, nous l'avons vu, ses correspondants — et le mirent en rapport avec des nombreux botanistes. De bonne heure il avait cherché à entrer en relations avec ceux qui lui était donné de rencontrer. En 1804, pendant son voyage à Berlin, il alla voir Willdenow ; quatre ans après, à Gœttingue, il rendait visite au botaniste Schrader et aux naturalistes de cette ville (2). Il fréquenta, en 1805, assidument les naturalistes de Genève, comme il fréquenta l'année suivante ceux de Paris, entre autres Desfontaines. Il fit alors aussi la connaissance d'Aimé Bonpland, « jeune homme, dit-il (3), très distingué », qui s'occupait avec ardeur de la publication des nombreuses plantes — plus de six mille espèces — qu'il avait rapportées avec Humboldt de l'Amérique équatoriale (4). Quelques années plus

---

1. Le manuscrit de la *Phytologie* ne comprend pas moins de 38 feuillets.

2. Voir chap. V, chap. VI.

3. Lettre du 6 avril 1808, déjà citée.

4. Dr. Hamy (E. T.), *Aimé Bonpland*, etc. pp. XXVIII et XXX. — La première livraison des *Plantes Equinoctiales* avait été présentée aux professeurs du Muséum en 1805, les deuxième et troisième l'année suivante ; en 1808 avait paru le 1ᵉʳ vol. (*Plantes équinoctiales, recueillies au Mexique dans l'ile de Cuba, dans les provinces de Caracas, Cumana, etc, etc., par Alex. de Humboldt et A. Bonpland, t. 1ᵉʳ. Paris 1808, in-folio*), quand sa nomination comme botaniste et directeur du jardin de l'impératrice Joséphine à la Malmaison le fit renoncer à ce travail, dans lequel il avait eu comme collaborateurs Turpin et Poiteau. V. chap. VI, p. 164.

tard, il se lia avec Karl Sigismund Kunth (1), chargé de poursuivre la publication abandonnée par Bonpland — Willdenow, en 1810, y avait travaillé quelques mois — publication qu'il devait poursuivre sans interruption jusqu'en 1829.

Ses relations avec quelques-uns des naturalistes les plus célèbres du temps avaient déjà répandu son nom au loin. Les notices qu'il donna à la *Biographie Universelle* sur les botanistes français et étrangers, le firent connaître lui-même comme botaniste consommé en France et hors de France. On ne doit pas être surpris aussi que les naturalistes étrangers, quand ils venaient à Paris, allassent lui rendre visite, comme aux autres savants de la capitale. C'est ainsi que, lors du voyage que, tout jeune encore, il fit en France en 1823, le géologue Charles Lyell alla le voir et l'accueil qu'il en reçut, les agréables soirées qu'ils passèrent ensemble, lui laissèrent un souvenir qu'il aimait à rappeler dans une lettre qu'il lui adressa quelques mois après.

Bien des préjugés existaient alors entre Français et Anglais ; l'arrestation arbitraire, sur l'ordre de Napoléon, de tous les voyageurs anglais qui se trouvaient en France, leur internement prolongé à Verdun, les mauvais traitements infligés aux prisonniers français sur les pontons anglais, avaient, des deux côtés de la Manche, exaspéré les esprits. Lyell, quand il vint à Paris, avait conservé quelque chose de la haine

---

1. Kunth (Karl-Sigismund), né à Leipzig en 1788. Vint à Berlin en 1806, étudia la botanique sous Willdenow et publia en 1813 une *Flora Berolinensis*. Recommandé par Humboldt, il alla à Paris continuer la publication commencée et abandonnée par Bonpland, des *Plantes Equinoctiales* de l'Amérique Centrale. De 1822-1825 parurent ses *Nova genera et species plantarum*, Paris. Kunth publia en outre des monographies, comme les *Mimoses et Légumineuses* et, les *Malvacéæ, Büttneriaceæ*, etc.

que ses compatriotes avaient vouée à Napoléon.
L'accueil que lui fit Duvau, les entretiens qu'il eut
avec lui, contribuèrent puissamment à dissiper les
sentiments hostiles qu'il nourrissait contre nous ; et
il quitta Paris, emportant pour les aspirations généreuses
et le libéralisme de Duvau, l'estime la plus haute.
Aussi, après son retour en Angleterre, il n'hésita pas
à lui recommander un de ses amis, l'avocat Benson,
qui se rendait en Corse pour le règlement de la succession de Paoli ; et l'empressement que Duvau mit à
recevoir ce dernier et à lui donner des lettres de recommandation pour le professeur Toulousan (1) à Marseille
et le préfet de la Corse, le vicomte de Sularn, touchèrent
profondément Lyell. Il saisit la première occasion
pour en remercier Duvau. Il avait, d'ailleurs, une autre
raison pour lui écrire. Dans les entretiens de Paris,
si on avait parlé de politique, on avait parlé de bien
d'autres choses ; de H. Grey Bennet qui, après son
voyages aux Indes Occidentales, avait été réélu et
était rentré au parlement, et au souvenir duquel
Duvau demanda peut-être à Lyell de le rappeler ; les
recherches de Duvau, en particulier de la monographie
du genre Veronica qu'il préparait — il avait prié
Lyell de demander au botaniste anglais Hooker (2),
« s'il n'aurait pas quelques renseignements à lui donner
sur les espèces de ce genre curieux » — c'est de tout
cela qu'il était question dans le commencement de la
lettre de Lyell (3).

« Je vous remercie, disait-il, pour les lettres de recommandation que
vous avez bien voulu donner à mon ami Benson... Un voyage d'explo-

1. Membre de l'Académie de Marseille depuis 1821, et professeur au
Collège Royal depuis 1820. V. chap. VII.

2 Hooker (William-Jackson), né en 1785 à Norvich ; professeur de
botanique à Glasgow depuis 1815.

3. Lettre du 18 décembre 1823. *Papiers Mounier*. Liasse H, cote 12.

ration qui a tenu éloigné le Dr Hooker, m'a empêché de lui demander des renseignements sur le genre *Veronica*. Vous aurez, sans doute, reçu sa *Flora Scotica* par l'intermédiaire de Treutell et Wurtz. Je n'ai pu non plus voir M. Grey Bennet, qui n'est pas à Londres ; mais il reviendra prochainement prendre sa place à la rentrée du Parlement. Je joins à ma lettre, ajoutait-il, un numéro de la *Quarterly Review*, dans lequel vous trouverez un compte-rendu du traitement infligé aux prisonniers français compte-rendu présenté à la Chambre des Communes, en réponse à une interpellation des membres de l'opposition. Je sais que vous serez content de *audire alteram partem*, disposition d'esprit trop rare des deux côtés de la Manche. Je me sens obligé de vous montrer toutes les difficultés où nous avait mis l'extraordinaire politique de Napoléon, a vous qui, dans nos entretiens de Paris, vous êtes efforcé — et vous avez réussi — de dissiper ou d'amoindrir les préjugés que j'avais nourris contre la France.

Il continuait en rappelant les causes qui avaient aigri et surexcité les esprits en France et en Angleterre : ici, le mauvais traitement infligé aux prisonniers français sur les pontons, là, l'arrestation arbitraire et l'internement des voyageurs à Verdun. « J'espère que Mme Duvau et sa sœur se portent bien, disait-il en terminant ».

Benson ne tarda pas à arriver au terme de son voyage. Mais à son retour, il ne put remercier personnellement Duvau. La nouvelle de la mort d'un frère et d'une sœur, qui lui parvint à son arrivée à Paris au mois de février, le força de retourner brusquement en Angleterre. Mais, au bout de quelque temps, il écrivit à Duvau (1) pour s'excuser de n'être pas allé le voir, et pour lui témoigner sa reconnaissance des lettres de recommandation qu'il lui avait données, et qui lui avaient été si utiles pour remplir sa mission. Mais il lui parlait encore d'autres choses. Le voyage de Benson en Corse fournissait à Duvau une trop bonne occasion de se procurer quelques plantes de ce pays, pour qu'il la laissât échapper. Et il avait remis à Benson une liste des espèces qu'il souhaitait avoir. Celui-ci était trop

1 Lettre du 31 mars 1824 *Papiers Mounier*, Liasse H, cote 12.

reconnaissant pour ne pas se rendre au désir de Duvau. Mais, comme il le lui disait, la saison n'était pas propice. La plupart des plantes n'était pas encore en fleur, et il avait donné cette liste à un botaniste habile d'Ajaccio qui lui avait promis de recueillir les espèces qui s'y trouvaient désignées, et de les envoyer au professeur Toulousan à Marseille, lequel devait les expédier à Duvau. Il en avait pourtant récolté quelques-unes, mais elles avaient été perdues, avec ses bagages, à la traversée d'un torrent, en allant de Corse à Calvi.

On voit avec quel soin Duvau cherchait sans cesse et par tous les moyens à enrichir son herbier. Vers l'époque où il devait ainsi recevoir des plantes de Corse, il lui en arriva également de l'extrême nord, du botaniste danois Raben (1). Dans un voyage que ce dernier avait fait à Paris, il était allé voir Duvau qui lui avait fait, suivant son habitude, l'accueil le plus empressé. Des relations s'étaient établies entre les deux savants, et au mois de juillet 1823 Duvau avait écrit à Raben, pour lui demander des renseignements sur le genre *Veronica*. Raben s'était empressé de lui répondre (2) et avait préparé pour lui un petit paquet de plantes choisies ; avant de partir pour une exploration qu'il allait faire au Groenland, il avait remis sa lettre et son paquet au professeur Hornemann qui devait les lui expédier. Mais, à sa grande surprise, il avait, au retour de son voyage, trouvé paquet et lettres que M. Hornemann n'avait pas eu l'occasion de lui envoyer. Il priait Duvau d'excuser ce retard bien indépendant de sa volonté, et de vouloir bien agréer ses remerciements pour l'accueil qu'il lui avait fait à Paris. Quant au genre *Veronica*, il s'en était entretenu

1 Raben (Frédérik-Christian, comte de), né en 1769.

2 Lettre du 19 mars 1824. *Papiers Mounier*, Liasse H, cote 12.

avec le professeur Hornemann, et celui-ci lui avait promis, s'il avait quelques espèces particulières, de les lui expédier. « Mon voyage au Groenland, ajoutait-il, a été favorisé par un temps exceptionnel, et j'ai pu y recueillir quelques plantes fort rares. » Et cinq jours après, dans une nouvelle lettre (1), Raben annonçait à Duvau l'envoi du paquet de plantes, prêt depuis l'année précédente, et auquel il joignait un certain nombre des espèces recueillies au Groenland dans sa dernière campagne et dont plusieurs croyait-il, étaient nouvelles (2). « Je ferai cet été, ajoutait-il, un voyage en Portugal qui, je l'espère, sera intéressant (3) ».

On a là un exemple curieux des relations que Duvau entretenait avec les botanistes étrangers. Parmi ceux-ci on ne doit pas être surpris de trouver Schrader, dont, on se le rappelle, il avait fait la connaissance à Gottingue en 1808, alors qu'il se rendait à Hambourg. Je ne sais, si depuis lors il était resté en rapports avec le célèbre botaniste. A l'époque du moins où il s'occupa de la monographie du genre *Véronica*, il le consulta. Schrader chercha dans son herbier les espèces qu'il pouvait lui être utile de comparer. Mais, ne sachant de quelle manière les lui expédier, il lui écrivit pour lui demander comment il pourrait les lui faire parvenir. Sa lettre resta sans réponse. Entre temps Duvau lui ayant adressé une nouvelle demande Schrader lui envoya une lettre qu'il adressa chez M. Desfontaines ; mais

1. Lettre du 24 mars 1824. *Ibidem.*

2. Il cite comme telles : un *Rumer*, une *Potentilla*, un *Sphagnum*, un *Dicranum* et une *Andraca* (qu'il avait trouvée sans fruit) ; il mentionne comme étant rares : une *Hippuris maritima*, un *Galium suaveolens*, l'*Artemisia grœnlandica*, la *Stellaria groenl*, l'*Elymus arenarius* var. *hispidus*, et le *Betula alnus*.

3. Une note nous apprend que Duvau répondit à ces deux lettres le 17 janvier de l'année suivante.

au bout de six semaines, cette lettre lui était retournée
avec la mention : absent de Paris. « Vous étiez probablement en voyage, lui écrivait-il quelque temps après (1).
Je saisis l'occasion qui se présente en ce moment,
pour vous envoyer mon paquet. Je serais content si
vous pouviez trouver parmi les plantes, quelque
chose dont vous tireriez parti (2). Mais je vous prie
de me renvoyer celles qui sont marquées d'une croix,
parce que ce sont les seuls exemplaires que je possède.
Si vous désirez avoir d'autres espèces, je serai heureux
de vous les envoyer ». Duvau, on peut le croire, mit
à profit cette offre de Schrader. Il semble bien, que
celui-ci lui envoya, 2 ans plus tard, d'autres espèces
de Véroniques. Il est question du moins, dans une lettre
adressée en 1827 par Schrader à Persoon des *Véronica
spicatae* qu'il avait, en 1825, expédiées à Duvau,
et que celui-ci avait oublié de lui renvoyer. Persoon
offrait (3) à Duvau de se charger de joindre ces plantes
à un paquet destiné à Schrader, et il lui demandait
en même temps s'il possédait l'*Echinops horridus* (4),
que ce botaniste désirait avoir et dont lui n'avait qu'un
seul échantillon.

Je ne sais si Raben et Schrader adressèrent d'autres
lettres à Duvau, mais s'ils lui en écrivirent encore, elles
ont été perdues, comme le furent celles qu'il reçut,
à une date postérieure, d'un autre correspondant,
Charles Bélanger, dont je crois devoir dire ici quelques
mots. Comment Duvau entra-t-il en relations avec ce

1. Lettre du 24 janvier 1823. *Papiers Mounier*, Liasse H, cote 12.

2. « Vous verrez après examen, ajoutait-il, que la *Veronica crenulata*
n'est pas ma V. *villosa* ».

3. Lettre de Persoon à Duvau, du 7 avril 1827. *Papiers Mounier*, Liasse
H. cote 12.

4. Plante méditerranéenne, dont il y a deux espèces en France, l'Echinops
ritro et l'E. spherocephalus.

voyageur botaniste ? Rien ne nous l'apprend. De même âge, à peu près, que son neveu (1), il en fut peut-être le camarade ; peut-être aussi Duvau l'avait-il rencontré au Muséum d'histoire naturelle, on fait sa connaissance chez quelque botaniste de ses amis, chez Desfontaines par exemple. Quoiqu'il en soit, il fut en correspondance avec lui pendant le long voyage que le jeune naturaliste entreprit aux Indes Orientales. Parti le 9 janvier 1825, avec le vicomte Desbassayns de Richemont, administrateur général des établissements français dans l'Inde, il commença à peine arrivé en Géorgie, ses herborisations, ainsi que ses recherches ethnographiques et zoologiques qu'il poursuivit en Arménie, dans la Perse, ensuite sur la côte de Malabar qu'il visita pendant trois mois, dans les Gates, les Mysores, et aux environs de Pondichéry. Après avoir exploré la côte de Coromandel, il visita le Bengale et au mois de décembre 1827, poussa jusqu'au Pégou. L'année suivante il entreprit un voyage aux îles de la Sonde ; mais à son retour à Pondichéry, forcé par l'état de santé de quitter les Indes, il s'embarqua pour l'île Bourbon, où il séjourna quelques mois, gagna le cap de Bonne-Espérance, Sainte-Hélène, et rentra en France au mois de juillet 1829, rapportant 17.000 échantillons de plantes représentant plus de 5.400 espèces différentes (2). Il avait, à diverses reprises, expédié à Duvau quelques-unes de ces plantes, en même temps que les lettres qu'il lui adressait ; nous savons qu'il lui fit un premier envoi de Tiflis, peut-être aussi un second envoi accompagnait-il les lettres qu'il

1. Le neveu de Duvau était né en 1806, Ch. Bélanger le 29 mai 1805.

2. A. Lasègue, *Musée botanique de M. Benjamin Delessert*. Paris 1845, in-8°, p. 150-153. — Ch. Bélanger, *Voyage aux Indes Orientales* ; resté incomplet, *Historique*, Paris 1838 (s'arrête à la description de la Perse), 2 vol. in-8° ; *Zoologie*, Paris 1834, in-8°.

lui adressa deux ans après par l'intermédiaire d'un officier américain ; d'autres encore durent avoir lieu. Les riches et abondantes découvertes de Bélanger inspirèrent à Duvau, avec la reconnaissance qu'il lui devait pour les plantes qu'il reçut de lui, une affectueuse admiration, dont on trouve, en 1826, l'expression dans un article des *Annales* dont je parlerai dans un instant. « Plusieurs échantillons de cette plante (Véronique) m'ont été envoyés avec quelques autres espèces, par M. Bélanger (1), jeune homme recommandable par d'excellentes qualités, et dont l'ardeur et les lumières nous font espérer de très amples moissons en histoire naturelle ».

✸✸✸

On peut se faire, par ce qui précède, une idée bien imparfaite sans doute, puisque nous n'avons que quelques épaves seulement de sa correspondance, de l'étendue des relations que Duvau avait dans le monde savant. Et l'on peut juger de l'estime qu'on avait déjà pour ses connaissances en botanique, par ce fait qu'en 1824, Kunth lui dédia un genre nouveau de la famille des *Thérébinthacées*, la *Duvana* (2). Des articles qu'il fera paraître maintenant, des mémoires qu'il publiera, accrurent encore sa renommée et lui assurèrent une place marquée parmi les botanistes contemporains. C'est en 1824, et dans le *Bulletin Universel des Sciences* (3), que parurent ses premiers articles relatifs à la botanique. « Avez-vous entendu

1. *Annales des sciences naturelles*, t. VIII, Paris 1826, pp. 171, 172.

2. *Annales Scientifiques*, t. II (1824), p. 340.

3. *Bulletin des Sciences naturelles et de géologie*, rédigé par MM. Delafosse, Guillemin, Lesson et Luroth. IIe section du *Bulletin Universel*, publié par la Société pour la propagation des connaissances scientifiques et industrielles, sous la direction de M. le baron de Férussac, an 1824, t. I.

parler, écrivait-il à Böttiger à la fin de sa lettre du 6 février 1824 (1), du *Bulletin Universel des sciences* ? S'il m'est possible, je vous en enverrai le programme ». Et trois mois après, le 30 avril (2), « Vous ai-je envoyé, disait-il à son ami, le programme du Bulletin de Férussac ? Entreprise immense d'un géologue éminent et d'un savant aux vues aussi larges et profondes que désintéressées, qui mérite l'accueil le plus favorable, accueil qu'au bout de quinze (3) mois elle a déjà trouvé. La maison Treuttel et Wurz a aussitôt souscrit pour 212 exemplaires. Je collabore activement à la partie botanique. Le premier article est de moi». Il s'agit du compte-rendu (4) des *Eléments de géographie botanique des plantes* de Schouw, premier essai d'une science qu'Alphonse de Candolle devait, vingt ans plus tard, fonder définitivement.

« Entre nous, ajoutait-il, il est heureux pour Nees d'Esembeck qu'il soit tombé entre mes mains.Mon ami, quel fatras de physique, métaphysique et mysticisme que l'écrivasserie de quelques-uns de vos naturalistes, heureusement peu nombreux ! On dirait que nous avons changé de rôle en histoire naturelle. Cette science est maintenant cultivée chez nous avec une exactitude qui étonne de la part d'hommes dont quelques-uns ont à peine vingt ans. Il en est ainsi chez vous avec Mertens, Link, Treviranus, Rudolph Scharder, et d'autres encore, ici avec Humboldt et Kunth, sans parler de nos Français ».

En écrivant ces lignes, Duvau faisait allusion au mémoire de Nees d'Esembeck *Sur la formation et le développement de la Pteris seratula*, et à ses *Observations sur le développement des mousses*, études auxquelles il consacra deux articles bienveillants dans le *Bulletin*

1. Lettre déjà citée plus haut.

2. Lettre déjà citée plus haut.

3. Il est probable qu'il y a là un lapsus pour « cinq mois », la publication du Bulletin ne remontant qu'au commencement de 1824.

4. *Bulletin*, an. 1824, t. I, n^r 423, pp. 343-346.

de 1825 (1) ; l'année suivante Duvau rendit compte encore de la traduction faite par le même botaniste allemand, des *Œuvres mêlées* de Robert Brown (2) ; quelque temps auparavant, il avait consacré un article aux *Observations et considérations sur la formation et la métamorphose des organismes végétaux des dernières classes*, de Hornschuch (3) ; et il devait continuer jusqu'en 1829 sa collaboration à cette savante publication. .

La collaboration de Duvau au *Bulletin des sciences naturelles* augmenta encore sa notoriété et contribua à étendre ses relations. Le Directeur de cette importante publication, le Baron de Férussac, réunissait chez lui, tous les samedis, ses nombreux auxiliaires. Duvau eut là l'occasion de rencontrer les représentants les plus illustres de la science contemporaine « J'y ai vu, écrivait-il à Böttiger, (4) votre Klapproth » et de se lier avec plusieurs des plus connus. Ces relations nouvelles, si elles ne lui en suggérèrent pas l'idée, l'engagèrent peut-être à ne plus se renfermer dans l'étude exclusive de la botanique et à y joindre celle des autres branches de l'histoire naturelle, dont aucune ne lui était, d'ailleurs, complètement étrangère.

Il n'avait pas attendu que les découvertes de Cuvier missent à la mode la géologie, pour s'initier à la connaissance de cette science. A Genève, au printemps de 1805, il en avait appris les premiers éléments aux cours du fils de Saussure. Au commencement de l'année suivante il en continua l'étude à l'Ecole des Mines de Paris. Durant les séjours qu'il fit alternativement en Touraine et en Bretagne, de 1806 à 1808,

---

1. *Bulletin*, an. 1825, t. IV, n° 201 et 202.

2. *Bulletin*, an. 1826, t. IV, n° 85.

3. *Bulletin*, an. 1825, t. VI, n° 279.

4. Lettre du 30 avril 1824, déjà citée.

il semble avoir commencé l'exploration des dépôts fossilifères de ces deux pays, explorations qu'il poursuivit, pour la Touraine du moins, pendant les vacances que depuis son installation à Paris il passait à la Farinière. Dans la lettre du 30 avril 1824 (1), que j'aicitée déjà plus d'une fois, annonçant à Böttiger son dessein d'aller à la Farinière : « Je recueillerai, ajoutait-il, beaucoup de plantes et de fossiles dans nos célèbres falunières ». Il les recueillait depuis longtemps, et c'est ainsi qu'il avait formé la riche collection qu'après sa mort sa veuve légua au Musée d'histoire naturelle de Rennes. Maintenant il voulut faire plus ; il résolut de publier le résultat de ses observations, et le 3 janvier 1825 il communiqua à la *Société Linnéenne du Calvados*, récemment fondée, une *Notice sur trois dépôts coquilliers situés dans le départements d'Indre-et-Loire et des Côtes-du-Nord* (2), qui témoigne d'une connaissance approfondie de ces dépots géologiques.

Dans cette notice de 26 pages, il passe en revue successivement le dépôt de Savigné, situé sur la rive droite de la Loire, entre Langeais et Châteu-la-Vallière, celui des Falunières, sur la rive gauche du fleuve, à 9 ou 10 lieues de Tours, et celui des Côtes-du-Nord, qu'on trouve à moitié chemin entre Bécherel (3) et Dinan. Il n'avait exploré ce dernier qu'imparfaitement et longtemps auparavant, alors qu'il passait, on se le rappelle une partie de l'année en Bretagne. Il le décrit moins aussi d'après ses observations personnelles,

---

1. *Briefe an Böttiger*, t. X L, n^r 32.

2. Mémoires de la Société Linéenne du Calvados, t. II, (1825), in-8°, pp. 417-433. — Le *Bulletin des Sciences naturelles* (an 1826, t. VII, p. 8) contient un extrait détaillé de la notice de Duvau.

3. Il était allé entre autres, on se le rappelle, en 1808 à Bécherel pour l'émancipation de ses nièces Lenoënne de Launay qui demeuraient dans le voisinage de cette localité.

trop anciennes pour qu'il s'y rapportât exclusivement, que d'après des renseignements qu'on lui avait communiqués. La description des deux premiers dépôts, au contraire, a été faite de visu et avec le soin le plus minutieux. La composition des différentes couches qui composent le dépôt de Savigné — il en donne sept — est indiquée avec la plus grande exactitude — et les différents fossiles qu'on y rencontre, sont soigneusement énumérés. Quant au dépôt des Falunières, Duvau se borne presque à comparer, en en indiquant les différences assez profondes, le falun et la pierre de croix dont il se compose presque exclusivement, avec le falun et la pierre de croix de Savigné.

Le 25 avril de la même année 1825, Duvau lut à l'Académie des sciences ses *Nouvelles recherches sur l'histoire naturelle des pucerons* (1), mémoire curieux qui témoigne de l'intérêt qu'il portait aux moindres phénomènes et aux êtres les plus infimes de la nature, et du soin et de l'habileté avec laquelle, à l'occasion, il savait les observer. Je ne crois pouvoir mieux faire, pour donner une idée des *Nouvelles recherches* de Duvau, que de reproduire ici le compte-rendu qu'en fait le secrétaire de l'Académie : « M. Duvau a porté son attention, dit-il (2), sur ce genre singulier d'insectes. Il a constaté, comme ses prédécesseurs, cette succession d'accouplements par des pucerons vierges, et l'a conduite jusqu'à la onzième génération. Il croit même qu'avec des précautions, on pourrait en obtenir davantage. Il a réussi à faire vivre une de ces mères jusqu'au 81ᶜ jour, tandis que leur vie ordinaire n'est que de 30. Tantôt les mères ailées lui ont donné

1. *Mémoire du Muséum d'Histoire naturelle*, t. XIII, Paris 1825, in-4º, pp. 126-140.

2. Mémoires de l'Académie Royale des Sciences..., t. VIII (1825), Paris 1829, in-4º, p. CXXXV.

des pucerons sans ailes, tantôt de ces dernières lui
en ont donné d'ailés, sans qu'il ait pu découvrir des
règles dans ces variations de forme, en sorte qu'il
regarde l'histoire des pucerons comme entièrement
à faire (1) ». Les *Annales des Sciences naturelles* (2)
firent également un compte-rendu détaillé et favorable
des *Recherches nouvelles*. On comprend aussi que Duvau
n'ait pas hésité, nous verrons dans quelle circonstance,
à les envoyer à Gœthe.

Mais quoique Duvau n'ai pas craint de traiter ainsi
des questions scientifiques les plus diverses, c'était
surtout la botanique qui l'attirait. Et il n'aspirait pas
seulement à réunir et à posséder le plus grand nombre
possible de plantes, à se faire un herbier deplus en plus
riche, depuis plusieurs années il avait aussi entrepris
une étude particulière des espèces encore mal définies
du genre *Véronica* et nous avons vu avec quelle
patience il poursuivait, au milieu de ses travaux si
divers, ses investigations, interrogeant à ce sujet tous
ses correspondants, Hooker, Raben, Schrader, etc.
Au mois d'avril 1824 (3) on le voit charger Böttiger
de faire passer à Link une lettre dans laquelle il demandait à celui-ci des Véroniques des environs de
Berlin. « M. de Chamisso, ajoutait-il, m'a communiqué
des échantillons de cette plante, récoltés dans son
voyage autour du monde ; j'attends de Fischer de
Saint-Pétersbourg quelques espèces de Sibérie, et
d'un anglais des espèces des îles Ferroë et de la nouvelle

---

1. Duvau a terminé son mémoire, ce dont le secrétaire de l'Académie
ne parle pas, par une anecdote curieuse sur deux fourmis se partageant
amicalement une goutte du liquide qu'elles avaient *traite* d'un puceron,
et par l'histoire d'un lion de puceron qu'il avait élevé et qui se parait
fièrement des dépouilles des bestioles qu'il avait dévorées.

2. t. V, 1825, p. 224.

3. Lettre du 30 avril 1824. *Briefe an Böttiger*, t. X L, n^r 32.

Hollande » Cet anglais serait-il Brown qu'il cite dans l'étude dont je vais parler ? Il mettait également à contribution les voyageurs de sa connaissance, tels que Charles Bélanger, qui lui envoya de Tiflis une espèce encore peu connue de cette plante, de La Billardière, qui lui communiqua et lui permit de publier une espèce australienne qu'il possédait, Dumont d'Urville, qui partagea avec lui l'échantillon unique d'une autre espèce exotique fort rare (1) et réunissant ainsi le plus grand nombre d'exemplaires des différentes espèces de ce genre curieux (2).

Enfin, en 1826, il crut son travail de recherches assez avancé, et au mois de juin de cette année publia, dans les *Annales des sciences naturelles* (3), sous le titre de *Considérations générales sur le genre veronica et sur quelques genres des familles ou sections voisines*, un résumé de ses longues et patientes observations. Acceptant la division du genre Veronica en trois sections, proposées par Linné, il examine successivement les différents groupes qu'on peut établir dans chacune de ces sections, et les espèces qu'ils renferment. Il en étudie, avec le soin le plus minutieux, les formes des diverses parties de la fleur : pistil, étamine, la corolle surtout, sa conformation générale, ses nervures et raies, qu'il avait soumises à un examen tout particulier, sans oublier ce qu'il appelle le disque, petit organe charnu, trop négligé, situé à l'intérieur, l'ovaire ou fruit, les graines, et le placenta, tantôt

1. Rob. Brown avait envoyé à Duvau les *V. labiata* et *formosa* ; l'espèce de Véronique envoyée par Bélanger est la *V. Buxbaumi*; l'espèce australienne est la *V. Diemeniane*, et celle de Dumont d'Urville est la *V. perfoliata*.

2. Il parle encore d'une lettre adressée à un autre correspondant, Wrangel (?) qui, « de la meilleure grâce du monde », lui a envoyé un grand nombre d'espèces dont « quelques-unes sont très bonnes ».

3. Tome VIII (année 1826, juin), pp. 163-186.

libre ou adhérent, suivant les espèces ; étude qui témoigne à la fois d'une perspicacité remarquable et d'un rare talent d'observation. Ces qualités ne se trouvent pas à un moindre degré dans la seconde partie de son mémoire consacrée à quelques genres des familles voisines (1), qu'il répartit ingénieusement en trois groupes, les Érinacées, les Scrophularinées et les Pédiculaires. Aussi peut-on regretter que ce travail, qu'il n'offrait, surtout la seconde partie, aux lecteurs des *Annales* que comme « une esquisse ou une suite d'étude », n'ait pu être complété et publié sous sa forme définitive.

En cette même année, et quoiqu'il eût à écrire quelques-unes des notices les plus importantes qu'il avait promises à la *Biographie Universelle*, Duvau n'hésita pas à entreprendre un travail qui devait lui coûter autant de peine que lui demander de temps. La lecture des œuvres mêlées de Robert Brown, traduites en allemand par Nees d'Esenbeck, lui avait montré le grand intérêt qu'elles présentaient. Désireux de les mettre à la portée des amis de la botanique en France, il entreprit de les traduire dans notre langue ; sans hésiter, il se mit à l'œuvre, et son travail fut bientôt assez avancé pour que Raspail en annonçât aux lecteurs du *Bulletin* la publication comme prochaine (2). Après en avoir montré l'utilité, il ajoutait : « M. Duvau réunit d'ailleurs à une érudition très variée une connaissance approfondie des langues anglaise et allemande ; il pourra s'aider ainsi du texte et de la traduction ». Après une telle recommandation Duvau aurait pu, il semble, compter sur le succès de son entreprise ; mais cette fois encore des difficultés

---

1. Tels que : l'Erinus, la Scrophularia, la Linaria, l'Antirrhimun, la Pedicularis, le Rinanthus, etc.

1. Année 1826, t. VI, p. 257.

matérielles la firent échouer. Ce fut la dernière de ce genre à laquelle il songea.

Il se consola de cet échec en poursuivant les travaux qu'il avait commencés et en en abordant d'autres tout différents, mais non moins importants. Parmi les premiers il y en avait qui ne pouvaient attendre. C'étaient les derniers articles qu'il avait promis d'écrire pour la *Biographie Universelle*, ceux qui devaient être consacrés à Wallenstein, Weisse et Wieland. Il s'y donna avec toute son ardeur, et l'on a vu quelle satisfaction lui causa le dernier et quelle œuvre considérable il lui suggéra l'idée d'entreprendre. Mais il fut détourné d'écrire le tableau de la littérature allemande qu'il projetait de retracer, par un travail tout différent, *l'Essai statistique sur le département d'Indre-et-Loire*.

CHAPITRE XI

DERNIÈRES ANNÉES DE DUVAU
(1828 — 1831.)

Un publiciste aujourd'hui bien oublié, Charles Dupin, avait fait paraître, sous le titre de *Recherches statistiques de la France*, (1) un ouvrage où il s'efforçait de montrer les rapports qui existent entre l'état de l'instruction populaire et la moralité. La lecture de cet ouvrage, dans lequel était marquée d'une teinte foncée la place que le département d'Indre-et-Loire occupe sur la carte de la civilisation, émut Duvau ; il conçut la pensée patriotique de venger l'ancienne Touraine de la rigueur avec laquelle elle était traitée, en la faisant mieux connaître au point de vue économique et intellectuel ; telle fut l'origine de l'*Essai statistique sur le département d'Indre-et-Loire* (2), lu à l'Académie des Sciences le 7 janvier 1828.

Duvau n'a pas l'ambition dans son mémoire, de traiter, sous tous ses aspects, le sujet qu'il abordait.

1. *Recherches statistiques sur les rapports de l'instruction populaire avec la moralité des diverses parties de la France.*

2. Paris, A. Boucher, 1828, in-8°, 64 p.

Il s'est borné à rechercher quel était, de son temps, l'état de l'agriculture et celui de l'instruction populaire dans l'ancienne Touraine. Dureau de la Malle avait déjà parlé de l'agriculture de l'Indre-et-Loire ; mais il ne connaissait et n'avait étudié qu'une faible partie de ce département, et la moins fertile, ce qui explique le jugement défavorable qu'il en a porté. Comme l'agriculture varie avec la nature du sol, Duvau, avec raison, a examiné, successivement, les deux régions entre lesquelles on peut partager la Touraine, la partie basse ou région des vallons, et la partie élevée ou région des coteaux ; cette dernière, il le reconnaît, est peu fertile. Le sol y est en général assez pauvre. Là se trouve aussi la plupart des landes du département, les fermes y ont peu d'importance, ceux qui les font valoir ne sont pas riches et ne peuvent guère employer les méthodes nouvelles ; les engrais sont rares, les communications difficiles : autant de raisons pour que l'agriculture de cette région soit assez peu prospère. Cependant on y récolte encore, sur certains points, d'excellent froment. Tout autre est la basse région des vallées ; le sol, composé d'une couche profonde d'alluvion, y est en général très fécond et propre à toutes les cultures. Toutes les céréales y réussissent et sont plus que suffisantes pour la consommation locale. Le chanvre, dans la partie située entre l'Indre, la Loire et la Vienne, donne de magnifiques produits. Dans certains cantons on cultive aussi avec succès les pois blancs. Si le trop petit nombre des prairies artificielles fait obstacle au développement de l'élevage du bétail, les vignobles, au contraire, sont abondants dans les vallées et encore plus dans la région des coteaux, et la production du vin est supérieure au besoin de la consommation du département. Après avoir dit un mot des forêts et de leur extension, Duvau mentionne quatre arbres, dont la culture a une importance particulière : le prunier de Sainte-Catherine, qui se rencontre surtout dans l'arrondissement de Chinon, et qui donne des pruneaux renommés ; le noyer, qui réussit également dans les vallées et sur les hauteurs, et qui fournit une huile estimée, la seule dont fassent usage les classes pauvres et moyennes ; le mûrier, dont la culture, qui avait autrefois contribué à la prospérité de la ville de Tours, est maintenant, pour des raisons diverses, en pleine décadence ; enfin le peuplier d'Italie, planté de plus en plus autour des près et qui, sans leur porter préjudice, en augmente le revenu. Après quelques mots sur l'exploitation de la pierre de taille et même de la pierre meulière, qui n'ont rien de bien commun avec l'agriculture, Duvau arrive à la seconde partie de son sujet : l'enseignement populaire. Il démontre sans peine, comment les chiffres mis en avant par Charles Dupin, sont inexacts, et ne pourraient en tout cas s'appliquer à certaines parties de la Touraine. Si les écoles sont rares encore dans la région élevée, où les communes sont pauvres et où les parents hésitent à payer la redevance exigée pour leurs enfants, elles sont assez fréquentes et le deviennent chaque jour davantage dans la région des vallées, et surtout dans les villes ; et il montre que le nombre des enfants qui vont à l'école, est non de 1 sur 229 habitants, comme Dupin l'avait dit d'une manière inexacte, mais pour l'ensemble du département de 1 sur 65 habitants, chiffre qui s'élève, dans le canton de Bourgeuil, à 1 sur 39, dans celui de Langeais à 1 sur 34, et même, pour la ville de Tours, à 1 sur 8, c'est-à-dire presqu'autant qu'à Glasgow, où l'on compte 1 élève sur 61 habitants. Si la Touraine, dit-il en forme de conclusion, depuis longtemps déjà « ne s'est distinguée par aucun genre d'illustration littéraire ou scientifique — il cite cependant le célèbre praticien Bretonneau, auquel il ne manque qu'une chaire pour former de nombreux disciples —, une province qui a produit des hommes tels que Descartes, Rabelais, Racan, Rapin, Destouches, Duchesne, le maréchal de Boucicault, etc, peut se reposer pendant quelque temps sans honte et sans crainte d'être accusée de stérilité ».

Après avoir écrit cet essai qui nous le montre sous un jour tout nouveau, Duvau, bien qu'il n'y eût pas renoncé, n'aborda pas le tableau de la littérature allemande qu'il s'était proposé de faire ; l'approbation entière que Böttiger avait donnée à ses articles sur Wieland et sur Schiller, approbation, on le devine, qui le combla de joie (1), était bien faite pour l'encourager à entreprendre cet ouvrage. Et au mois d'août 1828 il paraissait encore y penser. « J'accepterai avec plaisir, écrivait-il à Böttiger (2), vos conseils et votre direction, si je remanie mon Wieland, ses prédécesseurs et ses contemporains ». Ce remaniement ne devait pas se faire. Des travaux tout différents auxquels il se livra, — il les avait déjà commencés — l'empêchèrent d'y songer, et quand ceux-ci furent terminés, son départ de Paris lui rendit impossible d'entreprendre cette espèce d'histoire littéraire de l'Allemagne qu'il avait songé, par deux fois, à écrire et que sa mort prématurée ne lui aurait d'ailleurs pas permis d'achever.

Après une interruption de deux années, Duvau reprit sa collaboration au *Bulletin des Sciences*. Le premier article qu'il lui donna fut un compte-rendu de l'*Essai sur l'histoire des progrès dans la connaissance des fougères depuis Brunfels jusqu'à nos jours* (3), puis vint le compte-rendu de l'essai de Sommerfelt des *Trois*

---

1. Il lui demandait dans quel numéro avait paru son article sur Schiller, dans le désir bien naturel qu'il avait de le lire.

2. Lettre du 31 août 1828. *Briefe an Böttiger*, t. X L, nʳ 39.

3. *Bull.* année 1828, nʳ 79, pp. 119-122.

nouvelles plantes cryptogames (1), suivi de divers mémoires sur les lichens, les *Chara* et la formation des fleurs doubles (2), enfin, en 1829, Duvau écrivit aussi un article de fond *Sur les herbiers offerts par la Compagnie Anglaise des Indes orientales aux divers Musées d'Histoire naturelle* (3).

Ces divers articles donnés au *Bulletin*, n'étaient en quelque sorte, pour Duvau, qu'un passe-temps au milieu du travail considérable qui l'absorba bientôt tout entier. Désirant terminer son *Dictionnaire d'histoire naturelle* par la biographie des naturalistes, l'éditeur de cet ouvrage crut qu'il ne pouvait mieux faire que de s'adresser à Duvau pour faire celles des botanistes, et la compétence avec laquelle celui-ci avait apprécié, dans la *Biographie Universelle*, les travaux des quelques-uns de ces savants, justifiait ce choix. Duvau n'hésita pas longtemps (4) à accepter cette tâche difficile, et il se mit bientôt à réunir les matériaux indispensables à ce grand travail. Il demanda même à Böttiger de lui donner des notes sur les botanistes allemands et dès le mois d'août il le remerciait du concours qu'il lui avait promis, et le priait de se presser, « car, disait-il (5), on imprimera bientôt la lettre A, où se trouvent déjà des noms importants, tels que Acharius, Adamson, etc ».

Au moment où il écrivait cette lettre, Duvau se disposait à se rendre à la Farinière, où sa femme l'avait devancé, à peine rentré à Paris, il reprit les recherches

---

1. *Bull.* 1828, t. XIII, nʳˢ 233, 234, 235.

2. *Bull,* année 1828, t. XIV, n° 99.

3. *Bull.* année 1829, t. XVIII, n° 49.

4. « Peut-être ferai-je pour le *Dictionnaire d'hist. nat.* les biographies des botanistes » disait-il à Böttiger dans sa lettre du 13 avril 1828. *Briefe an Böttiger*, t. X L, nʳ 00036.

5. Lettre du 31 août 1828, *Briefe an Böttiger*, t. XL, n° 39.

qu'il avait commencées, et les poursuivit sans relâche pendant tout l'hiver et le printemps suivant. « Je suis absorbé par mes biographies des botanistes ; c'est un abîme sans fond pour moi qui suis obligé de travailler vite et ne voudrais pas manquer d'approfondir les choses. Que ne faut-il pas de recherches, quand on veut parler pertinemment des hommes tels qu'Adamson, etc, pour ne rien dire de ceux qui appartiennent au second et troisième rang ! Le *Dictionnaire d'histoire naturelle* aura 3 ou 4 parties, et la mienne sera l'avant dernière (1) » — Combien de temps Duvau travaillait-il encore à ses biographies ? L'interruption de sa correspondance avec Böttiger ne permet pas de répondre à cette question. Ce que nous savons (2), c'est qu'il avait déjà rédigé aux trois quarts les articles qu'il s'était engagé à faire, quand les circonstances firent suspendre la publication du dictionnaire dans lequel ils devaient paraître, publication qui ne fut reprise qu'après sa mort. Ainsi, cette fois encore, par une espèce de fatalité, les recherches et le travail que s'était imposés Duvau pendant de si longs mois, devaient être perdues et rester stériles.

Au moment de partir pour la Farinière au mois de juillet 1828, il avait reçu la visite d'un M. Striesenbach, venu de la part de Böttiger — car celui-ci lui adressait toutes ses connaissances —, mais il n'était pas chez lui ce jour-là, et par suite, il ne put le voir ni lui rendre, à cause de son départ, aucun service. A la fin de l'automne, il reçut non plus une visite, mais une carte d'un baron de Könneritz, avec une lettre dont Böttiger l'avait chargé. Il s'empressa de lui rendre visite, mais, après deux ou trois tentatives infructueuses, il renonça

1. Lettre du 24 avril 1829. *Briefe an Böttiger*, t. X L, nᵣ 00039.

2. Charles Bélanger, *Notice nécrologique sur Auguste Duvau*. p 9. (*Bulletin des sciences naturelles et de géologie*, t. XXVII, (1831), p. 82).

d'aller le voir, retenu chez lui par une longue maladie de sa femme et par ses travaux. Enfin, au milieu de l'hiver, il renouvela sa tentative ; cette fois il fut plus heureux et eut la bonne fortune de rencontrer M. de Könneritz.

Au milieu du travail auquel il se livrait, il resta longtemps sans répondre à son ami. Ce fut seulement à la fin du mois d'avril que, profitant de l'occasion d'un de ses amis qui allait à Dresde (1), il lui écrivit (2) ; et pour se dédommager, il le fit longuement, espérant que Bottiger voudrait bien perdre un quart d'heure pour lire sa lettre. Les sujets de l'entretenir ne lui manquaient pas d'ailleurs. Il avait, on le devine, à le mettre au courant de ses recherches biographiques, et on vient de voir ce qu'il lui en disait. Il ne pouvait manquer aussi de lui parler des visiteurs venus de sa part ; de M. Striesenbach qu'il avait eu le regret de ne pas voir, de M. de Könneritz, « homme singulièrement poli, ouvert et aussi bienveillant que distingué. Vous fûtes, vous le pensez bien, l'objet principal de notre conversation, et j'eus le plaisir d'avoir de bonnes nouvelles de votre santé et de votre situation actuelle. M. Mittinger, ajoutait-il, n'était pas encore, ces jours derniers revenu d'Italie. J'ai toujours chez moi le paquet que vous m'avez adressé pour lui. Je le lui porterai moi-même, afin de faire plus ample connaissance avec lui. Son fils est un officier au service de l'Amérique ; il y a deux ans, il m'a apporté de Pondichéry des lettres du botaniste Bélanger. J'attends celui-ci de jour en jour, au plus tard au mois de mai. C'est un homme de 24 ans, plein de zèle, de grandes connaissances, instruit, honnête, droit, qui promet beaucoup et qui, il faut l'espérer, tiendra ce qu'il promet. Avez-vous lu

1. Lettre du 24 avril 1829, déjà citée.

2. Même lettre.

le *Moniteur* du 29 novembre 1828 ? Là se trouve un extrait assez étendu des lettres qu'il m'a adressées ». En réalité, il n'y a, dans l'article dont parle Duvau, aucun extrait de lettres. Mais, ce qu'il dit à Böttiger — il était incapable de s'attribuer ce qui ne lui revenait pas — permet d'affirmer que le correspondant de Bélanger dont parle le collaborateur du *Moniteur*, correspondant qui lui avait fourni les renseignements dont il s'était servi pour faire son article, n'était autre que Duvau.

Ce n'était pas sans raison que Duvau recommandait à Böttiger de lire l'article du *Moniteur* ; car on y trouve un récit très bien fait du voyage de Bélanger : la traversée, en plein hiver, des steppes de la Russie méridionale au milieu des tourmentes de neige qui menaçaient de l'ensevelir, lui et sa voiture, la passage du Caucase non moins périlleux en cette saison, son arrivée en Géorgie, ses premières herborisations continuées sans relâche, ainsi que ses récoltes zoologiques malgré une maladie de foie dont il fut atteint, en Perse, sur la côte de Malabar, puis, après l'organisation du jardin botanique de Pondichéry dans la contrée voisine et celle de Madras, ses excursions scientifiques au Bengale, dans le Pégou et à Java, l'accueil empressé que lui valut, de la part des autorités anglaises de Calcutta et de Rangoun, la lettre de recommandation de son maître Desfontaines, l'énumération des nombreuses espèces végétales recueillies dans les régions qu'il avait parcourues, les livres rares et les manuscrits précieux qu'il avait achetés sur les indications d'Abel Rémusat. Il y avait bien là de quoi piquer la curiosité toujours éveillée de Böttiger.

« Une lettre du mois de juillet 1828, lisait-t-on à la la fin de l'article, nous annonce le retour de M. Bélanger à Pondichéry et donne sur son état de santé des nouvelles qui sont loin d'être satisfaisantes. » C'est cette

lettre, probablement adressée à Duvau, qui lui fit
supposer que Bélanger devait revenir au plus tard au
mois de mai. Mais la station prolongée de ce dernier
à la Réunion, ses arrêts au cap de Bonne-Espérance
et à Sainte-Hélène, retardèrent son retour, et il ne
rentra en France qu'au mois de juillet 1829. On devine
sans peine la joie que Duvau eut à revoir, après 4 ans
et demi d'absence, et à saluer le jeune et vaillant
explorateur, et le plaisir qu'il eut à s'entretenir avec
lui des pays qu'il avait visités, des dangers qu'il avait
courus, de ses fructueuses herborisations, de la végé-
tation luxuriante des tropiques et des espèces rares
ou nouvelles qu'il avait découvertes, de celles qu'il lui
avait envoyées ou rapportées. Ces entretiens accrurent
aussi, s'il était possible, l'amitié et l'estime que Duvau
avait pour Bélanger, en même temps que l'intérêt
qu'il prenait aux découvertes et aux travaux du jeune
botaniste inspira à celui-ci l'attachement le plus
affectueux pour Duvau.

Je ne sais si Duvau alla, suivant son habitude,
cette année passer ses vacances à la Farinière. Mais
s'il y alla il ne resta pas après son retour longtemps
à Paris. Il aspirait au repos ; peut-être éprouvait-il
déjà les premiers symptômes de la maladie — une
lésion organique du foie — dont il allait être atteint.
La santé de sa femme lui donnait aussi de grandes
inquiétudes. Enfin, il ne pouvait se consoler de la perte
d'une nièce qu'il chérissait (1) Il demanda sa mise à la
retraite, et le 13 février 1830 une décision royale (2)
fit droit à sa requête et lui accorda une pension dont
j'ignore le montant, mais à laquelle, le 6 avril (3), fut

---

1. *Notice nécrologique*, p. 8. Probablement la fille aînée de Mme Lemoënne de Launay, sœur de Mme Duvau.

2. *Arch. nation.* O3 X 558, n° 5691.

3. *Ibid.* n° 5765.

ajouté un supplément de 100 francs. Le mois suivant (1),
il quitta Paris pour toujours et se retira à la Farinière.
Il emportait avec lui ses collections zoologiques et
géologiques, qu'il se proposait de mettre en ordre.
Mais il formait bien d'autres projets. Il voulait, ce à
quoi il songeait, il semble, depuis longtemps déjà,
écrire, complément de sa *Statistique du département
d'Indre-et-Loire*, l'histoire naturelle de l'ancienne
Touraine (2). Il avait aussi, toujours désireux de se
rendre utile, l'intention de faire à Tours un cours de
botanique pour les étudiants de cette ville. La maladie
et sa mort l'empêchèrent de mettre à exécution ces généreux projets.

Esprit libéral, il n'avait pu que condamner les mesures
prises par le dernier ministère ; mais il était loin d'en
prévoir les conséquences. La brusque nouvelle de la
révolution de juillet le surprit et l'affligea. Par tradition
de famille il était attaché à la dynastie légitime. La
chute et l'exil de Charles X lui causa une douleur
qui aggrava son mal. Il le supporta avec courage et
en suivit avec résignation et sans crainte les progrès,
que les soins dont il était entouré, ne purent arrêter.
Le 9 janvier 1831 il succomba, 3 jours avant d'atteindre
sa soixantième année. En mourant, il avait recommandé
à Bélanger et à Guillemin, l'ami de celui-ci, les manuscrits de la *Phytologie* et des biographies inachevées
des botanistes, en les priant de les revoir, d'en terminer la rédaction et d'en surveiller l'impression (3).
Ce vœu, je ne sais pour quelle raison, n'a pas été

1. Bélanger, *Notice nécrologique*, p. 6.

2. Quelques mots sur ce pays dont on parle beaucoup. Il mériterait
d'être étudié à tous les points de vue ». Lettre du 31 août 1828. *Briefe
an Böttiger* L, n° 39.

3. Bélanger *Notice nécrologique*, p. 6. — V. chap. X, p. 251. — Guillemin
(Antoine), né à Pouilly-sur-Saône (Côte-d'Or), le 20 janvier 1796, aide-

rempli. Le manuscrit de la *Phytologie*, resté entre les mains de Mme Duvau, se trouve, avec les *Papiers Mounier*, à la bibliothèque de la *Société Éduenne*. Quant au manuscrit des biographies, j'ignore ce qu'il est devenu.

Malgré sa mauvaise santé, Mme Duvau survécut à son mari près de cinq années. Elle ne mourut que le 6 décembre 1835, à l'âge de 69 ans. Elle repose auprès de lui, dans le cimetière de Cinq-Mars. Par son testament daté du 5 mars de cette année (1), elle instituait comme légataires universels, ses neveux Antoine et et Benjamin, fils d'Alexandre Picquet de Melesse et d'Adélaïde Duvau, qui résidaient tous deux en Amérique, le premier en Géorgie, le second à la Nouvelle Orléans. De plus, outre une somme de 20.000 francs légués à sa nièce, Mme Pavoisne, née Lemoënne de Launay, elle laissait une rente de 1.200 francs à sa nièce Sophie, fille d'Alexis Duvau (2), ainsi que les portraits de son père et de son oncle Auguste Duvau. Quant à un portrait en miniature de celui-ci, elle

naturaliste au Muséum. Outre plusieurs ouvrages il a publié en 1733 les *Archives de botanique*. qui cessèrent de paraître après la publication du 2ᵉ vol. Il mourut à Montpellier, le 13 janvier 1812.

1. Le 10 février de l'année suivante, une concession à perpétué de 3 mètres carrés fut accordée par le Conseil municipal de Cinq-Mars pour élever un monument à M. et Mme Duvau.

(Etat civil de la commune de Cinq-Mars, année 1836).

Renseignemts fournis par M. Henri Saint-Mleux, petit-fils de Mme Pavoisne.

2. Qu'était devenue, depuis le mois d'octobre 1802, époque où son père la fit inscrire sur le registre des états civils de Cinq-Mars, cette jeune fille dont il n'est question dans aucune lettre de Duvau ? Nous l'ignorons ; mais on pourrait croire qu'elle ne suivit pas son père aux Antilles. Elle dut suivre encore moins sa mère quand celle-ci retourna en Alemagne. Peut-être resta-t-elle chez son grand-père et plus tard chez son oncle Auguste, encore que le silence que celui-ci garde à son égard, rende cette supposition douteuse.

l'avait, comme nous l'apprend sa lettre du 25 octobre 1834 (1), légué au baron Edouard Mounier, «auquel il (Duvau) avait témoigné tant d'amitié ».

La mort de Duvau fut un deuil pour les amis des lettres et des sciences. Quelques mois après le fatal évènement, Charles Bélanger, dont il avait été le bienfaiteur, se faisant l'interprète de leurs communs regrets, rappela en quelques pages, dans la notice nécrologique publiée par le *Bulletin des sciences naturelles* les qualités de cœur et d'esprit, l'empressement à faire le bien, la nature aimante et le dévouement à la science de celui dont il déplorait la perte, hommage vraiment digne du savant désintéressé, dont la modestie n'avait eu d'égal que le mérite. Un hommage plus touchant peut-être lui fut, sept ans plus tard, rendu dans l'article qu'Edouard Mounier écrivit sur lui pour la *Biographie Universelle*. Il appartenait à celui qui, après avoir été l'élève de Duvau au Belvédère était toujours resté son ami, de rappeler publiquement quelle avait été la vie de travail et d'honneur du maître et de l'auxiliaire dévoué dont il conservait pieusement le souvenir.

FIN

____

1. V. plus haut, p 1.

INDEX DES NOMS CITÉS

C

L

M

Q

R

S

V

W

TABLE DES MATIÈRES

P. LEROY. — IMPRIMERIE DE " L'INDÉPENDANT ". — RAMBOUILLET

Achevé d'imprimer
sur les presses
de Pierre Leroy, imprimeur
à Rambouillet
le 3 Septembre 1921

RAMBOUILLET, PIERRE LEROY, IMPRIMEUR